中国特色高水平高职学校项目建设成果系列教材

高等职业教育教学改革特色教材·现代物流管理专业

# Practice of International Freight Forwarding

# 国际货运代理实务

姜湄 主编 ◉

东北财经大学出版社 大连

Dongbei University of Finance & Economics Press

图书在版编目（CIP）数据

国际货运代理实务 / 姜湄主编. 一大连：东北财经大学出版社，
2025.3
（高等职业教育教学改革特色教材·现代物流管理专业）
ISBN 978-7-5654-5243-7

Ⅰ.国…　Ⅱ.姜…　Ⅲ.国际货运－货运代理－高等职业教育－教材
Ⅳ.F511.41

中国国家版本馆 CIP 数据核字（2024）第 081217 号

东北财经大学出版社出版
（大连市黑石礁尖山街217号　邮政编码　116025）
网　　址：http://www.dufep.cn
读者信箱：dufep@dufe.edu.cn
大连图腾彩色印刷有限公司印刷　　东北财经大学出版社发行
幅面尺寸：185mm×260mm　　字数：323千字　　印张：15
2025年3月第1版　　　　　　2025年3月第1次印刷
责任编辑：张晓鹏　　　　　　　　责任校对：郭海雷
封面设计：原　皓　　　　　　　　版式设计：原　皓

定价：40.00元

# 编写说明

中国特色高水平高职学校和专业建设计划（简称"双高计划"）指党中央、国务院为建设一批引领改革、支撑发展、中国特色、世界水平的高等职业学校和骨干专业（群）而实施的重大决策建设工程。哈尔滨职业技术大学（原哈尔滨职业技术学院）入选"双高计划"建设单位，学校对中国特色高水平高职学校建设项目进行顶层设计，编制了定位高端、理念领先的建设方案和任务书，并扎实地推进人才培养高地、特色专业群、高水平师资队伍与校企合作等项目建设，借鉴国际先进的教育教学理念，开发具有中国特色、国际标准的专业标准与规范，深入推动"三教改革"，组建模块化教学创新团队，推进"课程思政"实施，开展"课堂革命"，出版校企双元开发的活页式、工作手册式新形态教材。为适应智能时代先进教学手段的应用，学校加大力度进行优质在线资源的建设，丰富教材的载体，为开发以工作过程为导向的优质特色教材奠定基础。按照国务院发布的《职业院校教材管理办法》的要求，教材编写的总体思路是：依据学校"双高"建设方案中的教材建设规划、国家相关专业教学标准、专业相关职业标准及职业技能等级标准，服务学生成长成才和就业创业，以立德树人为根本任务，融入课程思政，对接相关产业发展需求，将企业应用的新技术、新工艺和新规范融入教材中。教材编写遵循技术技能人才成长规律和学生认知特点，适应相关专业人才培养模式创新和优化课程体系的需要，注重以真实生产项目、典型工作任务、生产流程及典型工作案例等为载体开发教材内容，理论与实践有机融合，满足"做中学、做中教"的需要。

本系列教材是哈尔滨职业技术大学中国特色高水平高职学校项目建设的重要成果之一，也是哈尔滨职业技术大学教材改革和教法改革成效的集中体现。教材体例新颖，具有以下特色：

第一，教材研发团队组建创新。按照学校教材建设的统一要求，遴选教学经验丰富、课程改革成效突出的专业教师担任主编，邀请相关企业作为联合建设单位，形成了一支由学校、行业、企业和教育领域高水平专业人才组成的开发团队，共同参与教材编写。

第二，教材内容整体构建创新。精准对接国家专业教学标准、职业标准、职业技能等级标准，确定教材内容体系，参照行业企业标准，有机融入新技术、新工艺、新规范，构建基于职业岗位工作需要的、体现真实工作任务与流程的内容体系。

第三，教材编写模式形式创新。与课程改革相配套，按照"工作过程系统化""项目+任务式""任务驱动式""CDIO式"四类课程改革需要设计四种教材编写模式，形成新形态的活页式或工作手册式教材编写形式。

第四，教材编写实施载体创新。依据专业教学标准和人才培养方案要求，在深入企业调研岗位工作任务和职业能力分析的基础上，按照"做中学、做中教"的编写思路，以企业典型工作任务为载体进行教学内容设计，将企业真实工作任务、真实业务流程、真实生产过程纳入教材之中，并开发与教学内容配套的教学资源，以满足教师线上线下混合式教学的需要。本套教材配套资源同时在相关平台上线，可随时下载相应资源，也可满足学生在线自主学习的需要。

第五，教材评价体系构建创新。从培养学生良好的职业道德、综合职业能力、创新创业能力等角度出发，设计并构建评价体系，注重过程考核和学生、教师、企业、行业、社会参与的多元评价；在学生技能评价上，借助社会评价组织的"1+X"考核评价标准和成绩认定结果进行学分认定，每部教材根据专业特点设计综合评价标准。为确保教材质量，哈尔滨职业技术大学组建了"中国特色高水平高职学校项目建设成果系列教材编审委员会"。教材编审委员会由职业教育专家组成，同时聘用企业技术专家指导。学校组建了专业与课程专题研究组，对教材编写持续提供培训、指导、回访等跟踪服务，有常态化质量监控机制，能够为修订完善教材提供稳定支持，确保教材的质量。

本系列教材是在国家骨干高职院校教材开发的基础上，经过几轮修改，融入课程思政内容和课堂革命理念编写而成的，既具教学积累之深厚，又具教学改革之创新，凝聚了校企合作编写团队的集体智慧。本系列教材充分展示了课程改革成果，力争为更好地推进中国特色高水平高职学校和专业建设及课程改革做出积极贡献！

**哈尔滨职业技术大学**
中国特色高水平高职学校项目建设成果系列教材编审委员会
2025年

# 前 言

当前，经济全球化不断深入，国际贸易往来日益频繁，中国作为全球最大的贸易国之一，对外贸易的稳定增长给国际货运代理行业提供了更多机会。国际货运代理作为连接生产和市场的重要纽带，扮演着连接全球供应链的重要角色，其发展亦面临着前所未有的机遇和挑战。

党的二十大报告提出："必须坚持科技是第一生产力、人才是第一资源、创新是第一动力，深入实施科教兴国战略、人才强国战略、创新驱动发展战略，开辟发展新领域新赛道，不断塑造发展新动能新优势。"本教材结合国际贸易与国际货运代理的发展趋势，在落实国家物流专业教学标准的基础上编写而成，对"国际货运代理"课程进行了顶层设计，对物流人才的培养提出了更高的要求，学生要具备国际物流管理理念，能够服务于国际货运代理、国际贸易、报关等相关企业，适应管理和服务第一线的需要，具有良好的职业道德和职业精神。

本教材以习近平新时代中国特色社会主义思想为指导，全面落实党的二十大精神，根据高职院校现代物流管理、国际经济与贸易等相关专业注重技能与应用的教学要求，以任务驱动统领教学过程的实施，结合国际货运代理业务员职业的工作特点，以理论为基础，以操作技能为根本，全面、系统地阐述了国际货运代理的相关理论知识和操作技能。本教材重点突出实际操作的应用，如单证填写，各种进、出口业务实际流程的讲解等，贴近行业的实际情况，符合高职院校"教学做一体化"的要求。

本教材根据货运代理工作流程组织内容，设计了国际货运揽货业务操作、外贸与货运保险业务操作、国际海上货运代理业务操作、国际航空货运代理业务操作、国际陆路货运代理业务操作5个项目，每个项目均设置知识目标、能力目标和素养目标，按照"任务描述"、"任务解析"、"知识链接"、"任务实施"和"任务测评"的体例进行编写，引导学生将被动接受转变为主动学习；同时，在"任务实施"环节采用角色演练及分组讨论等教学方式，注重学生实际应用能力和职业技能的培养。此外，为变革学生的货代从业理念，本教材亦为学生推送了当下AI技术在货运代理领域的一些实际应用，让学生在学习货代理论与技能的同时，能够关注行业最新动态和技术发展，充分突出教材的前沿性。

本教材由哈尔滨职业技术大学姜湄担任主编，湖北交通职业技术学院夏秋担任副主编，哈尔滨职业技术大学赵欣参编。其具体编写分工如下：夏秋编写项目一、项目二；赵欣编写项目五；姜湄编写项目三、项目四，并负责全书大纲的拟定和统稿工作。

由于编者水平和时间有限，书中疏漏之处在所难免，敬请广大读者批评指正。

编　者

2025 年 1 月

# 目 录

# 项目一

## 国际货运揽货业务操作

### 项目导入

上海盛华国际货运代理公司（以下简称"盛华货代"）是一家大型的国际货运代理企业，主要承办海运、空运进出口货物的国际运输代理业务，包括揽货、订舱、仓储、集装箱拆拼箱、报关、拖车、货物运输保险等服务。其拥有强大的国内外网络资源，在中国、东南亚、美国等地有20多家分公司，在世界各基本港口和地区均拥有知名代理商。

随着业务范围的不断扩大，盛华货代对人才的需求也不断增加，现有员工无论是数量还是质量都无法满足公司的发展要求。于是，该公司在网上发布招聘启事，希望招聘一批既具备一定的物流知识又具备良好的专业素养的新员工。

在本项目中，我们将以一名将要入职的新"货代人"的身份，一起来了解国际货运代理公司的业务范围以及此类公司客户的需求，并学习此类公司的揽货与客户开发业务操作。

### 学习目标

**知识目标：**

（1）能说出3种以上国际货运代理行业的业务。
（2）能够阐述不同货运代理企业的岗位的工作内容。
（3）能够列举国际货运代理行业组织及其各自特点。
（4）能够阐述货代揽货业务的主要步骤。

**能力目标：**

（1）能够分析国际货运代理企业的组织结构。
（2）能够根据货主的要求进行费用计算并报价。
（3）能够按要求与客户完成业务谈判并建立委托关系。

**素养目标：**

（1）具有良好的沟通能力和团队合作精神。

（2）具有吃苦耐劳、团队协作和组织协调能力。

（3）具有新时代物流人良好的职业道德和个人品德。

（4）接待客户时具备较强的亲和力，服务热情周到，普通话熟练。

# 任务一　识别国际货运代理的业务范围

## 【任务描述】

王强是物流管理专业的应届毕业生。不久前，他被老师推荐到盛华货代应聘。今天，他幸运地接到了盛华货代市场部客户开发业务组的面试通知。为了顺利通过面试，王强需要对之前所学的国际货运代理业务知识及流程进行复习，并快速掌握货代企业的客户开发与揽货技巧。

## 【任务解析】

本任务主要包括识别国际货运代理的服务范围、了解国际货运代理企业岗位及行业组织，并通过查找国内知名货代公司，了解国内主流货代公司及其业务范围。

## 【知识链接】

微课1-1

了解国际货运代理

### 一、国际货运代理

国际货运代理（International Freight Forwarding Agent）是指国际货运代理组织接受进出口货物收货人、发货人的委托，以委托人或自己的名义，为委托人办理国际货物运输及相关业务，并收取劳务报酬的经济活动。

国际货运代理人的本质就是"国际货运中间人"。其既可以扮演"代理"的角色，也可以扮演"当事人"的角色。国际货运代理在社会产业结构中属于第三产业。国际货运代理与货主及承运人等的关系如图1-1所示。

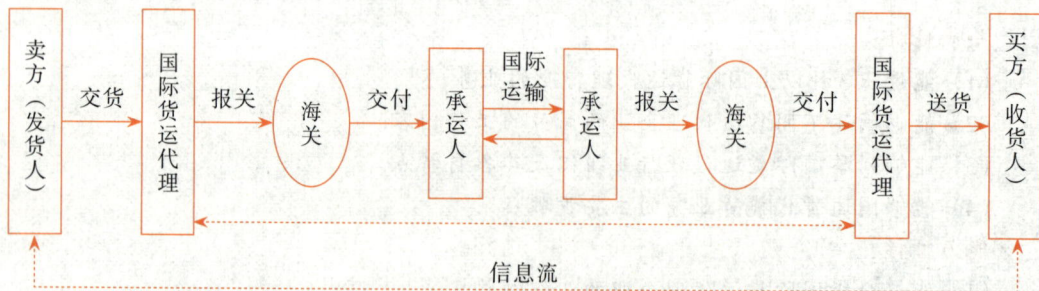

**图1-1　国际货运代理与货主及承运人等的关系示意图**

国际货运代理的服务范围很广泛，通常是接受客户的委托，完成货物运输的某一个环节或与此有关的各个环节的任务。除非客户（发货人或收货人）想亲自参与各运输过程和办理单证手续，否则，货运代理可以直接或通过其分支机构及其雇佣的某个机构为客户提供各种服务，也可以利用其海外的代理提供服务。

国际货运代理的服务对象包括发货人（出口商）、收货人（进口商）等货方，海关、检验检疫机构等国家管理部门，班轮公司、航空公司、汽车公司、铁路公司等实际承运人，仓库、港口、机场等储存、装卸单位。此外，在物流服务中还包括工商企业等。

国际货运代理的服务内容包括选择运输线路、运输方式和适当的承运人，订舱，安排货物转运，安排保险，支付运费及其他费用，进行外汇交易，交货及分拨货物，协助收货人索赔，提供与工程、建筑有关的大型、重型机械、设备，提供挂运服务和海外展品等特种货物的相关服务。此外，国际货运代理还根据客户的需要，提供与运输有关的其他服务、特殊服务，如混装、拼箱、拆箱、多式联运、无船承运及现代物流服务等。

我国的国际货运代理企业可以作为代理人或者当事人开展下列全部或部分经营活动：

（1）揽货、订舱（含租船、包机、包舱）、托运、仓储、包装；

（2）货物的监装、监卸、集装箱拆箱、分拨、中转及相关的短途运输服务；

（3）报关和报检、保险；

（4）缮制并签发有关单证、交付运费、结算及交付杂费；

（5）国际展品、私人物品及过境货物运输代理；

（6）国际多式联运、集运（含集装箱拼箱）；

（7）国际快递（不含私人信函）；

（8）咨询及其他国际货运代理业务。

除以上各项业务外，现在的国际货运代理企业还可以从事第三方国际物流服务、无船承运业务等。每一个国际货运代理企业实际经营的国际货运代理业务的范围，应当以其在市场监管机构登记的经营范围为准。

**货运小常识1-1　　　　　国际货运代理人与无船承运人之别**

一般认为，无船承运人（Non-Vessel Operating Common Carrier，NVOCC）这个概念起源于美国，是美国的称谓。美国的《1984年航运法》对无船承运人下的定义是："无船承运人是指不经营用于提供远洋运输服务的船舶的公共承运人。"我国于2002年1月1日正式施行并于2023年7月修订的《中华人民共和国国际海运条例》（以下简称《条例》）对无船承运下了如下定义："无船承运是指无船承运业务的经营者以承运人的身份接受托运人的货载，签发自己的提单或其他运输单证，向托运人收取运费，通过国际船舶运输经营者完成国际海上货物运输，承担承运人责任的海上运输经营活动。"

从海上运输的发展来看，无船承运人与国际货运代理人有着非常密切的关系。无船承运人是在国际货运代理人从运输合同的中介演变至运输合同主体的过程中产生的，无船承运是国际货运代理业务的延伸和发展。但是，无船承运人与国际货运代理人之间又存在着根本的区别，具体见表1-1。

表1-1　　　　　　　　　　　国际货运代理人与无船承运人的比较

| 比较项目 | 国际货运代理人 | 无船承运人 |
|---|---|---|
| 主管部门 | 对外经济贸易主管部门（商务部） | 交通主管部门（交通运输部） |
| 与托运人的关系 | 被委托方与委托方 | 承运人与托运人 |
| 与收货人的关系 | 不存在任何关系 | 提单签发人与持有人 |
| 法律地位 | 委托方的代理人 | 承运人（当事人） |
| 计收费用 | 佣金 | 收取运费或赚取差价 |
| 是否拥有提单 | 不拥有自己的提单 | 拥有自己的提单 |
| 业务范围 | 进出口货运相关业务 | 进出口货运相关业务和承担运输责任 |
| 买卖合同 | 不订立买卖合同，本人不拥有货物 | 不订立买卖合同，本人不拥有货物 |
| 运输合同 | 代表委托方订立 | 与托运人订立 |
| 适用法律 | 货运法规 | 货运和运输法规 |
| 法律关系 | 委托关系 | 双重身份 |

## 二、国际货运代理企业岗位

（一）国际货运代理企业的组织结构

国际货运代理企业的组织结构视企业的实际情况不同而有所差别。一般来说，国际货运代理企业的组织结构包括业务部（即市场部）、货运操作部、行政人事部、客户服务部、财务部等。

（1）业务部主要负责客户的开发与维护、揽货接单；

（2）货运操作部主要负责为客户办理进出口货运代理事宜（如订舱、报检和报关、仓储等）；

（3）行政人事部主要负责招聘、培训、薪酬、绩效、员工关系等方面的日常管理和负责日常行政事务；

（4）客户服务部主要负责客户的跟踪回访和投诉处理；

（5）财务部主要负责应收、应付账款的核算及各种资金和单据管理、企业预算与决算等。

微课1-2

认识国际货运代理企业岗位

图1-2是某国际货运代理企业组织结构图。

（二）国际货运代理企业的岗位设置

每个国际货运代理企业的岗位设置都与企业的组织结构密切相关。表1-2是对一些常见的货代企业基层岗位及岗位职责的说明。

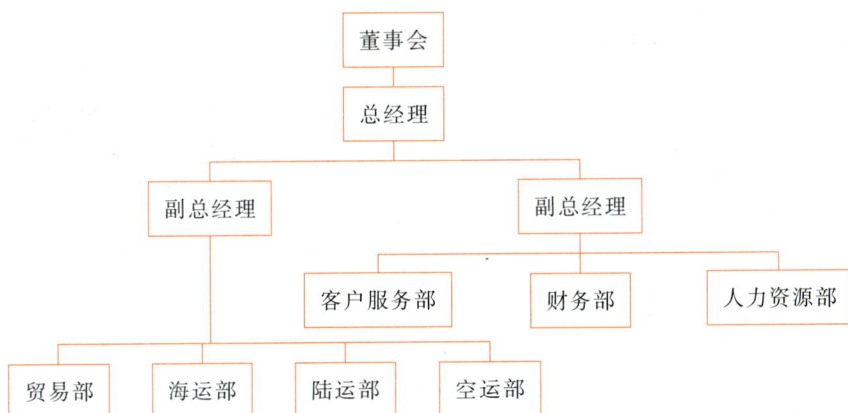

图1-2 某国际货运代理企业组织结构图

表1-2
常见的货代企业基层岗位及其职责

| 基层岗位 | 岗位职责 |
|---|---|
| 业务员<br>（销售员） | 1.通过多种渠道收集各种市场信息；<br>2.协调内外部相关物流资源；<br>3.进行客户开发；<br>4.定期与营销成功的客户沟通，与运营中心共同维护客户；<br>5.根据市场的实际情况进行商务报价 |
| 驻场业务员 | 1.负责本公司车辆到场后的文件交收、提卸货的手续办理；<br>2.负责现场协调处理与本公司车辆或装卸货有关的偶发事件；<br>3.负责向操作员汇报装（卸）货后车牌、箱号、封号与货物、订单号的准确对应关系；<br>4.负责了解并汇报客户的发货情况和竞争对手的大概业务量；<br>5.负责维护与客户业务操作人员的关系 |
| 操作员 | 1.负责从客户处接单，并审核相关信息；<br>2.负责向船公司订舱，与车队协调安排装货、集港、目的港送货，如有需要还要安排报关；<br>3.负责订单和货物的全程跟踪；<br>4.负责协调处理整个过程中的各种意外和突发情况；<br>5.负责具体业务操作中的费用控制；<br>6.负责具体业务操作中的费用登记；<br>7.负责向市场部反馈相关运作信息 |
| 单证员 | 1.快速、准确地制作操作过程所涉及的单证；<br>2.负责维护与承运人、同行、拖车公司、堆场、报关行等外协单位的关系，及时、合理地执行所涉及的每一个操作流程，确保所有操作流畅、无误；<br>3.负责联系、协调与本公司发生业务关系的客户，准确、及时地处理与客户往来的单证，快速反馈必要的信息给客户，做好全程跟踪工作，提供最高客户满意度；<br>4.负责客户资料的归档，确保公司的核心机密不外泄；<br>5.负责确认所属客户的业务凭证的应收、应付款项，做到收支及时、准确；<br>6.及时向部门经理反馈操作过程中的突发事件或本身解决不了的问题；<br>7.完成部门主管安排的其他工作 |

续表

| 基层岗位 | 岗位职责 |
|---|---|
| 报关员 | 1.按照规定如实申报出口货物的商品编码、商品名称、规格型号、实际成交价格、原产地及相应优惠贸易协定代码等报关单有关项目，并办理填制报关单、提交报关单证等与申报有关的事宜；<br>2.申请办理缴纳税费和退税、补税事宜；<br>3.申请办理加工贸易合同备案（变更）、深加工结转、外发加工、内销、放弃核准等事宜；<br>4.申请办理进出口货物减税、免税等事宜；<br>5.协助海关办理进出口货物的查验、结关等事宜；<br>6.应当由报关员办理的其他报关事宜 |
| 集卡司机 | 1.具有良好的职业道德、热诚的服务态度；<br>2.自觉遵守公司各项规章制度，服从公司领导的调配；<br>3.定期汇报车辆的运行情况，保证车辆在安全的状态下行驶；<br>4.自觉做到不违章行车、不私自用车、不酒后驾车；<br>5.按时按量将货物运送到目的地 |
| 调度员 | 1.负责公司车辆调配，灵活调度公司车辆；<br>2.负责公司业务的具体操作；<br>3.负责公司车辆路桥费与维修费的报销管理；<br>4.每天及时办理业务单证；<br>5.协调好与兄弟单位的合作关系；<br>6.负责公司的日常行政事务 |
| 出纳与会计 | 1.完成分公司日常财务核算、决算工作；<br>2.配合总公司财务人员及时完成分公司的财务工作；<br>3.分公司税务处理的相关事宜；<br>4.财务资料的装订及保管；<br>5.每周周报表；<br>6.负责分公司应收、应付账款的核算及管理工作；<br>7.及时了解分公司当地的财务政策和税收政策；<br>8.现金、各类有价证券、支票、发票和相关单据管理 |
| 行政人事专员 | 1.负责分公司招聘、培训、薪酬、绩效、员工关系等方面的日常管理；<br>2.负责固定资产、会议、办公用品、办公设备等方面的日常管理；<br>3.负责日常行政事务；<br>4.领导安排的其他工作 |

微课1-3

认识国际货运代理行业组织

### 三、国际货运代理行业组织

（一）国际货运代理协会联合会（FIATA）

1926年5月31日，16个国家的国家级货运代理协会在奥地利首都维也纳成立了国际货运代理协会联合会（International Federation of Freight Forwarders Associations），法文缩写为"FIATA"，作为国际货运代理协会联合会的标识。

"FIATA"的总部设在瑞士苏黎世，它是一个非营利性的国际货运代理行业组织，其目的是保障和提高国际货运代理在全球的利益。国际货运代理协会联合会的最高权力机构是会员代表大会，下设扩大主席团和主席团。主席团对外代表 FIATA，对内负责 FIATA 的管理。FIATA 下设航空货运、海关事务、多式联运等研究机构，并成立了常设工作组，以及危险货物咨询委员会、信息技术咨询委员会、法律事物咨询委员会、公共关系咨询委员会、职业培训咨询委员会等常设委员会。

（二）中国国际货运代理协会（CIFA）

**AI+货运代理**

七云平台重塑
货代行业

中国国际货运代理协会（以下简称 CIFA）是国际货运代理行业的全国性中介组织，于 2000 年 9 月 6 日在北京成立。它是我国各省（自治区、直辖市）国际货运代理行业组织、国际货代物流企业、与货运代理相关的企事业单位自愿参加的社会团体，亦吸纳在中国货代、运输、物流行业有较高威望的个人。

目前，CIFA 拥有会员近 700 家，其中理事会成员 89 家，各省市团体会员 27 家。CIFA 的业务指导部门是商务部。作为联系政府与会员之间的纽带和桥梁，CIFA 的宗旨是：协助政府部门加强对我国国际货代行业的管理；维护国际货代业的经营秩序；推动会员企业间的横向交流与合作；依法维护本行业利益；保护会员企业的合法权益；促进对外贸易和国际货代业的发展。

## 【任务实施】

步骤一：分组复习所学知识点

全班 5～6 人为一组，每组设 1 名组长，由组长带领本组同学对"国际货运代理业务范围"的相关知识点进行复习。

步骤二：知识掌握情况检验

为考察王强国际货运代理的知识储备情况，盛华货代的李经理准备对王强进行知识掌握情况检验。由教师扮演李经理的角色发布检验任务，每个小组成员依次扮演王强的角色来完成李经理布置的任务。

1. 请简要说明国际货运代理人的主要工作。

2. 请查找 1～2 家国内知名货代公司，简要描述其主要业务范围。

步骤三：任务实施完成

## 【任务测评】

### 一、单项选择题

随堂测 1-1

1. 根据我国国际货运代理行业主管部门商务部的有关规定，中国国际货运代理企业业务备案工作由（　　）负责具体组织实施。

A. 中国国际货运代理协会　　　　B. 市场监督管理部门

C. 人社部　　　　　　　　　　　D. 民政部

2. 下列不属于国际货物运输代理企业经营范围的是（　　）。

A. 国际展品运输代理　　　　　　B. 国际多式联运

C. 私人信函快递业务　　　　　　D. 报关和报检

3.下列情况中国际货运代理人不能免责的是（　　　）。

A.货物包装不牢固、缺乏或不当所致货物损失

B.货物自然特征或潜在缺陷

C.不可抗力

D.货运代理自己的过失或疏忽

## 二、多项选择题

1.下列有关国际货运代理人的表述正确的有（　　　）。

A.国际货运代理人是委托合同的当事人

B.国际货运代理人是进出口货物收、发货人的代理人

C.国际货运代理人是进出口货物收、发货人的委托人

D.国际货运代理人是进出口货物收、发货人的受托人

2.中国国际货运代理协会的主要业务范围包括（　　　）。

A.协助政府主管部门依法规范国际货运代理企业的经营行为

B.开展行业市场调查，编制行业统计报表

C.组织行业培训及行业发展研究

D.为会员企业提供信息咨询服务

3.国际货代企业承接集拼业务必须具备的条件有（　　　）。

A.有CFS装箱设施和装箱能力

B.与国外卸货港有拆箱分运能力的航运或货运企业有代理关系

C.经批准有权从事集拼业务

D.能签发自己的抬头提单

## 三、判断题

1.国际货运代理协会联合会是一个营利性的国际货运代理行业组织，其宗旨是保障和提高国际货运代理在全球的利益。　　　　　　　　　　　　　　　　（　　　）

2.代理报关企业只能接受有进出口经营权的单位委托，代办进出口货物的报关、纳税事宜。　　　　　　　　　　　　　　　　　　　　　　　　　　　　（　　　）

3.目前我国国际货运代理行业实行的是以国务院商务主管部门为主，其他相关部门依职权参与管理，政府主管部门行政管理和行业协会自律并重的管理体制。（　　　）

## 四、案例分析题

我国A贸易公司委托同一城市的B货运代理公司将一批危险品货物从我国C港运至韩国D港。A贸易公司向B货运代理公司提供了正确的货物名称和危险品货物的性质等信息，B货运代理公司为此签发本公司的House B/L给A公司。随后，B货运代理公司以托运人的身份向船公司办理该批货物的订舱和出运手续。为了节省运费，同时因为B货运代理公司已投保责任险，因此其向船公司谎报货物的名称，亦未告知船公司该批货物为危险品货物。船公司按通常货物处理并将其装载于船舱内，结果在海上运输中，因为货物的危险性质导致火灾，造成船舶受损，该批货物全部灭失并给其他货主造成巨大损失。

请根据我国有关法律规定回答下列问题：

1.A贸易公司、B货运代理公司、船公司在这次事故中分别承担什么责任？

2.承运人是否应对其他货主的损失承担赔偿责任，为什么？

3.责任保险人是否承担责任，为什么？

## 任务二　开发客户

### 【任务描述】

经过面试，王强幸运地被盛华货代市场部录用，成为客户开发业务组的一名实习员工。市场部王经理交给王强的第一个任务就是开发并拜访客户，亦即揽货。王强需要开展客户开发业务，制订运输方案，并向客户进行报价。

### 【任务解析】

本任务主要通过寻找客户、报价与谈判、建立货运代理委托关系和跟踪回访，完成货代客户开发任务，并结合客户的具体需求，制订针对特定客户的报价方案。

### 【知识链接】

业务部是国际货运代理公司的市场营销部门，主要负责寻找货源、开发客户，即通常所说的"揽货"。通常，业务部都是企业的核心部门，因为它是公司产品销售的保障、利润的来源。国际货代企业也不例外，虽然业务部的业务开始于货代公司为客户提供运输代理服务之前，但却贯穿整个服务过程。在国际货代企业为客户提供运输服务时，如果客户有意见或者有问题需要解决，通常都会直接找业务员。目前，在国际货代行业，许多货代企业的老板都是从业务员成长起来的。当优秀的货代业务员掌握了客源后，自立门户是很正常的事情。

货代业务员揽货通常可分为以下几个步骤：寻找、开发客户，报价与谈判，建立货运代理委托关系，跟踪回访。

#### 一、寻找客户

微课1-4

在整个揽货过程中，寻找潜在客户和做好准备工作是揽货的序曲，也是揽货成功的前提和基础。

货代业务员
揽货步骤

（一）寻找潜在客户

寻找潜在客户是揽货过程的开始，也是决定揽货成败的关键所在。通常，国际货运代理企业的客户有三类：一是现有客户，是指正在支持本企业、使用本企业货运代理服务的客户；二是未来客户，指那些现在尚未使用本企业的货运代理服务，将来有可能选择本企业提供服务的客户；三是潜在客户，指那些尚未使用本企业的货运代理服务，正在与其他货运代理企业合作的客户。成功发掘潜在客户是国际货运代理企业拓展销售范围、增加揽货量、提高企业市场占有率的重要途径之一。

通常，国际货代业务员面对的客户群主要有以下几类：

1.外贸业务员

外贸业务员是货代业务员接触最多、最直接的客户群体。有时，外贸业务员在向国外客商报价的时候，采用的是CFR、CIF等贸易术语，这需要计算货物的运输成本。这时，他们就会向货代业务员咨询相关的航线与运价情况。由于外贸业务的出货时间具有延后性（即外贸业务员询价当时并没有国际运输需求，而是发生在将来交货时），而航运市场价格具有一定的波动性，因此，国际货代业务员在报价时要提醒外贸业务员预留出一定的运价上涨空间，并就自己的行业经验与专业水平提供一定的指导意见。

对于这一类型的客户，国际货代业务员不要期望在给客户报价之后立刻就有结果，因为外贸业务员也是在洽谈客户，不一定就能够拿下这笔订单。外贸业务员通常不止向一位国际货代业务员询价，所以国际货代业务员要注意对这类客户的定期回访，跟进订单情况，保持良好的沟通。虽然外贸业务员不一定询价了就会有结果，但是国际货代业务员应该对他们多一点耐心，一旦外贸业务员拿到了订单，他自然而然就成为你的客户了。

2.跟单员

有一定规模的进出口企业，通常会设置外贸跟单员这一岗位。跟单员是负责对外贸业务员谈下的订单进行出货、运输等单证操作的。因此，跟单员进行询价的订单往往都是已经签下进出口买卖合同的货物。国际货代业务员在向此类客户报价的时候要尽量快速、准确、专业。跟单员手中往往会集中好几个外贸业务员的单子，工作量比较大，向其寻求和招揽业务的国际货代业务员自然会比较多，竞争比较激烈。国际货代业务员在面对此类客户的时候，需要有较高的沟通技巧和专业服务能力，也需要花心思维护好客户关系，此类客户通常比较稳定。

3.关务（船务）

一般来说，大型的外贸工厂都会设置关务（船务）这一职位来负责外贸运输。相对来说，这一职位的从业人员要有货代行业的工作经验，对行业市场价格比较了解，所以他们关注的是货代业务员的服务水平。通常，大型的外贸工厂会选择几家较稳定的国际货代企业为自己服务，以便出现紧急情况时有备无患；如果不出现特殊问题，这类客户通常都比较稳定，不会随便更换货代。国际货代业务员在面对此类客户的时候，不要过多卖弄专业经验，很多关务（船务）可能比国际货代业务员更专业；诚信可靠、服务意识强的国际货代业务员才是这类客户最需要的。

**货运小常识1-2**　　　　　　　　**五大技巧，助货代新手成功揽货**

"揽货"是每个货代销售的终极目标，也是每个初入门庭的货代"菜鸟"苦思冥想的问题，今天咱们就一起探讨一下，如何提升自己揽货的能力，实现业务量的积累和业绩的突破。

**1.真诚待人**

现在每个港口都是货代公司"百家争鸣"的状态，各货代公司为了打造自己的竞争优势，都会推出一些优惠活动或不定时推送一些福利。每个专业的货代销售都有自己一套熟到不能再熟的话术，要想获得贸易公司的青睐，真诚待人往往是最有效的方法，这有点大道至简的意思。所谓精诚所至金石为开，货代业务间的博弈说白了还是人与人之间的相处，有时不仅要给贸易公司更多运价上的实惠，还要和他们成为朋友，让双方在业务合作上的亲密度更进一步。

### 2.合理把控运价

如果你能够给出一个较为优惠的价格，那将有更多合作的可能。虽说低运价未必就有绝对优势，但至少可以给客户留下一个好印象。如果你所在的货代公司给出的价格在业界偏高，你就可以重点宣传你们服务方面的优质。因此，如果不能提供更低运价，就要通过一些小技巧让客户觉得他们能在你这占更大的便宜。

### 3.定期拜访老客户

货代业务既然是人与人之间的相处，那就不要在有业务的时候才去与老客户进行沟通。记住，一个稳定盈利的货代公司，一定是老客户的业务支撑了它主要的盈利。没有业务的时候，也要时常联系一下外贸公司的相关人员，让他们看到你的用心。很多有经验的货代销售经常在各种节日联络拜访老客户，增进相互间的沟通。

### 4.和产业链下游、船公司打好交道

一个发展中的货代公司总会把视线集中到与贸易公司、外贸工厂打交道上，因此最有可能出现问题的反而是货代公司不太注意的产业链下游的合作公司。其实，货代公司更多时候扮演的是一个中介的角色，想经营好一家货代公司，也一定要维护与拖车公司、报关行、船公司之间的关系，它们才是你业务能力的保障。现在很多货代公司都开始使用各种货代管理软件，目的就在于和拖车公司、报关行、仓库进行更紧密的数据对接和业务合作。

### 5.与保险公司保持良好的关系

在进出口运输中，有的环节货主会选择对货物投保。货代和保险公司之间保持良好的关系，不仅能保障货物的安全运输，而且可以简化一些工作量，对两者都是百利而无一害。

资料来源 货代小行家.货代做好这4点，揽货能力将提升一个新高度［EB/OL］.［2018-03-21］.https：//baijiahao.baidu.com/s？id=1595538572777320680&wfr=spider&for=pc.

### （二）开发潜在客户

目前，国际货代业务员在开发客户方面，主要有以下几种方式：

### 1.发布广告

国际货代业务员可以在一些专业期刊、专业网站上发布国际货运代理服务广告，也可以在一些外贸、物流论坛上发布广告来吸引潜在客户。广告不一定能立刻创造价值，而且广告的投入也要视公司的财力而定，大部分小型国际货代企业是不会有这方面投入的，但是，广告往往可以给潜在客户留下一定的印象，提升企业的知名度，从而带来货源。

**货运小常识1-3** ◼◼ **货代开发客户的常用方法**

**1.外贸B2B平台**

阿里巴巴、环球资源网、中国制造网上有很多做外贸的工厂和外贸公司,可以按照产品类别对其进行统计、筛选、电话沟通、跟进开发。

**2.外贸论坛**

福步外贸论坛、外贸圈等外贸社区,是外贸人的聚集地,是货代人员推广业务、找客户的最好平台。在这些平台找客户,一般都是采用回帖留言、签名档等方式。提醒大家:回帖切忌一味地推广业务,最好看完别人的帖子,提出一些比较中肯的建议或评论,这样更加容易获得关注,也能避免被版主屏蔽禁言。此外,也可以发表一些外贸知识和技巧,帮助外贸人员解决相关问题,这样更易获得他们的信任,得到他们的青睐。

**3.易之家贸易SNS社区**(https://www.tradesns.com/cn/)

该社区入驻了200万+贸易人士、100万+贸易企业,覆盖了贸易生态圈上的所有人群,如外贸业务员、外贸工厂、外商、物流货代等。货代不仅可以在这里找客户,也可以结交同行、共享资源。

**4.黄页**

通过黄页,能找到各个地方的企业/公司,但是需要自己去慢慢筛选,找到做外贸出口的公司。找到这些公司后,可以用上面"易之家贸易SNS社区"的人脉搜索去找联系人。

**5.搜索引擎**

利用搜索引擎搜索,可以先查自己所在区域的外贸工厂和外贸公司,实现"近水楼台先得月"。

**6.展会企业目录**

国内展会如广交会、上海地区的展会,参展企业一般都会涉及出口生意;通过各种渠道获取到这些参展商的名录,对货代来说非常有价值,客户就在这里面。

**7.中国海关数据**

中国海关数据除了能为外贸企业提供市场信息尤其是竞争对手的信息外,也能帮助货代寻找客户。中国海关数据往往会提供进口港及出口港等的相关信息,货代可以从中发掘适合本公司航线的客户。所以,货代们不妨尝试购买中国海关数据,国内有不少这样的数据公司,如易家科技、易迅等。

**2.电话营销**

电话营销通常是对国际货代业务新人的第一关考验。国际货代业务员在不知道客户详细信息的前提下,通过电话将自身的信息传递给客户,让客户了解你、信任你;同时,还要在电话里了解到客户的信息和需求。在电话营销的过程中,国际货代业务员要面对形形色色的潜在客户,很可能会遇到提出专业问题的,也有可能还没听完你的介绍就直接挂掉电话的。这对国际货代业务员的应变能力和心理承受能力都是极大的考验。

许多国际货代业务员把电话营销形容为大海捞针，因为在一天的工作时间里很可能要打出几十上百个电话，其中大部分是遭到拒绝的，甚至会有脾气很不好的潜在客户。在这种情况下，国际货代业务员要扛得住挫败感，不要客户一拒绝就立刻放弃。对于有价值的潜在客户，要坚持进行电话回访，经常给潜在客户发报价及专业提示，以给潜在客户留下较好的印象。

**货运小常识1-4　　　　　　　货代电话销售应询问的细节**

在进行电话销售时，货代应具体询问以下细节：

（1）货物的目的地或来源国、出货时间，是否为指定货。

（2）货物性质：数量、品名、价值、包装、是否为危险品（注意危险品级别）或特种货物、监管证件要求及特殊报关要求。

（3）运输方式：海运、空运、汽运、铁运等。

（4）时限要求：特别是国际速递要问清楚。

（5）操作质量要求：货差率、货损率、接货及时性、包装等。

（6）财务要求：付款方式、保险、发票、代收款等。

当客户问到一些业务员不明白的具体操作问题时，要根据对方的语气来判断客户的耐性。耐性较好的可以请他稍等，耐性较差的则说等会儿回复，记得请客户留下电话、姓氏等联系信息。一放下电话马上请教相关部门人员或资深业务员，在尽可能短的时间内回复。如果客户没有时间在电话里谈论以上细节，可以把这些内容留到见面的时候。

3.陌生拜访

如果可以和潜在客户提前预约再上门拜访，那当然是最好的，成功的几率也比较大。但是大部分情况下，国际货代业务员都需要在陌生拜访中去结识潜在客户。通常，国际货代业务员会选择在外贸公司比较集中的写字楼进行"扫楼"，在和前台、保安的周旋中见到有价值的目标客户、交换到名片，这样才算是成功的拜访。相对于电话营销来说，陌生拜访是一种面对面的交流，能够给潜在客户留下更深的印象，了解到潜在客户的一些信息，也比较能够积累高质量的潜在客户资源。

**货运小常识1-5　　　　　　　国际货代业务员必备的知识和心理素质**

1.充实自己的业务知识：

A.操作流程的学习

B.运价知识的掌握

C.港口及国家的了解

D.回答客户所提问题的应变能力

2.对公司业务的了解：

A.了解公司的优势、劣势

B.了解公司在市场上的地位及运作状况

3.对市场进行调查：

A.了解同行的运价水平

B.了解客户所需船东的运价、船期、目的港代理等

C.预测将来市场情况

4.要有刻苦耐劳的精神：

A.拜访客户要勤，而且要讲究效率

B.可以从100个客户当中挑选出10个重点攻克，从中找出公司需要的客户群体

5.调整自己的心态：

积极，乐观，向上

资料来源 作者根据相关资料整理.

微课 1-5

货代报价业务
操作

## 二、报价与谈判

报价是货代业务员进行销售的一个很重要的环节。通常，询价的客户都是具有一定价值的潜在客户，而报价很可能成为业务成败的关键。作为国际货代业务员，不但要求报价准确，对市场行情要随时了解，而且要善于向同行询价。

报价按对象可分为直客（物流术语，直接客户的意思）报价和同行报价。

面对直客报价时，一是要快：如果你是客人，询价电话打过去，当时就能得到回复，说明这个业务员业务很熟练，委托这样的公司运货自然很放心。二是要准：一个准确的报价，势必让你在和同行的竞争中脱颖而出，这需要准确、充分地了解市场行情。在实际报价之前，可以先了解3～4家船东直接放出来的价格，再去市场上了解同行放出来的价格，然后再加上适当的利润给客户报价；客户对价格是否满意，有什么疑问基本上会了然于胸，而且这样做一般成功几率比较高，更可以给客户提供有效的建议或者意见。

面对同行时，则需掌握以下原则进行报价：

（1）有选择性地接受询价，充分地利用有限的时间和市场资源，非优势航线或者无法在市场上找到最优同行价不考虑。

（2）侧重外地同行的询价，利用信息的不对称争取业务。

（3）根据对同行报价利润的掌握适时报价。

报价内容包括运杂费、船期或航班费用、运价走势等。不同的客户，报价方式不同，价格也会不同。报价必须慎重，同时需要灵活发挥、看情况报价。货代业务员在应对客户的询价时，对市场价、公司底价、报价方式及佣金给付要相当清楚。大部分公司都会给不同等级业务员一个谈价的幅度，第一次报价要留有余地，可以是试探性的，为面谈做好铺垫。

此外，报价时还要注意以下几点：

（1）报价格式规范化，尤其是给国外代理的报价，尽量形成自己的一套格式，给人以专业、一目了然的感觉。

（2）报价时，对于船东信息等客户不是重点关注的部分，不必要太过详尽，以避免该航次价格变动使自己陷入被动局面。

（3）报价时应注明有效期，如对运价有效期无确切把握，可以"Subject to final confirmation"来做出声明，尽量掌握主动。

（4）万一报错价格，没关系，如果差价比较小，可先按兵不动；如果客户有进一步询价，可以有效期或者附加费变动为由做出调整；如果差价较大，则需立即以更正后的价格给客人再报一次，并合理解释自己的失误。

（5）拥有一份属于自己的价格表是国际货代业务员做好询价、报价工作的重要一环，这需要在平时的工作中积累足够的运价信息，保证运价来源渠道畅通，时刻把握市场上的优势运价。

### 三、建立货运代理委托关系

经过一番讨价还价之后，在双方意见趋于一致的情况下，揽货人员应及时把握机会，与客户签订协议。国际货运代理企业接单就是接受客户委托，双方建立国际货运代理委托关系。接单是揽货的目的，也意味着国际货运代理操作的开始。国际货运代理委托书可视为一份客户服务方案，包括航线要求、时限要求、运价要求、通关要求、拖车要求等。货代操作员根据委托书的内容进行货物出口运输的安排。委托书没有固定格式，不同的货主制作的委托书格式会有所不同。如果货主需要，货代公司可以向货主提供其公司事先制作的空白委托书，也可以直接使用货主自己制作的委托书。

### 四、跟踪回访

国际货代业务员不是将货物交给操作人员后就完成工作了，还应该做好对各个环节的跟踪工作。通常，客户向国际货运代理办理托运手续，签订合约，只是表明客户与本企业合作的开始，运输质量的高低才是影响客户对本企业服务是否满意的关键因素。因此，国际货运代理业务员应与客户保持密切联系，协调好客户与本企业操作人员、港口当局、海关、检验检疫部门、报关行以及集装箱拖车车队的关系，使货物在每一个运输环节中的操作都能有条不紊地运行；中间任何一个环节出现问题，都要及时通报给客户，让客户放心。只有将货物安全、准确、及时地交付给收货人，客户才有兴趣和信心继续下一次的合作。

AI+货运代理

上海企业用AI突围开年拿下2 000万美元大单

## 【任务实施】

全班5～6人为一组，设1名组长，由组长带领本组同学依次扮演王强的角色，按下述步骤分别来完成揽货业务操作：

步骤一：寻找与开发客户

1.王强需要对本市及周边地区的潜在客户源进行分析和筛选，请列举出5个寻找客户的途径，并整理出5家潜在客户的信息。

任务实施

分析提升

2.请根据这5家客户的业务规模、信誉度等对其由高价值到低价值进行排序，筛选出重点开发客户，并说明理由。

3.王强在获得了客户信息、筛选出重要客户后，需要通过电话销售开展揽货业务。作为揽货员，请简要写出此次电话销售中的话术。

步骤二：报价与谈判

王强与上海云天贸易有限公司国际物流部杨经理在电话中进行了洽谈，王强得知：2024年3月，上海云天贸易有限公司出口一批积木（Brick）到A国TIMES公司。王强对货物情况进行了仔细询问，得到信息如下：该积木为纸箱包装，每箱8件，纸箱尺寸为50cm×20cm×20cm，货物总重量16 000.00kg，成交数量为9 750箱，成交单价为20美元/箱，合同总价格为195 000.00美元，成交方式为CIF NY，买卖双方约定不允许转船，不允许分批。

4月15日，杨经理向盛华货代询价，要求采用到工厂提货装箱后集港的操作方式，希望王强提供一份海运报价。王强与杨经理约定次日对报价单细节进行商定，并对代理的相关事宜进行讨论。请根据查询到的船公司报价、公司的费用清单和盛华货代报价标准模板，为上海云天贸易有限公司制作一份报价单。

收集到的信息如下：

1.选择海运费用最低的船公司

2.集装箱信息表（见表1-3）

表1-3　　　　　　　　　　　集装箱信息表

| 规格 | 长×宽×高（米） | 配货毛重（吨） | 箱体自重（吨） |
|------|------|------|------|
| 20GP | 内：5.898×2.352×2.385<br>外：6.058×2.438×2.591 | 17.5 | 2.30 |
| 40GP | 内：12.032×2.352×2.385<br>外：12.192×2.438×2.591 | 22.00 | 3.40 |
| 40HQ | 内：12.032×2.352×2.690<br>外：12.192×2.438×2.896 | 22.00 | 4.0 |

3.盛华货代公司费用清单（见表1-4）

表1-4　　　　　　　　　　　盛华货代公司费用清单

| 费用项目 | 币种 | 收费单位 | 单价 | 备注 |
|---|---|---|---|---|
| 检验检疫服务费 | CNY | 票 | 300.00 | 如发生检验检疫收取300.00元/票 |
| 检验检疫费 | CNY | 票 | *** | 实报实销，按相关发票全额计算，含运输、装载工具检疫处理；货物的一般检疫、熏蒸、清洗降温等检疫处理 |
| 报关和报检服务费 | CNY | 票 | 300.00 | 5个品名以下时收取300.00元/票，每增加5个品名加收60.00元/票（不足5个品名时按5个计算） |
| 查验服务费 | CNY | 票 | 300.00 | 如发生查验收取300.00元/票 |
| 海关查验费 | CNY | 票 | *** | 实报实销，按相关发票计算 |
| 集装箱操作费 | CNY | 箱 | 60.00/120.00/120.00 | — |
| 提箱费 | CNY | 箱 | 350.00/700.00/700.00 | 发生空箱提箱时收取，提箱交箱点仅限上海市内，2个20GP的费用按照1个40GP的费用收取 |
| 还箱费 | CNY | 箱 | 500.00/900.00/900.00 | 发生重箱还场时收取，重箱提箱点和交箱点仅限上海市内，2个20GP的费用按照1个40GP的费用收取 |
| 装箱服务费 | CNY | 箱 | 350.00/700.00/700.00 | — |
| 滞箱费 | CNY | 箱*天 | *** | 免箱期7天，超过后按实际发生滞箱天数计算，滞箱天数=重箱回场日-空箱提箱日-6；1（含）～7天，55.00元/TEU*天；8（含）～15天，150.00元/TEU*天；≥16天，300.00元/TEU*天 |
| 超期堆存费 | CNY | 箱*天 | *** | 免堆期5天，超过后按实际发生超期天数计算，超期天数=开船日-重箱回场日-4；1（含）～4天，100.00元/TEU*天；4（含）～10天，300.00元/TEU*天；≥10天，500.00元/TEU*天 |
| 坏污箱费 | CNY | 箱 | *** | 实报实销，按相关发票计算 |
| 掏箱费 | CNY | 箱 | *** | 实报实销，按相关发票计算 |
| 改单费 | CNY | 票 | 400.00 | 如发生改单，则收取400.00元/票 |
| 改单服务费 | CNY | 票 | 100.00 | 如发生改单，则收取100.00元/票 |
| 电放费 | CNY | 票 | 250.00 | 如发生电放，则收取250.00元/票 |
| 仓储费 | CNY | 件*天 | 15.00 | 按实际存储天数计算，仓储天数=出仓日-进仓日+1 |
| 入库费 | CNY | 件 | 25.00 | 发生仓储服务时收取 |
| 出库费 | CNY | 件 | 25.00 | 发生仓储服务时收取 |

注：（1）1美元=6.80元人民币；（2）"***"表示发生则收和实报实销的费用。

## 4. 船公司报价单（见表1-5）

表1-5

### 海运报价单

海运报价表

| 船公司 | 启运港 | 目的港 | O/F (USD/箱) | | 订舱费 (CNY/箱) | | 发货港码头操作费 (CNY/箱) | | 预付操作费 (CNY/箱) | | 到付操作费 (CNY/箱) | | VGM 传送费 (CNY/箱) | 设备 交接单费 (CNY/箱) | 封志费 (CNY/箱) | 燃油 附加费 BAF (USD/箱) | | 国际船舶和 港口设施安保 附加费 ISPS (USD/箱) | | 文件费 (CNY/票) | AMS (USD/票) |
|---|---|---|---|---|---|---|---|---|---|---|---|---|---|---|---|---|---|---|---|---|---|
| | | | 20GP | 40GP/40HQ | 20GP | 40GP/40HQ | 20GP | 40GP/40HQ | 20GP | 40GP/40HQ | 20GP | 40GP/40HQ | | | | 20GP | 40GP/40HQ | 20GP/40GP/40HQ | | | |
| APL | SHANGHAI | NY | 2 800.00 | 3 400.00 | 250.00 | 390.00 | 790.00 | 1 185.00 | 70.00 | 140.00 | 35.00 | 70.00 | 20.00 | 50.00 | 40.00 | 100.00 | 200.00 | 10.00 / 20.00 | 550.00 | 30.00 |
| COSCO | SHANGHAI | NY | 2 400.00 | 2 950.00 | 220.00 | 335.00 | 790.00 | 1 185.00 | 70.00 | 140.00 | 35.00 | 70.00 | 20.00 | 50.00 | 30.00 | 100.00 | 200.00 | 10.00 / 20.00 | 500.00 | 30.00 |
| MAERSK | SHANGHAI | NY | 2 700.00 | 3 300.00 | 250.00 | 390.00 | 790.00 | 1 185.00 | 70.00 | 140.00 | 35.00 | 70.00 | 20.00 | 50.00 | 40.00 | 100.00 | 200.00 | 10.00 / 20.00 | 540.00 | 30.00 |
| MSC | SHANGHAI | NY | 2 750.00 | 3 350.00 | 250.00 | 390.00 | 790.00 | 1 185.00 | 70.00 | 140.00 | 35.00 | 70.00 | 20.00 | 50.00 | 40.00 | 100.00 | 200.00 | 10.00 / 20.00 | 500.00 | 30.00 |
| OOCL | SHANGHAI | NY | 2 500.00 | 3 100.00 | 250.00 | 390.00 | 787.00 | 1 181.00 | 70.00 | 140.00 | 35.00 | 70.00 | 20.00 | 50.00 | 40.00 | 100.00 | 200.00 | 10.00 / 20.00 | 450.00 | 30.00 |

客户委托时收取

**5.盛华货代报价单（见表1-6）**

表1-6 　　　　　　　　　　　　　　**盛华货代报价单**

<table>
<tr><td colspan="6" align="center">盛华货代有限公司<br>SHENGHUA INTERNATIONAL FREIGHT FORWARD CO., LTD.<br>报价单</td></tr>
<tr><td colspan="6">货物名称：</td></tr>
<tr><td>委托编号：</td><td></td><td colspan="2">数量：</td><td colspan="2"></td></tr>
<tr><td>客户名称：</td><td></td><td colspan="2">体积：</td><td colspan="2"></td></tr>
<tr><td colspan="2">箱型：</td><td colspan="4"></td></tr>
<tr><td colspan="2">重量：　//</td><td colspan="4"></td></tr>
<tr><td colspan="2">报价有效期：</td><td colspan="4"></td></tr>
<tr><td colspan="2">报价明细：</td><td colspan="4"></td></tr>
<tr><td rowspan="2">费用项目</td><td rowspan="2">单位</td><td colspan="2" align="center">单价</td><td rowspan="2">费用总额<br>（CNY）</td><td rowspan="2">费用备注</td></tr>
<tr><td>20GP</td><td>40GP/40HQ</td></tr>
<tr><td colspan="6">1.海运服务</td></tr>
<tr><td>集装箱海运费（O/F）</td><td>USD/箱</td><td></td><td></td><td></td><td></td></tr>
<tr><td>订舱费</td><td>CNY/箱</td><td></td><td></td><td></td><td></td></tr>
<tr><td>发货港码头操作费<br>（THC）</td><td>CNY/箱</td><td></td><td></td><td></td><td></td></tr>
<tr><td>预付操作费</td><td>CNY/箱</td><td></td><td></td><td></td><td></td></tr>
<tr><td>到付操作费</td><td>USD/箱</td><td></td><td></td><td></td><td></td></tr>
<tr><td>VGM传送费</td><td>CNY/箱</td><td></td><td></td><td></td><td></td></tr>
<tr><td>设备交接单费（EIR）</td><td>CNY/箱</td><td></td><td></td><td></td><td></td></tr>
<tr><td>封志费（SEAL）</td><td>CNY/箱</td><td></td><td></td><td></td><td></td></tr>
<tr><td>燃油附加费（BAF）</td><td>USD/箱</td><td></td><td></td><td></td><td></td></tr>
<tr><td>国际船舶和港口设施安<br>保附加费（ISPS）</td><td>USD/箱</td><td></td><td></td><td></td><td></td></tr>
<tr><td>文件费（DOC）</td><td>CNY/票</td><td></td><td></td><td></td><td></td></tr>
<tr><td>AMS舱单申报费</td><td>USD/票</td><td></td><td></td><td></td><td></td></tr>
</table>

| 费用项目 | 单位 | 单价 | | 费用总额（CNY） | 费用备注 |
|---|---|---|---|---|---|
| | | 20GP | 40GP/40HQ | | |
| 2.通关服务 | | | | | |
| 检验检疫服务费 | CNY/票 | | | | |
| 检验检疫费 | CNY/票 | | | | |
| 报关和报检服务费 | CNY/票 | | | | |
| 查验服务费 | CNY/票 | | | | |
| 海关查验费 | CNY/票 | | | | |
| 3.其他费用 | | | | | |
| 集装箱操作费 | CNY/箱 | | | | |
| 提箱费 | CNY/箱 | | | | |
| 还箱费 | CNY/箱 | | | | |
| 装箱服务费 | CNY/箱 | | | | |
| 滞箱费 | CNY/箱 | | | | |
| 超期堆存费 | CNY/箱 | | | | |
| 坏污箱费 | CNY/箱 | | | | |
| 掏箱费 | CNY/箱 | | | | |
| 改单费 | CNY/票 | | | | |
| 改单服务费 | CNY/票 | | | | |
| 电放费 | CNY/票 | | | | |
| 仓储费 | CNY/M³*天 | | | | |
| 入库费 | CNY/M³ | | | | |
| 出库费 | CNY/M³ | | | | |
| 报价合计 | | | | | |

注：

（1）以上报价按照票收费的项目，单价填写时先合并单元格。发生即收和实报实销的费用填"***"

（2）以上报价已包含ENS（舱单报关单）费用：$25/BL

（3）以上报价汇率：1美元=6.80元人民币，单价为原币种报价，总价为人民币报价

6.每箱利润+100USD

步骤三：建立货运代理委托关系

经过一番询价、报价和谈判，王强成功地与客户建立了货运代理委托关系，并签订了_____。

步骤四：跟踪回访

为确保此次运输任务能够顺利完成，王强将此单业务交给公司操作人员后，不断地与操作人员进行沟通，以便完成各个环节的操作。

步骤五：任务实施完成

## 【任务测评】

### 综合题

请上网查询3家以上货代企业对揽货业务员或货代销售员岗位的职责要求，总结并列出货代企业对揽货人员关键的素质要求。

### 综合实训

深圳鑫盛日化公司有一批日用品出口到M国B市交予M国KF公司，现委托深圳宏源货运代理公司代办海上运输等事宜，最晚于2025年4月26日装船。鑫盛日化公司向宏源货运代理公司提供了一份货运委托书、发票、报关委托书，请宏源货运代理公司代理运输并向深圳罗湖海关报关和报检。该批货物为海运整箱货，宏源货运代理公司向××运输公司订舱，办理了集装箱交接事宜并向中国太平洋保险公司投保。

请写出案例中涉及的主体，并画出各方的业务关系流程图。

# 项目二

## 外贸与货运保险业务操作

**项目导入**

　　周立是上海鼎益货运代理有限公司（以下简称"鼎益货代"）业务部的一名新员工。由于他是物流专业出身，具备一定的货代知识，入职一周，经理便让他进入业务部，负责为客户代办保险业务。周立虽然懂得一些理论知识，但毕竟实践经验较少。在本项目中，我们将以周立的身份，学习国际贸易术语的选择与应用，以及按客户要求办理货物进出口及保险业务。

**学习目标**

*知识目标：*

（1）熟悉常用的国际贸易术语，能够说出不同贸易术语下买卖双方的责任和义务。

（2）能够列举《2000年通则》《2010年通则》《2020年通则》间的主要区别。

（3）了解国际贸易的基本内容，能够复述货物进口和出口的基本流程。

（4）了解海上货物运输常见的风险和损失，能区别全部损失和部分损失。

（5）能区别基本险和附加险，区分不同险种的承保范围。

*能力目标：*

（1）能按照不同贸易术语对买卖双方权利、义务的要求正确判断双方的权责。

（2）能够区分不同海运保险的承保范围，并能够根据给定案例正确判断是否应当进行赔付。

（3）能够根据货主的要求进行保险业务操作，计算保险费用。

*素养目标：*

（1）具有良好的沟通能力、独立操作能力和严谨负责的工作态度。

（2）具有良好的物流职业道德，遵守物流法律、法规。

（3）培养良好的亲和力，服务热情周到。

# 任务一　选择并运用国际贸易术语

## 【任务描述】

2024年3月5日，上海新华钢铁有限公司（以下简称"新华钢铁"）以FOB条件从H国进口一批铁矿石，但是由于我方租船较为困难，不能在合同规定的时间内到装运港接运货物，从而出现了较长时期的货等船现象，于是H国方面要求撤销合同并向新华钢铁提出赔偿损失的要求。

新华钢铁将此事告知其货运代理合作方的周立，请他来帮助处理此纠纷。周立需结合国际贸易术语中各方的权利和义务要求，判断此案H国方面所提出的赔偿要求的合理性。

## 【任务解析】

本任务主要学习《2000年通则》《2010年通则》《2020年通则》下国际贸易术语的使用规则，并依此正确判断、解决实际案例中买卖双方由于国际贸易术语使用所导致的责任不清问题。

## 【知识链接】

国际贸易术语是指用三个大写英文缩写字母表明商品的价格构成、买卖双方应承担的责任、支付的费用及风险的转移界限等问题的专门术语。如由谁来办理运输、保险、报关、纳税手续？由谁来支付运费、保险费、装卸费等各项费用？由谁承担在运输、装卸过程中可能遭遇到的各种风险？

《国际贸易术语解释通则》（INCOTERMS）（以下简称《通则》），是国际商会为了统一对各种贸易术语的解释而制定的。最早的《通则》产生于1936年，为了适应国际贸易的不断发展，国际商会先后于1953年、1967年、1976年、1980年、1990年、2000年、2010年、2020年对《通则》进行了修订。《通则》是当今世界最具影响力的国际贸易惯例。目前，国际贸易实践中应用较多的是《2000年国际贸易术语解释通则》、《2010年国际贸易术语解释通则》和《2020年国际贸易术语解释通则》，分别简称为《2000年通则》、《2010年通则》和《2020年通则》。

### 一、《2000年通则》

需要强调的是，《2000年通则》涵盖的范围只限于贸易合同当事人权利、义务中与货物交付有关的事项。《2000年通则》中的13种贸易术语见表2-1。

《2000年通则》将13种贸易术语按E组（启运）、F组（主运费未付）、C组（主运费已付）和D组（到达）分为四类，依照卖方交货义务从最小（EXW）到最大（DDP）渐次排列。

微课2-1

认识《2000年通则》

表2-1 《2000年通则》（INCOTERMS 2000）中的贸易术语

| 组别 | 术语缩写 | 术语英文名称 | 术语的中文名称 |
|---|---|---|---|
| E组 | EXW | Ex Works | 工厂交货 |
| F组 | FCA | Free Carrier | 货交承运人 |
| | FAS | Free alongside Ship | 装运港船边交货 |
| | FOB | Free on Board | 装运港船上交货 |
| C组 | CFR | Cost and Freight | 成本加运费 |
| | CIF | Cost, Insurance and Freight | 成本、保险费加运费 |
| | CPT | Carriage Paid to | 运费付至 |
| | CIP | Carriage and Insurance Paid to | 运费和保险费付至 |
| D组 | DAF | Delivered at Frontier | 边境交货 |
| | DES | Delivered Ex Ship | 目的港船上交货 |
| | DEQ | Delivered Ex Quay | 目的港码头交货 |
| | DDU | Delivered Duty Unpaid | 未完税交货 |
| | DDP | Delivered Duty Paid | 完税后交货 |

（一）E组术语

本组仅包括EXW（工厂交货）一种贸易术语。

当卖方在其所在地或其他指定的地点（如工厂、工场或仓库等）将货物交给买方处置时，即完成交货。卖方不负责办理货物出口的清关手续或将货物装上任何运输工具。

EXW术语是卖方承担责任最小的术语，也是唯一由买方负责办理出口清关手续的术语。

（二）F组术语

本组包括FCA（货交承运人）、FAS（装运港船边交货）和FOB（装运港船上交货）三种贸易术语。在采用装运地或装运港交货条件成交而主要运费未付的情况下，即要求卖方将货物交至买方指定的承运人时，应采用F组术语。

按F组术语签订的合同属于装运合同。在F组术语中，FOB术语的买卖双方风险划分的界线和C组中的CFR和CIF术语是相同的，均以装运港船舷为界。"船舷为界"是一种传统的划分规则，由于其界限分明，易于理解和接受，故被广泛应用。但随着运输技术的变化，在采用集装箱运输、多式联运和滚装运输方式时，再以"船舷为界"已没有实际意义。国际贸易界曾对是否修订这一规则产生过争议。对此，国际商会制定《2000年通则》时，对以"船舷为界"的规定未作改动，对FOB、CFR和CIF术语仍规定买卖双方承担货物灭失或损坏的一切风险，以货物在指定的装运港越过船舷为界；但同时又规定，如合同当事人无意采用越过船舷交货，可相应地采用FCA、CPT和CIP术语。

### （三）C组术语

本组包括CFR（成本加运费）、CIF（成本、保险费加运费）、CPT（运费付至……）和CIP（运费、保险费付至……）四种贸易术语。

在采用装运地或装运港交货条件而主要运费已付的情况下，宜采用C组贸易术语。按此类术语成交，卖方必须订立运输合同，并支付运费，但对货物发生灭失或损坏的风险及货物发运后所产生的费用，卖方不承担责任。C组术语包括两个分界点，即风险划分点与费用划分点，这两个分界点是分离的。按C组术语签订的合同属于装运合同。

综上可以看出，C组术语和F组术语具有相同的性质，即卖方都是在装运地或发货地完成交货义务。因此，按F组术语和C组术语订立的合同都属于装运合同。《2000年通则》指出，装运合同的特点是卖方要支付将货物按照惯常航线和习惯方式运至约定地点所需的通常运输费用，而货物灭失或损坏的风险及货物以适当方式交付运输之后所产生的额外费用则应由买方承担。

### （四）D组术语

本组包括DAF（边境交货）、DES（目的港船上交货）、DEQ（目的港码头交货）、DDU（未完税交货）和DDP（完税后交货）五种贸易术语。采用D组术语，卖方应负责将货物运至边境（Broder）或目的港（Port）或进口国内约定的目的地（Place）或点（Point），并承担货物运至该地之前的全部风险和费用。

按D组术语订立的销售合同属于到货合同。需要指出的是，DDP是唯一由卖方负责办理进口清关手续的术语。

## 二、常用的贸易术语

在国际贸易中，FOB、CFR、CIF和FCA、CPT、CIP是六种最为常用的贸易术语。

### （一）FOB（装运港船上交货）

FOB（Free on Bard…named port of shipment），即装运港船上交货（……指定装运港）。

"装运港船上交货"简称"船上交货"，使用这一贸易术语，要注明装运港名称。使用这一术语时，卖方应负责在合同规定的日期或期间内，在指定的装运港，把货物装到买方指定的船上，并承担货物装上船为止的一切费用和风险。该术语仅适用于海洋或内河运输。

根据《2000年通则》的解释，FOB术语下买卖双方的主要义务见表2-2。

表2-2　**FOB术语下买卖双方的主要义务**

| 卖方主要义务 | 买方主要义务 |
| --- | --- |
| 1.负责提供货物、商业发票及合同规定的其他单据 | 1.按照合同规定支付货款，并收取符合合同规定的货物和单据 |
| 2.在合同规定的日期或期间内，在装运港将货物装上买方指定的船只并通知买方 | 2.负责租船或订舱，支付运费，并将船名、装船地点和装船时间通知卖方 |
| 3.负责办理出口清关手续，提供出口许可证 | 3.取得进口许可证或其他官方证件，办理进口报关手续 |
| 4.承担货物在装运港越过船舷为止的一切费用和风险 | 4.承担货物在装运港越过船舷后的一切费用和风险 |

《2000年通则》规定，如果买方指定的船只未能按时到港或接运货物，或者买方未能就派船问题给予卖方充分的通知，只要货物已被划为本合同项下的货物，自规定的交货期届满之后，买方就要承担货物灭失或损坏的风险。

（二）CFR（成本加运费）

CFR（Cost and Freight...named port of destination），即成本加运费（……指定目的港）。

CFR术语是指卖方必须负担成本加装运港至目的港的运费。该术语也仅适用于海运和内河航运。

根据《2000年通则》的解释，CFR术语下买卖双方的主要义务见表2-3。

表2-3　　　　　　　　　　CFR术语下买卖双方的主要义务

| 卖方主要本义务 | 买方主要义务 |
| --- | --- |
| 1.负责提供货物、商业发票及合同规定的其他单据<br>2.负责租船或订舱，支付运费<br>3.在合同规定的日期或期间内，在装运港将货物装上船并通知买方<br>4.负责办理出口清关手续，提供出口许可证，支付出口关税和费用<br>5.承担货物在装运港越过船舷为止的一切费用和风险 | 1.按照合同规定支付货款，并收取符合合同规定的货物和单据，其中提单最重要<br>2.取得进口许可证或其他官方证件，办理进口报关手续<br>3.承担货物在装运港越过船舷后的一切费用和风险 |

值得注意的是，按CFR条件成交，卖方不办理货运保险。为此，装船后务必及时向买方发出装船通知，以便买方认为有必要时及时办理货运保险；否则，卖方应承担货物在运输途中发生风险造成的损失。

（三）CIF（成本加保险费、运费）

CIF（Cost，Insurance and Freight...named port of destination），即成本加保险费、运费（……指定目的港）。

使用这一术语，卖方负责租船或订舱，在合同规定的装运日期或期间内将货物装上运往指定目的港的船舶，负担货物装上船之前的一切费用和风险，支付运费和保险费。这一术语也仅适用于海洋和内河运输。

根据《2000年通则》的解释，CIF术语下买卖双方的主要义务见表2-4。

表2-4　　　　　　　　　　CIF术语下买卖双方的主要义务

| 卖方主要义务 | 买方主要义务 |
| --- | --- |
| 1.负责提供货物、商业发票及合同规定的其他单据<br>2.负责租船或订舱，支付运费<br>3.负责办理保险，支付保险费<br>4.在合同规定的日期或期间内，在装运港将货物装上船并通知买方<br>5.负责办理出口清关手续，提供出口许可证，支付出口关税和费用<br>6.承担货物在装运港越过船舷为止的一切费用和风险 | 1.按照合同规定支付货款，并收取符合合同规定的货物单据<br>2.取得进口许可证或其他官方证件，办理进口报关手续<br>3.承担货物在装运港越过船舷后的一切费用和风险 |

在CIF术语条件下，只要卖方在约定的装运港按期把货物装到运往指定目的港的船上，办理了保险，并将约定的单证及时交给买方，就算完成了交货义务。即使卖方装船以后至交单段时间内，货物发生损坏或灭失，只要卖方提交的单据符合要求，买方就不得拒收单据和拒付款；反之，即使货物安全到达并符合要求，但单据不符合要求，买方仍有权拒付货款。因此CIF是一种典型的象征性交货，卖方凭单交货，买方凭单付款。

（四）FCA（货交承运人）

FCA（Free Carrier...named place），即货交承运人（……指定地点）。

使用这一术语，卖方在指定地点将货物交给买方指定的承运人照管，并办理了出口清关手续，即履行了交货义务。这里所指的"承运人"，既包括实际履行运输合同的承运人，也包括签订运输合同的运输代理人。该术语适用于各种运输方式，包括多式联运。

根据《2000年通则》的解释，FCA术语下买卖双方的主要义务见表2-5。

表2-5　FCA术语下买卖双方的主要义务

| 卖方主要义务 | 买方主要义务 |
| --- | --- |
| 1.负责提供货物、商业发票及合同规定的其他单据 | 1.按照合同规定支付货款，并收取符合合同规定的货物单据 |
| 2.在合同规定的日期或期间内，将货物交给买方指定的承运人并通知买方 | 2.负责办理运输，支付运费，并将运输工具名称、装运地点和装运时间通知卖方 |
| 3.负责办理出口清关手续，提供出口许可证，支付出口关税和费用 | 3.取得进口许可证或其他官方证件，办理进口报关手续 |
| 4.承担货交承运人之前的一切费用和风险 | 4.承担货交承运人之后的一切费用和风险 |

在海洋运输情况下，如果是整箱货（FCL），卖方将载货的集装箱交给海运承运人，就算完成了交货义务；如果是拼箱货（LCL）或非集装货物，卖方应将货物运到启运地，交给海运承运人。

采用航空运输方式时，卖方应将货物交给航空承运人。在其他运输方式和多式联运方式下，卖方都应将货物交给承运人。

不论采取上述哪种运输方式，买卖双方各自承担的风险均以货交承运人处置时为界，即卖方承担货交承运人之前的风险，买方承担货交承运人之后的风险。风险转移后，同运输风险相关的责任与费用相应转移。

（五）CPT（运费付至）

CPT（Carriage Paid to...named place of destination），即运费付至（……指定目的地）。

CPT是指卖方向其指定的承运人交货，但卖方还必须支付将货物运至目的地的运费，亦即买方承担交货之后一切风险和其他费用。该术语适用于各种运输方式，包括多式联运。

根据《2000年通则》的解释，CPT术语下买卖双方的主要义务见表2-6。

表2-6　　　　　　　　　　CPT术语下买卖双方的主要义务

| 卖方主要义务 | 买方主要义务 |
| --- | --- |
| 1.负责提供货物、商业发票及合同规定的其他单据<br>2.负责办理运输，支付运费<br>3.在合同规定的日期或期间内，将货物交给指定的承运人并通知买方<br>4.负责办理出口清关手续，提供出口许可证，支付出口关税和费用<br>5.承担货交承运人之前的一切费用和风险 | 1.按照合同规定支付货款，并收取符合合同规定的货物和单据<br>2.取得进口许可证或其他官方证件，办理进口报关手续<br>3.承担货交承运人之后的一切费用和风险 |

（六）CIP（运费、保险费付至）

CIP（Carriage and Insurance Paid to...named place of destination），即运费、保险费付至（……指定目的地）。

CIP是指卖方向其指定的承运人交货，但卖方还必须支付将货物运至目的地的运费，亦即买方承担卖方交货之后的一切风险和额外费用。按照CIP术语，卖方还必须办理针对货物在运输途中灭失或损坏风险的保险。该术语适用于各种运输方式，包括多式联运。

根据《2000年通则》的解释，CIP术语下买卖双方的主要义务见表2-7。

表2-7　　　　　　　　　　CIP术语下买卖双方的主要义务

| 卖方主要义务 | 买方主要义务 |
| --- | --- |
| 1.负责提供货物、商业发票及合同规定的其他单据<br>2.负责办理运输，支付运费<br>3.负责办理保险，支付保险费<br>4.在合同规定的日期或期间内，将货物交给指定的承运人并通知买方<br>5.负责办理出口清关手续，提供出口许可证，支付出口关税和费用<br>6.承担货交承运人之前的一切费用和风险 | 1.按照合同规定支付货款，并收取符合合同规定的货物和单据<br>2.取得进口许可证或其他官方证件，办理进口报关手续<br>3.承担货交承运人之后的一切费用和风险 |

当前，集装箱运输和多式联运被广泛应用。买卖双方应根据交易的实际情况，适当选用FCA、CPT和CIP术语，以替代传统的主要适用于水运的FOB、CFR和CIF术语。FOB、CFR和CIF术语，与FCA、CPT和CIP相比存在两个缺点：一是增加了卖方的风险和责任，从货交承运人延伸到在装运港越过船舷（或装到船上）；二是推迟了运输单据的出单时间，从而延缓了卖方交单收汇的时间，影响了资金周转速度，会造成利息损失。因此，在出口业务中，推广使用FCA、CPT和CIP术语，这对卖方是有利的。

微课2-2

认识《2010年通则》

### 三、《2010年通则》

为适应国际贸易的快速发展和实践领域发生的新变化，国际商会于

2007年开始对《2000年通则》进行修订。《2010年通则》最终于2010年9月面世，并于2011年1月1日起正式生效。

《2010年通则》更加适合现行国际贸易的实际需要，更广泛地为世界各国贸易界和法律界人士所接受和承认。但是，需要说明的是，由于国际惯例并不具有普遍约束力，《2010年通则》的生效实施，并不表明《2000年通则》自动作废。买卖双方有权自愿选择采用某种国际惯例，或做出与某种解释或规则不同的规定，并在合同中订明。如果买卖双方在合同中既不排除，也不明确采用何种惯例，一旦事后双方在交接货物方面出现争议并提交诉讼或仲裁，法院或仲裁机构往往会用某种公认的或影响力较大的惯例（如《2010年通则》）作为裁决或仲裁案件的依据。所以，作为货运代理及外贸从业人员，必须了解《2010年通则》中的新内容。

与《2000年通则》的描述形式不同，《2010年通则》的表述更加简单，每条贸易规则前面都有一条引言，解释每条规则的基本内容，如什么时候该术语被运用，什么时候风险转移，相关费用在卖方和买方之间怎样分配等。引言虽然并不是《2010年通则》规则的一部分，但是，针对特定的交易，它们能帮助使用者更准确、更有效地把握贸易术语规则。

与《2000年通则》相比，《2010年通则》有如下实质性变化：

（一）新增DAT和DAP两个术语

《2010年通则》以DAT和DAP两种新术语取代了《2000年通则》中D组的DAF、DES、DEQ和DDU术语，术语总数由原来的13个减少到11个。新增的DAT和DAP术语都明确规定了交货地点：DAT（Delivered at Terminal...named place of destination），即运输终端交货（……指定目的地）；DAP（Delivered at Place...named place of destination），即目的地交货（……指定目的地）。

通过在DAT、DAP两个术语后面明确注明边境地点、港口、码头、集装箱堆场和终点站等，完全可以满足《2000年通则》中DAF、DES、DEQ、DDU四种术语的使用需要。使用DAT时，卖方应将货物从到达指定目的港或指定目的地的运输工具上卸下，交由买方处置（与《2000年通则》中的DEQ相同）。使用DAP时，卖方应将货物在指定目的港或指定目的地交由买方处置，由买方安排卸货。

（二）简化分类方式

《2010年通则》未沿用以往将术语按交货地点分类、按英文字头分组的方式，而是简单地将术语按适用范围分为两类：一类为适用于任何单一或多种运输方式的术语，包括EXW、FCA、CPT、CIP、DAT、DAP、DDP；另一类为适用于海运和内河运输方式的术语，包括FAS、FOB、CFR、CIF，见表2-8。

（三）取消了"船舷"的概念

《2010年通则》对FOB、CFR、CIF三种术语的运用，删除了以往以越过船舷作为风险划分界限的表述，取消了"船舷"的概念，代之以卖方必须将货物置于"船上"时才构成交货，并在专用词解释中明确指出《2010年通则》中的"交货"用来指明在这里货物灭失或损坏的风险从卖方转移至买方。这一变化更准确地适应目前运输方式的需要。

表2-8　　　　　《2010年通则》（INCOTERMS 2010）中的11种术语

| 适用于任何运输方式类（Any Mode of Transport） | | |
|---|---|---|
| EXW | Ex Works | 工厂交货 |
| FCA | Free Carrier | 货交承运人 |
| CPT | Carriage Paid to | 运费付至 |
| CIP | Carriage and Insurance Paid to | 运费和保险费付至 |
| DAT | Delivered at Terminal | 指定终端交货 |
| DAP | Delivered at Place | 指定目的地交货 |
| DDP | Delivered Duty Paid | 完税后交货 |
| 仅适用于水运类（Sea and Inland Waterway Transport only） | | |
| FAS | Free alongside Ship | 装运港船边交货 |
| FOB | Free on Board | 装运港船上交货 |
| CFR | Cost and Freight | 成本加运费 |
| CIF | Cost，Insurance and Freight | 成本、保险费加运费 |

（四）丰富了海关手续的内涵

使用不同术语时，《2010年通则》在A2/B2和A10/B10条款中明确了买卖双方各自应承担的风险和费用，提供货物进口／出口或过境所需要的文件和信息，包括相关安全信息的安检、通关义务。此外，在专用词解释中明确指出，海关手续指为遵守任何适用的海关规定所需满足的要求，并可包括各类文件、安全、信息或实物检验的义务。

（五）对FOB、CFR、CIF术语卖方义务作添加规定

《2000年通则》规定，FOB、CFR、CIF项下卖方必须负责在装运港将货物交到船上。实际上，在国际贸易中，货物在运输途中常常被多次转卖，从而形成链式交易。在此情况下，装运货物是由第一个卖方完成的，处于链式交易中间位置的某个或某几个卖方并不实际装运货物，而以取得已在装运港交到船上的货物履行其交货义务。为明确起见，《2010年通则》对此做出规定，添加"或取得已如此交付的货物"。由此，FOB、CFR、CIF项下的卖方，既可以将货物装上船完成交货义务，也可以不负责装运货物，而以"取得已如此交付的货物"替代"装运货物的义务"。此规定有利于大宗商品的连环合同链式销售。

《2010年通则》生效实施以后，并不意味着《2000年通则》自动作废。买卖双方既可以自愿采用《2010年通则》中的相关内容，也可以仍然沿用《2000年通则》甚至更早版本中的条款。如果想在合同中适用《2010年通则》，则应在合同中做出明确表示，如"FCA 38 Cours Albert ler，Paris，France INCOTERMS 2010"（"FCA"是贸易术语，"38 Cours Albert ler，Paris，France"是指交货地点或地址，"IN-COTERMS 2010"是指所适用的是《2010年通则》）。

微课2-3

认识《2020年通则》

### 四、《2020年通则》

《2020年通则》是国际商会根据国际货物贸易的发展，对《2010年通

则》的修订版本，于2019年9月10日公布，2020年1月1日开始在全球范围内实施。《2020年通则》在《2010年通则》的基础上进一步明确了国际贸易体系下买卖双方的责任，其生效后对贸易实务、国际结算和贸易融资实务等方面都会产生重要的影响（见表2-9）。

表2-9　　　　　《2020年通则》（INCOTERMS 2020）中的贸易术语

| 适用于任何运输方式类（Any Mode of Transport） | | |
| --- | --- | --- |
| EXW | Ex Works | 工厂交货 |
| FCA | Free Carrier | 货交承运人 |
| CPT | Carriage Paid to | 运费付至 |
| CIP | Carriage and Insurance Paid to | 运费和保险费付至 |
| DPU | Delivered at Place Unloaded | 卸货地交货 |
| DAP | Delivered at Place | 指定目的地交货 |
| DDP | Delivered Duty Paid | 完税后交货 |
| 仅适用于水运类（Sea and Inland Waterway Transport only） | | |
| FAS | Free alongside Ship | 装运港船边交货 |
| FOB | Free on Board | 装运港船上交货 |
| CFR | Cost and Freight | 成本加运费 |
| CIF | Cost，Insurance and Freight | 成本、保险费加运费 |

（一）将DAT改为DPU

《2010年通则》中DAT由卖方在指定港口或目的地运输终端（如火车站、航站楼、码头）将货物卸下即算完成交货；《2020年通则》中DPU术语规定，由卖方将货物交付至买方所在地可以卸货的任何地方，而不一定在运输终端，但要负责卸货，承担卸货费。

（二）CIP和CIF关于保险的规定

《2020年通则》对CIF和CIP中的保险条款分别做出了规定：在CIF术语下，卖方只需要承担运输最低险（平安险），但是买卖双方可以商定较高的保额；而在CIP术语下，如果没有特别约定，卖方需要承担最高险（一切险减除外责任），相应的保费也会更高。也就是说，在《2020年通则》中，使用CIP术语，卖方承担的保险义务变多，而买方的利益会得到更多保障。

（三）FCA术语下附加已装船提单

在之前的《国际贸易术语解释通则》中，如果买卖双方已就FCA达成一致，则卖方应将货物交付至买方指定的地点和人员。此时，风险和成本转移给买方。这一方式通常是由买方选择的，他们希望避免承担货物在交付到目的地后可能受到损害的风险。其缺点是卖方不能收到提单，因此没有信用证可以保证货物的付款。因此，《2020年通则》对FCA术语的规定是：买卖双方可以约定，买方可指示其承运人在货物装运后向卖方签发已装船提单，然后卖方有义务向买方提交该提单。这样，卖方就可以更好地防范风险，如卸货期间。

（四）自定义运输方式的承运

《2010年通则》中假定在从卖方运往买方的过程中，货物是由第三方承运人负责的；而《2020年通则》规定，在 FCA、DAP、DPU 和 DDP 条件下，卖方或买方既可以委托第三方承运，也可以自运。

（五）对安保费用的分配

《2020年通则》在运输义务和费用中列入了与安全有关的要求，即将安保费用纳入运输费用中，谁承担运输费用，谁承担运输中的安保费用。一方面，这可视为对国际贸易中加强担保监管的反应；另一方面，它的目的在于防范可能出现的费用纠纷，特别是在港口或交货地点。

## 【任务实施】

步骤一：分组复习所学知识点

全班 5～6 人为一组，设 1 名组长，由组长带领本组同学对"国际贸易术语"的知识点进行复习。

步骤二：知识掌握情况检验

为考察周立对国际贸易术语的知识储备情况，评估其处理问题的能力，其上司李经理准备对周立进行知识掌握情况检验。由教师扮演李经理的角色发布检验任务，每个小组成员依次扮演周立的角色来完成李经理布置的任务。

1. 请简要说明 FOB/CIF/CFR 之间的异同。

2. 请谈谈你对象征性交货的理解。

3. 结合自己的理解，你认为是否应对 H 国方面进行赔偿？为什么？

步骤三：任务实施完成

## 【任务测评】

### 一、单项选择题

1. 采用 CFR 贸易术语时，应由（　　　）租船订舱。

随堂测 2-1

A.买方　　　　　　　　B.卖方　　　　　　　　C.船方　　　　　　　　D.海关

2.根据《INCOTERMS 2020》的解释，以CIF汉堡成交，卖方对货物所承担的风险界限（风险责任）是（　　　）。

A.货物在装运港装船越过船舷以前　　　B.货物在装运港卸下卖方车辆以前

C.货物在目的港卸货越过船舷以前　　　D.货物在目的港装上车辆以前

3.采用FCA术语时，买卖双方风险划分的界限是（　　　）。

A.货交买方处置　　　　　　　　　　　B.出口国交货地点

C.货交承运人　　　　　　　　　　　　D.将货物装上承运人的运输工具

### 二、多项选择题

1.在《2010年通则》中，风险转移以货物装到船上为界的术语有（　　　）。

A.FCA　　　　　B.FAS　　　　　C.CFR　　　　　D.CIF　　　　　E.FOB

2.以下是我国某公司业务员的出口报价，正确的有（　　　）。

A.每公吨50美元 CIF伦敦　　　　　　　B.每公吨50美元 FOB

C.每公吨50美元 FCA上海　　　　　　　D.每公吨50美元 CIF上海

E.每公吨50美元 CIF

3.下列有关我国宁波出口到日本的某货物的报价中，正确的有（　　　）。

A.每公吨1 000美元 CIF NINGBO　　　　B.每公吨1 000美元 FOB TOKYO

C.每公吨1 000美元 FCA NINGBO　　　　D.每公吨1 000美元 CFR KOBE

### 三、判断题

1.采用CFR贸易术语时，应由买方办理保险。　　　　　　　　　　（　　　）

2.根据《2020年通则》，DDP术语下买方不需要办理进口报关手续。（　　　）

3.CFR QINGDAO表明我方是进口方，装运港为青岛。　　　　　　（　　　）

### 四、案例分析题

我国某公司与非洲某公司签订了一份FOB出口合同，合同规定交货期是3月10日。合同签订后，我方公司积极准备货源，到3月10日，货物全部准备妥当。但非洲公司未能按期派船到装运港接收货物，接货船舶于3月31日才到达装运港。但此时非洲公司发现，一部分货物已经丢失。对此，非洲公司向我方公司提出索赔。

请问：非洲公司的诉求是否合理？为什么？应该由谁来承担此次损失？

# 任务二　办理货物进出口业务

## 【任务描述】

在本项目任务一中，周立顺利地解决了贸易难题。在本任务中，周立要继续帮助新华钢铁完成出口贸易工作。

## 【任务解析】

本任务主要掌握国际贸易的主要内容、分类及基本流程，并结合具体的案例，为客户办理货物进出口业务。

## 【知识链接】

微课 2-4

了解国际贸易
及其基本流程

### 一、国际贸易

国际贸易（International Trade）又称对外贸易或进出口贸易，是指跨越国境的货品、服务（劳务）、技术，包括信息数据等的交易和交换活动。广义的国际贸易包括货物贸易、服务贸易等，狭义的国际贸易仅限于货物贸易。本书所论述的国际贸易主要指货物贸易。

国际贸易的根本特点是交易标的物在不同国家（地区）之间的流动，即商品交换。国际货物贸易属商品交换范围，与国内贸易在性质上并无不同，但由于它是在不同国家（地区）间进行的，所以与国内贸易相比具有以下特点：

首先，国际贸易既然是不同国家（地区）之间的商品交换，势必涉及不同法律体系和具体规则等方面的差异和冲突，受到有关国家（地区）在国际贸易政策、措施等方面的制约；同时，国际货物的每笔交易除了买卖双方之外，还涉及国内外运输、保险、银行等主体的多个业务环节，若一个环节出问题，就会影响整笔交易的正常进行。因此，国际贸易所涉及的问题远比国内贸易复杂。

其次，国际贸易的发展一般不如国内贸易稳定，容易受到国际政治、经济形势、贸易摩擦、汇率浮动等客观因素的影响，尤其在当前国际金融市场变化莫测与商品价格瞬息万变的情况下，国际贸易的不稳定性更加明显。

最后，国际货物买卖的交易数量通常都比较大，而且货物往往需要长途运输；在远距离的运输过程中，可能会遇到各种自然灾害、意外事件和其他外来风险，加之国际市场情况复杂、多变，从而提高了国际贸易的风险程度。

国际贸易从不同的角度有很多分类方式，依照交易商品的类别，可分为货物贸易、服务贸易、技术贸易三种。

（一）货物贸易

货物贸易是指有形的、以实物形态表现的各种商品的贸易。不同国家（地区）之间通过商品交换，可发挥比较优势，克服劣势，进行资源的合理配置，从而节约社会劳动，增加社会财富，实现社会总产品的平衡。由此，提高贸易参与国（地区）的劳动生产率，带动各自相关经济部门的发展。

（二）服务贸易

服务贸易是一国（地区）的法人或自然人在其境内或进入他国（地区）境内向外国（地区）的法人或自然人提供服务的贸易行为。服务贸易类型有商业服务，通信服务，建筑及有关工程服务，销售服务，教育服务，环境服务，金融服务，健康与社会服务，与旅游有关的服务，娱乐、文化与体育服务，运输服务等。

根据世界贸易组织《服务贸易总协定》的解释，服务贸易的主要方式有四种：①跨境支付，即从一国（地区）境内向任何其他国（地区）境内提供服务；②境外消费，即在一国（地区）境内向任何其他国（地区）的服务消费者提供服务；③商业存在，即一国（地区）的服务提供者在任何其他国（地区）境内建立商业机构，为所在国和其他成员的服务消费者提供服务；④自然人流动，即一国（地区）的服务提供者在任何其他国（地区）境内以自然人的存在提供服务。

（三）技术贸易

技术贸易是指国际商业性技术转让，即当事双方按照商定的条件，通过买卖方式把某种内容的技术从卖方转让给买方的行为。国际技术贸易的主要方式有以下几种：许可协议、特许经营、技术服务与咨询、BOT、知识产权转让、委托制造与合作生产、技术引进、国际招标与政府采购。

无论是我国还是其他国家（地区），货物贸易仍然是国际贸易中最主要的贸易形式，而且技术贸易和服务贸易的做法，不少也是从货物贸易的做法中延伸出来的，有的还是直接沿袭货物贸易的基本做法。因此，本章主要介绍货物贸易方面的基础理论、基本知识和业务操作程序。

## 二、国际贸易的基本流程

货物贸易可分为进口贸易和出口贸易，对一国（地区）而言的出口贸易，对贸易伙伴国（地区）而言就是进口贸易。尽管进口贸易和出口贸易的程序相反，其业务运作的侧重点也不相同，但都包括交易前的准备、合同签订和履行合同三个阶段。

（一）出口贸易的基本流程

1.交易前的准备

出口贸易交易前的准备工作主要包括下列事项：

（1）落实货源和备货。

（2）调研并选择目标市场和客户。

（3）制订出口商品经营方案或价格方案。

（4）开展多种形式的广告宣传和促销活动。

2.签订出口合同

在做好上述准备工作之后，即可通过函电、当面洽谈等方式，就出口交易的具体内容同国外客户进行磋商。当一方的发盘被另一方接受后，交易即告达成，合同就算订立。

3.出口合同的履行

出口合同订立后，交易双方就要遵循"重合同、守信用"的原则，履行各自承担的义务。例如，按CIF条件和信用证付款方式达成交易，就卖方履行出口合同而言，主要包括下列各项工作：

（1）按时、按质、按量交付约定的货物。

（2）落实信用证，做好催证、审证、改证工作。

（3）及时租船订舱，安排运输、保险，并办理出口报关手续。

（4）缮制、备妥有关单据，及时向银行交单结汇和收取货款。

（二）进口贸易的基本流程

1. 交易前的准备

进口贸易交易前的准备工作主要包括下列事项：

（1）制订进口商品经营方案或价格方案。

（2）选择适当的采购市场和供货对象。

2. 签订进口合同

进口贸易交易磋商和合同订立的做法与出口贸易基本相同，尤其应做好比价工作，以便在与外商的谈判中争取对自己有利的条件。

3. 进口合同的履行

如按FOB条件和信用证付款方式成交，买方履行合同义务时，一般包括下列事项：

（1）按合同规定向银行申请开立信用证。

（2）及时派船到口岸接运货物，并催促卖方备货装船。

（3）审核有关单据，在单证相符时付款赎单，办理进口货物报关手续并验收货物。

## 【任务实施】

步骤一：分组复习所学知识点

全班5～6人为一组，设1名组长，由组长带领本组同学对"国际贸易的基本流程"的知识点进行复习。

步骤二：知识掌握情况检验

为考察周立国际贸易流程的知识储备情况，评估其处理问题的能力，其上司李经理准备对周立进行知识掌握情况检验。由教师扮演李经理的角色发布检验任务，每个小组成员依次扮演周立的角色来完成李经理布置的任务。

1. 在交易前要做好哪些准备工作？

2. 在履行出口合同的过程中应避免出现哪些问题（CIF条件和信用证付款方式）？

步骤三：任务实施完成

## 【任务测评】

### 一、单项选择题

1.下列不属于国际技术贸易方式的是（　　　）。

A.甲国某公司许可中国某企业使用其专利

B.福州某公司从德国进口一套环保塑料生产设备

C.麦当劳在青岛又开一家加盟店

D.中国中铁委托某国际知名公司提供京沪高速磁悬浮铁路的可行性报告

2.国际技术贸易和国际货物贸易的不同点不包括（　　　）。

A.交易标的不同　　　　　　　　　B.所有权转移不同

C.政府干预程度不同　　　　　　　D.交货条件不同

随堂测2-2

### 二、多项选择题

1.依照交易商品的类别，国际贸易可分为（　　　）。

A.货物贸易　　　　B.服务贸易　　　　C.技术贸易　　　　D.进口贸易

2.国际贸易的基本流程包括（　　　）。

A.交易前的准备　　　　B.验收货物　　　　　C.履行合同

D.收取货款　　　　　　E.合同签订

3.进口贸易中，交易前的准备工作包括（　　　）。

A.落实货源和备货

B.制订进口商品经营方案或价格方案

C.选择适当的采购市场和供货对象

D.开展多种形式的广告宣传和促销活动

### 三、判断题

1.货物贸易是国际贸易中最基本、最主要的贸易形式。（　　　）

2.国际贸易的根本特点是交易标的物在不同国家（地区）之间的流动。（　　　）

3.国际贸易的发展容易受到国际政治、经济形势，贸易摩擦，汇率浮动等客观因素的影响，一般不如国内贸易稳定。（　　　）

### 四、简答题

1.简述国际贸易的特点有哪些。

2.服务贸易的主要方式有哪些？

3.技术贸易的主要方式有哪些？

## 任务三　办理国际货运保险

## 【任务描述】

上海惠达服装有限公司（以下简称"惠达服装"）于2025年2月10日与N国安盛

贸易有限公司（以下简称"安盛贸易"）签订合同，欲出口一批男士衬衫到N国N市。2025年3月5日，惠达服装顺利将货物装船，并将装船通知交给了业务员周立，委托他代为办理本票货物的运输保险业务。本票货物的发票和装箱单分别见表2-10、表2-11，信用证号为BOKCRD12345，提单号为MEHR123456。周立需要填制相关单证，并帮助客户完成国际货运保险的办理。

表2-10　　　　　　　　　　　　　商业发票

**SHANGHAI HUIDA CLOTHING CORPORATION**

42 HEPING ROAD，SHANGHAI，200031，CHINA

Tel：（86）021-86712794　Fax：（86）021-86712794

**COMMERCIAL INVOICE**

TO：AXA CORPORATION　　　　　　　　　　　　　INV No.：AH002537

FROM：<u>SHANGHAI</u> TO <u>N CITY</u>　　　　　　　　　　DATE：FEB.10，2025

| Marks & No. | Description of Goods | Quantity | Unit Price | Amount |
|---|---|---|---|---|
| HUIDA<br>N CITY<br>C/NO.1-1 100 | COTTON MEN'S SHIRTS PACKED IN 1 100 CARTONS | 22 000 PCS | CIF N USD100.00/PC | USD2 200 000.00 |

SHANGHAI HUIDA CLOTHING CORPORATION

CHEN YU

表2-11　　　　　　　　　　　　　装箱单

| ISSUER：<br>SHANGHAI HUIDA CLOTHING CORPORATION<br>42 HEPING ROAD，SHANGHAI，200031，CHINA<br>Tel：（86）021-86712794　Fax：（86）021-86712794 | **PACKING LIST** | |
|---|---|---|
| TO：<br>AXA CORPORATION<br>NO.567 CARPENTER STREET N CITY<br>Tel：（65）81460269　Fax：（65）81460269 | INVOICE NO.<br>AH002537 | DATE<br>FEB.10，2025 |

| Marks and Numbers | Number and Kind of Package Description of Goods | QTY（PCS） | CTNS | G.W.（kg） | N.W.（kg） | Meas.（m³） |
|---|---|---|---|---|---|---|
| HUIDA<br>N CITY<br>C/NO.1-1100 | COTTON MEN'S SHIRTS PACKED IN 1 100 CARTONS | 22 000 | 1 100 | 5 500 | 4 400 | 62.7 |
| TOTAL：SAY ELEVEN HUNDRED CARTONS ONLY | | | | | | |

## 【任务解析】

本任务主要了解海上货物运输可能遇到的风险及损失、海上货运保险的主要险种，并结合给定案例，根据客户的要求为客户选择合适的险种，完成保险业务的办理；在发生海损时，按流程为客户办理保险理赔。

## 【知识链接】

国际货物运输保险是以国际贸易货物运输过程中的各种货物作为保险标的的保险。国际货运代理在接受客户委托后，为客户代办保险也是其重要业务。因此，货代业务员必须具备必要的代办保险的知识和技能。

国际货物的运输有海运、陆运、空运以及邮政快递等多种途径，运输过程中有可能遇到各种不同的风险，从而造成货损货差。在国际贸易中，80%左右的货物都是通过海上运输来完成的，下面我们以海上运输货物保险为例，介绍国际物流中的货运保险。

### 一、海上货物运输风险和损失

装载进出口货物的船舶要在海上经过漫长的航程才能到达目的港。浩瀚的大海变幻莫测、风急浪高，风险无处不有、无时不在，装载在船上的货物随时都有遭受灭失或损坏的可能。此外，货物在装船前要从发货人的工厂或仓库运进港口，在港口还要经过储存、装卸，在这个过程中，货物同样可能遭受各种风险。由于国际贸易中的双方所在国政治制度不同，贸易管制措施不同，因此也有可能遭遇战争、罢工、拒绝交付货物的风险。这些风险都是造成货物和船舶损失的原因，而海上运输货物保险的保障范围通常涵盖货物在海上运输途中可能遭遇的各种风险。

微课 2-5

海上损失的识别与判定

（一）海上货物运输风险

1.海上风险

海上风险又称海难，是指船舶在海上航行过程中所遇到的危险，包括海上发生的自然灾害和意外事故。

自然灾害是指不以人的意志为转移的自然界力量所引起的灾害，包括恶劣气候、雷电、地震、海啸或火山爆发等。

意外事故是指由偶然、非意料的原因所造成的事故，包括搁浅、触礁、沉没、船舶与流冰或其他物体碰撞以及失踪、失火、爆炸等。

2.外来风险

外来风险是指海上风险以外的各种风险，分为一般外来风险和特殊外来风险。

一般外来风险是由于一般外来原因所造成的风险，主要包括：偷窃、雨淋、短量、渗漏、破碎、受热受潮、霉变、串味、沾污、碰损、钩损、生锈等。

特殊外来风险是指由于社会、政治原因所造成的风险，主要包括：战争、罢工、船舶被扣、货物被没收、拒收以及交货不到等。

（二）海上货物运输损失

海上货物运输损失又称海损，指货物在海运过程中由于海上风险而造成的损失。海损也包括与海运相连的陆运和内河运输过程中的货物损失。根据损失程度的不同，海损可分为全部损失和部分损失。

1.全部损失

全部损失又称为全损，指货物遇到海上风险后完全灭失或完全失去本身的价值。按损失的情况不同，全部损失又包括实际全损和推定全损两类。

实际全损是指货物全部灭失或全部变质而不再有任何商业价值。

推定全损是指货物遭受风险后受损，尽管未达到实际全损的程度，但实际全损已不可避免，或者为避免实际全损所支付的费用和继续将货物运抵目的地的费用之和超过了保险价值。推定全损须经保险人核查后认定。

**货运小常识2-1**　　　　　　　　　　　**何种情况构成实际全损和推定全损？**

构成实际全损主要包括以下几种情况：

（1）被保险货物实体已经完全灭失。

（2）被保险货物遭受了严重的损失，已丧失原有商业价值或用途。

（3）被保险货物的所有权完全丧失已无法挽回。

（4）载货船舶失踪达到一定时期（我国《海商法》规定为2个月）仍无音讯。

构成推定全损的情况有以下几种：

（1）保险标的物受损后，其修理费用超过货物修复后的价值。

（2）保险标的物受损后，其整理和继续运往目的港的费用超过货物到达目的港的价值。

（3）保险标的物的实际全损已经无法避免，为避免全损所需的施救费用将超过获救后标的物的价值。

（4）保险标的物遭受保险责任范围内的事故，使被保险人失去标的物的所有权，而收回标的物的所有权，其费用已超过收回标的物的价值。

2.部分损失

凡不属于实际全损和推定全损的损失为部分损失。按照造成损失的原因，部分损失可分为共同海损和单独海损。

共同海损是指在海运途中，船舶、货物或其他财产遭遇共同危险，为了解除共同危险，有意采取合理的救助措施所直接造成的特殊牺牲和支付的特殊费用。

构成共同海损必须具备如下条件：

（1）船舶、货物和其他财产必须遭遇共同危险。

（2）措施必须是有意的和合理的。

（3）牺牲和费用必须是特殊的。

（4）采取的措施取得了效果，达到了全部或者部分保全船货或其他财产的目的。

单独海损是指仅涉及船舶或货物所有人单方面的利益和损失。该损失由受损者单独负担。

一般而言，单独海损先发生，进而引起共同海损。在采取共同海损措施之前的部分损失，一般被列为单独海损。共同海损和单独海损的区别见表2-12。

表2-12　　　　　　　　　　　　共同海损与单独海损的区别

| 比较项目 | 单独海损 | 共同海损 |
|---|---|---|
| 致损原因 | 由所承保的风险直接导致船、货受损 | 为解除或减轻风险，人为地有意识地造成 |
| 损失的承担者 | 受损者自己承担 | 受益各方根据获救利益的大小按比例分摊 |
| 损失的内容 | 保险标的物 | 除保险标的物外，还包括支出的特殊费用 |

## 二、海上货物运输保险

微课2-6

海上货物运输保险分为三种基本险和两种附加险。基本险是保险业务的主要内容，投保人应从基本险中选择一种进行投保。附加险是投保人在选择一种基本险之后根据具体情况加保的一种险别。附加险不能单独投保。

海上货物运输保险及其办理

（一）基本险别

基本险别包括平安险、水渍险和一切险三种。基本险别是保险业务的主要内容，投保人应从基本险别中选择一种进行投保。

1.平安险

平安险（Free from Particular Average，FPA）的责任范围主要包括：

（1）被保险货物在运输途中由于恶劣气候、雷电、海啸、地震、洪水等自然灾害造成的整批货物的全部损失或推定全损。

（2）由于运输工具遭受搁浅、触礁、沉没、互撞、与流冰或其他物体碰撞以及失火、爆炸等意外事故造成货物的全部或部分损失。

（3）在运输工具已经发生搁浅、触礁、沉没、焚毁等意外事故的情况下，货物在此前后又在海上遭受恶劣气候、雷电、海啸等自然灾害所造成的部分损失。

（4）在装卸或转运时由于一件或数件整件货物落海造成的全部或部分损失。

（5）被保险人对遭受承保责任范围内危险的货物采取抢救、防止或减少货损的措施而支付的合理费用，但以不超过该批被救货物的保险金额为限。

（6）运输工具遭遇海难后，在避难港由于卸货所导致的损失以及在中途港、避难港由于卸货、存仓以及运送货物所产生的特别费用。

（7）共同海损的牺牲、分摊和救助费用。

（8）运输合同中订有"船舶互撞责任"条款，根据该条款规定应由货方偿还船方的损失。

## 2.水渍险

水渍险（With Particular Average，WPA）的责任范围除平安险的各项责任外，还负责被保险货物由于恶劣气候、雷电、海啸、地震、洪水等自然灾害所造成的部分损失。

## 3.一切险

一切险（All Risks）除包括水渍险的责任范围外，还负责赔偿被保险货物在运输途中由于外来原因所致的全部或部分损失。外来原因指偷窃、提货不着，淡水雨淋，短量，混杂沾污，渗漏，串味异味，受潮受热，包装破裂，钩损，碰损破碎，锈损等原因。注意，一切险是最高险，责任范围最广。

一切险除了平安险和水渍险的责任外，还包括保险标的在运输途中由于外来原因所造成的全部或部分损失。所谓外来原因，系指一般附加险所承保的责任。

所以，一切险实际上是平安险、水渍险和一般附加险的总和。

## （二）附加险别

附加险别包括一般附加险和特殊附加险两种。附加险别是投保人在选择一种基本险别之后根据具体情况加保的一种险别，其不能单独投保。

### 1.一般附加险

一般附加险（General Additional Risk）是指保险人对由于一般外来风险引起的被保险货物受损负赔偿责任。其具体包括以下内容：①偷窃、提货不着险；②淡水雨淋险；③短量险；④混杂沾污险；⑤渗漏险；⑥碰损、破碎险；⑦串味险；⑧受潮受热险；⑨钩损险；⑩包装破裂险；⑪锈损险。

### 2.特殊附加险

特殊附加险（Special Additional Risk）是指进出口货物运输途中由于特殊外来原因所引起的风险与损失，保险人负赔偿责任。其具体包括以下内容：①海运战争险；②拒收险；③交货不到险；④进口关税险；⑤黄曲霉素险；⑥罢工险；⑦舱面险；⑧货物出口到香港（包括九龙）或澳门存仓火险责任扩展条款（FREC）。

微课2-7

国际货物运输保险的操作流程

## 三、国际货物运输保险业务的操作流程

在进出口货物运输保险业务中，被保险人需要选择投保险别、确定投保金额、办理投保手续并支付保险费、领取保险单证以及在货损时办理保险索赔等。其一般程序如图2-1所示。

选择投保险别 → 计算保险费、确定投保金额 → 填写投保单 → 取得保险单、支付保险费 → 保险索赔

图2-1 保险业务的一般程序

（一）选择投保险别

保险公司承担的保险责任是以投保的险别为依据的。对于不同险别，保险公司承担的责任不同，保险费率也不同。因此，投保人在选择投保险别时，要综合考虑运输货物的性质与特点、运输路线等具体情况来选择险别。通常，在投保时应掌握两个原则：首先是不漏保，否则在货物受损时将得不到赔偿；其次是合理投保，不该投保的不投保，否则会造成浪费，保险费成本较高。

（二）确定投保金额，计算保险费

保险费的计算公式为：

保险费=保险金额×保险费率

不同业务、不同贸易术语下保险金额的计算有所不同，具体如下：

1.出口业务

在出口业务中，CIF和CFR是两种常用术语。两种术语下保险金额的计算如下：

CIF条件下：保险金额=CIF价×（1+投保加成率）

CFR条件下：保险金额=CFR价/［1-保险费率×（1+投保加成率）］

2.进口业务

在进口业务中，保险人与被保险人按双方签订的预约保险合同承担，保险金额按进口货物的CIF价格计算，不另加减。

CIF条件下：保险金额=CIF价

FOB条件下：保险金额=FOB价×（1+平均保险费率+平均运费率）

CFR条件下：保险金额=CFR价×（1+平均保险费率）

（三）填写投保单

投保单是投保人在投保时对保险标的及有关事实的如实告知和陈述，也是保险人签发保险单和确定保险费的依据。无论是在进口还是出口业务中，投保货物运输险时，投保人通常都需以书面方式做出投保要约，即填写货物运输保险投保单，经保险人在投保单上签章承诺，或是开立保险单，保险双方即确定了合同关系。

（四）支付保险费，取得保险单

投保人支付保险费后，即可取得保险单。在国际贸易业务中，主要的保险单据有以下三种形式：

1.保险单

保险单（Insurance Policy）又称大保单，是承保一个指定航程内某一批货物的运输保险。它是保险人和被保险人（投保人）之间建立保险合同关系的正式凭证，是被保险人向保险人索赔或对保险人上诉时使用的正式文件，也是保险人理赔的主要依据。保险单可以转让，通常是被保险人向银行押汇的单证之一。在CIF合同中，保险单是卖方必须向买方提供的单据。

2.保险凭证

保险凭证（Insurance Certificate）又称小保单，是保险人签发给被保险人，证明货物已经投保和保险合同已经生效的文件。

### 3.联合凭证

联合凭证（Combined Certificate）又称承保证明，是我国保险公司特别使用的、比保险凭证更简化的保险单据。它是简单的保险单据。

### （五）保险索赔

被保险货物遭受损失后，被保险人应按规定办理索赔手续，向保险人提出赔偿要求。索赔流程如下：

#### 1.损失通知

当被保险人发现被保险货物有短损情况后，应立即通知保险公司或保险单上所载明的保险公司在当地的检验、理赔代理人；及时发出损失通知，准备向保险人请求赔偿的必备手续。

#### 2.申请检验

被保险人在向保险公司或其代理人发出损失通知的同时，应向其申请货物检验。我国的保险公司一般要求申请检验的时间最迟不能超过保险责任终止后10天。检验完成后，检验人或保险人会同被保险人对损失的原因和损失程度等进行判断。

#### 3.提交索赔单证

索赔人在向保险人或其代理人提出索赔时，应提交必需的各种单证。

#### 4.领取保险赔款与代为追偿

被保险人有权及时获得保险赔偿。但是如果损失是其他第三者造成的，保险人赔付的同时，会要求被保险人签署一份权益转让书，作为保险人取得代位权的证明。保险人凭此证明可向第三者责任方进行追偿。

## 【任务实施】

全班5~6人为一组，设1名组长，由组长带领本组同学依次扮演周立的角色，按下述步骤完成该票货物的保险业务代理操作：

任务实施

分析提升

步骤一：接受委托

惠达服装3月5日将收到的装船通知交给鼎益货代业务员周立，委托周立代办海上货物运输保险。

步骤二：填制投保单

周立到中国××保险公司上海分公司办理海上货物运输保险手续。本票货物投保一切险，投保加成率为10%，保险费率为0.6%。周立需根据给定资料填写投保单（见表2-13）。（装运工具：COCUE V17E；启运日期待定）

步骤三：支付保险费，取得保险单

保险业务员审核了周立填制的投保单，并向周立收取了保险费。本票货物保险费率为0.6%，周立需缴纳保险费＿＿＿＿＿＿＿美元。交费后，周立取得了保险单，交予惠达服装。

步骤四：任务实施完成

表 2-13　　　　　　　　　　　　　　　投保单

## ××保险公司　分公司
### The ×× Insurance Company Shanghai Branch
### 货物运输保险投保单

## APPLICATION FORM FOR CARGO TRANSPORTATION INSURANCE

被保险人：
INSURED：_____

发票号（INVOICE NO.）
合同号（CONTRACT NO.）
信用证号（L/C NO.）
发票金额（INVOICE AMOUNT）_____投保加成（PLUS）_____%

兹有下列物品向××保险公司_____分公司投保。（INSURANCE IS REQUIRED THE FOLLOWING COMMODITIES：）

| 标记<br>MARKS & NOS. | 包装及数量<br>PACKAGE &<br>QUANTITY | 保险货物项目<br>DESCRIPTION OF GOODS | 保险金额<br>AMOUNT INSURED |
|---|---|---|---|
|  |  |  |  |

总保险金额：
TOTAL AMOUNT INSURED：_____

启运日期　　　　　　　　　　　　　装载运输工具：
DATE OF COMMENCEMENT_____PER CONVEYANCE：_____

自　　　　　　　　经　　　　　　　　　至
FROM_____VIA_____TO_____

提单号：　　　　　　　　　赔款偿付地点：
B/L NO._____CLAIM PAYABLE AT_____

投保险别：（PLEASE INDICATE THE CONDITIONS &/OR SPECIAL COVERAGES）

费率　　　　　　　　　　　　保费
RATE_____PREMIUM_____

请如实告知下列情况：（如"是"在［　］中打"X"）IF ANY, PLEASE MARK "X"：
1. 货物种类　袋装［　］　散装［　］　冷藏［　］　液体［　］　活动物［　］　机器/汽车［　］　危险品［　］
   GOODS　BAG/JUMBO　BULK　REEFER　LIQUID　LIVE ANIMAL　MACHINE/AUTO　DANGEROUS CLASS
2. 集装箱种类　普通［　］　开顶［　］　框架［　］　平板［　］　冷藏［　］
   CONTAINER　ORDINARY　OPEN　FRAME　FLAT　REFRIGERATOR
3. 转运工具　海轮［　］飞机［　］驳船［　］火车［　］汽车［　］
   BY TRANSIT　SHIP　PLANE　BARGE　TRAIN　TRUCK
4. 船舶资料　　　　　　船籍　　　　　　　　船龄
   PARTICULAR OF SHIP　REGISTRY_____AGE_____

备注：被保险人确认对本保险合同条款和内容已经完全了解。　　投保人（签名盖章）
THE INSURED CONFIRMS HEREWITH THE TERMS AND　　APPLICANT'S SIGNATURE
CONDITIONS OF THESE INSURANCE CONTRACT FULLY
UNDERSTOOD.

　　　　　　　　　　　　　　　　　　　　　　　　_____

投保日期：（DATE）_____　　电话：（TEL）
地址：（ADD.）_____

### 本公司自用（FOR OFFICE USE ONLY）
费率　　　　　　保费
RATE　　　　　　PREMIUM
经办人　　　　核保人　　　　负责人　　　联系电话：　　承保公司盖章
　　　　　　　　　　　　　　　　　　　　TEL　INSURANCE COMPANY'S SIGNATURE

## 【任务测评】

随堂测2-3

### 一、单项选择题

1.战争、罢工风险属于（　　　）。

A.自然灾害　　　　B.意外事故　　　　C.一般外来风险　　　D.特殊外来风险

2.平安险是中国人民保险公司海洋货物运输保险的主要险别之一，下列损失中不能包括在平安险责任范围之内的是（　　　）。

A.被保险货物在运输途中由于自然灾害造成的全部损失

B.被保险货物在运输途中由于自然灾害造成的部分损失

C.共同海损的牺牲、分摊

D.共同海损的救助费用

3.某外贸公司出口茶叶5公吨，在海运途中遭受暴风雨，海水涌入舱内，致使一部分茶叶发霉变质，这种损失属于（　　　）。

A.实际全损　　　　B.推定全损　　　　C.共同海损　　　　D.单独海损

### 二、多项选择题

1.在海上保险业务中，属于自然灾害风险的有（　　　）。

A.恶劣气候　　　　B.雷电　　　　　　C.海啸　　　　　　D.地震

2.根据我国现行《海洋货物运输保险条款》的规定，能够独立投保的险别有（　　　）。

A.平安险　　　　　B.水渍险　　　　　C.一切险　　　　　D.战争险

3.一批投保了海洋货物运输险"一切险"的货物发生了损失，在此情况下，保险公司不承担赔偿责任的事故原因有（　　　）。

A.货物损失是发货人在发运货物前包装不当造成的

B.货物损失是由于货物在装船前已经有虫卵，运输途中孵化而导致的

C.货物损失是由于运输迟延造成的

D.货物损失是由于承运人驾驶船舶过失造成的

### 三、判断题

1.海上保险业务中的意外事故，仅限于发生在海上的意外事故。　　（　　　）

2.共同海损由受益各方根据获救利益大小按比例分摊。　　　　　　（　　　）

3.托运出口玻璃制品时，被保险人在投保一切险之后，还应加保破碎险。（　　　）

### 四、案例分析题

某外贸公司按CIF术语出口一批货物，装运前已向保险公司按发票总值的110%投保平安险，8月初货物装妥顺利开航。载货船舶于8月23日在海上遇到暴风雨，致使一部分货物遭受水渍，损失价值3 100美元。数日后，该轮又突然触礁，致使该批货物又遭受部分损失，价值为9 000美元。

试问：保险公司对该批货物的损失是否赔偿？为什么？

## ■ 综合实训

### 贸易术语综合案例分析

买卖双方在贸易合同中约定：以FOB价格条件成交，卖方和买方指定的货代公司联系货物交接事宜，并换取A船公司提单，据此托收货款。卖方遂将货物及出口清关文件交给该货代公司，取得A船公司签发的提单。货代公司代卖方办理了货物出口清关手续，又以买方名义委托B船公司运输货物并交给买方，由买方支付运费。之后，卖方以A船公司提单委托银行向买方托收，遭退单。经查，A船公司未经登记注册，已下落不明。卖方遂以货运代理合同纠纷为由起诉货代公司，理由是：货代公司接受卖方委托订舱并出运货物，即有为委托人谨慎选择合格承运人的代理职责。货代公司将不具备承运人资质的A船公司提单交给卖方，致使卖方无法向承运人追偿，应当承担代理不当的过错责任。货代公司则辩称其接受买方传真委托，代买方接收货物，转交A船公司提单，委托B船公司实际完成货物运输并交给买方。

请结合本项目所学内容，分析责任在哪一方。

# 项目三

# 国际海上货运代理业务操作

## 项目导入

上海飞捷国际货运代理有限公司（以下简称"飞捷货代"）是一家大型的国际货运代理企业，主营海运整箱、海运拼箱、空运、陆运等进出口代理业务，并提供仓储、拖卡、订舱、代理报检和报关、代理保险以及制单等多项服务。

刚刚大学毕业的李平幸运地通过面试，入职飞捷货代，成为该公司海运部的一名实习员工。在本项目中，我们将以李平的身份，学习并完成国际海上货运代理中杂货班轮、集装箱班轮的进出口业务，以及租船代理业务的相关操作。

## 学习目标

### 知识目标：

（1）能列举3~5种常见的国际海上运输的营运方式。

（2）能正确描述杂货班轮及集装箱班轮进出口货运代理业务流程。

（3）能复述海上货物运输中各类单据的主要内容和流转过程，并能指出杂货班轮和集装箱班轮在单据使用上的区别。

（4）能够列举各种租船运输方式的2~3个特点。

（5）能够对租船合同中的各项条款进行简单解释和说明。

### 能力目标：

（1）能够根据货主的要求进行杂货班轮、集装箱班轮进出口的业务操作。

（2）能够根据具体业务要求，正确计算海运费用。

（3）能够根据具体任务要求正确填写海运提单、集装箱设备交接单等单据。

（4）能够与海上货物运输业务中的各关联方进行及时沟通。

（5）能够正确计算装卸时间的滞期费、速遣费。

（6）能够结合租船运输合同条款分析业务纠纷，并正确判断各方的权责。

### 素养目标：

（1）具有良好的社会公德、职业道德和个人品德，做能够实现物流强国的时代新人。

（2）树立节约优先、保护优先的绿色物流发展观。

（3）具备积极主动、团队意识强、富有责任心、组织协调能力强等素质。

# 任务一　办理杂货班轮出口代理业务

## 【任务描述】

上海森和木业公司（以下简称"森和木业"）与K国KC木材公司（以下简称"KC木材"）于2024年7月15日在上海签订出口合同，森和木业向KC木材出口一批细木工板（毛重16.5吨）。

森和木业在备好货后，于8月1日联系飞捷货代代办相关货运事宜。该票货物为海运件杂货出口，商业发票和出口委托书分别见表3-1、表3-2。

表3-1　　　　　　　　　　　　　　　　商业发票

| SHANGHAI SENHE WOOD CORPORATION<br>2 LONGSHAN ROAD，SHANGHAI，200001，CHINA<br>Tel：（86）021-57123869　Fax：（86）021-57123869<br>**COMMERCIAL INVOICE** | | | | |
|---|---|---|---|---|
| TO：KC WOOD CORPORATION<br>FROM：SHANGHAI　TO　B CITY | | | INV NO.：BCE0012567<br>DATE：JUL.15，2024 | |
| Marks & No. | Description of Goods | Quantity | Unit Price | Amount |
| SENHE WOOD<br>B CITY<br>BUNDLE/NO.1-10 | BLOCK BOARD OF TREE WOOD<br>（2 440mm×1 220mm×15mm） | 1 000PCS | CFR B<br>USD100.00/PC | USD100 000.00 |
| | | | SHANGHAI SENHE WOOD CORPORATION<br>ZHANG LI | |

表3-2　　　　　　　　　　　　　　　出口委托书

| Shipper<br>SHANGHAI SENHE WOOD CORPORATION<br>2 LONGSHAN ROAD，SHANGHAI，200001，CHINA<br>Tel：（86）021-57123869　Fax：（86）021-57123869 | | | 上海飞捷国际货运代理有限公司 | | |
|---|---|---|---|---|---|
| Consignee<br>KC WOOD CORPORATION<br>5-2-1 SHANGCHI，B CITY，K COUNTRY | | | 飞捷货代 | | |
| Notify Party<br>THE SAME AS CONSIGNEE | | | | | |
| Place of Receipt | Port of Loading<br>SHANGHAI | Pre-carriage | | Number of Original<br>B（s）/L<br>THREE | |
| Ocean Vessel/Voyage | Port of Discharge<br>B | Place of Delivery<br>B | | Freight Payable at<br>SHANGHAI | |
| Marks & No. | Description of Goods | Quantity | Unit Price | | Amount |
| SENHE WOOD<br>B CITY<br>BUNDLE/NO.1-10 | BLOCK BOARD OF<br>TREE WOOD<br>（2 440mm×1 220mm×<br>15mm） | 1 000PCS | CFR B USD100.00/PC | | USD100 000.00 |

飞捷货代海运部李经理将该项工作交予李平，李平需要按要求完成该票货物的出口操作。

## 【任务解析】

本任务主要学习杂货班轮出口货运过程中涉及的相关单证的缮制、流转操作和运费计算，并根据客户的具体货运要求，完成杂货班轮出口货运业务的代办工作。

## 【知识链接】

班轮运输（Liner Shipping）是指班轮公司将船舶按事先制定的船期表，在特定航线的各挂靠港口之间，经常为非特定的众多货主提供规则的、反复的货物运输服务，并按运价本或协议运价的规定计收运费的一种运营方式。班轮运输可分为杂货班轮运输和集装箱班轮运输。班轮运输具有"四固定"的特点，即固定港口、固定航线、固定船期和相对固定的运价。这是班轮运输的基本特点。

### 一、杂货班轮出口货运的主要单证

在杂货班轮运输中，办理货物托运、装船、卸货、交付货物的整个运输过程，都需要编制各种单证。

微课 3-1

杂货班轮出口运输中装货联单的流转

（一）装货联单

在杂货班轮运输情况下，托运订舱由货运代理人向船舶代理人申请，然后由货运代理人根据托运人的委托，填写装货联单提交给船公司的代理人。货运代理人填写装货联单的依据是托运人提供的买卖合同、信用证以及订舱委托书等。

目前，我国各港口使用的装货联单的组成不尽相同，但是，主要都由以下各联所组成：托运单（Booking Note，B/N）及其留底（Counterfoil）、装货单（Shipping Order，S/O）和收货单（Mate's Receipt，M/R）。

1.托运单

托运单也称订舱单、订舱申请书，是托运人或其代理人办理货物运输的书面凭证。船公司或其代理人对该单进行审核，无误并接受承运后，予以编号并签发装货单，填写承运船名并加盖印章，以示订舱确认。

2.装货单

装货单，也称下货纸，是接受了托运人装货申请的船公司签发给托运人的据以要求船长将货物装船承运的凭证。它是船公司或其代理签署而形成的一份出口货运的书面承诺文件。装货单是托运人办理货物出口报关手续的必备单据之一，当海关经查验并在该单上加盖海关放行章后，作为船公司或其代理接收货物、安排货物装船与出运的依据，因此，装货单又称为"关单"。

3.收货单

收货单是指某一票货物装上船后，由船上的大副（Chief Mate）签署给托运人，证明船方已收到该票货物并已装上船的凭证。所以，收货单又称为"大副收据"。托运人取得了经大副签署的收货单后，即可凭此向船公司或其代理人换取已装船提单。大副在签署收货单时，会认真检查装船货物的外表、货物标志、货物数量等情况。如果货物外表状况不良，标志不清，货物有水渍、油渍或污渍，数量短缺，货物损坏，大副就会将这些情况记载在收货单上。这种在收货单上由大副记载有关货物外表状况不良或有缺陷的行为称为"批注"（Remark），习惯上称为"大副批注"。

装货联单的具体流转过程如图3-1所示。

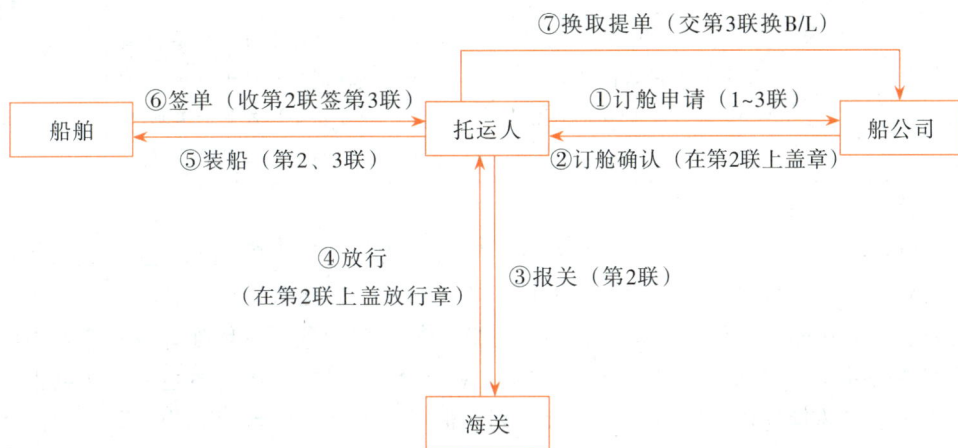

**图3-1　装货联单的流转过程**

（二）装货清单

装货清单（Loading List，L/L）是根据装货单中的托运单留底联，将全部待运货物按照目的港和货物性质归类，依航次靠港顺序排列编制的装货的汇总单。装货清单的内容包括船名、装货单编号、件数、包装、货名、毛重、估计立方米及特种货物对运输的要求或注意事项的说明等。

装货清单是大副编制积载计划的主要依据，又是供现场理货人员进行理货、港口安排驳运、进出库场等的业务单据。当有增加或取消货载的情况发生时，船方应及时编制"加载清单"（Additional Cargo List），或"取消货载清单"（Cancelled Cargo List），并及时分送给各有关方。

（三）载货清单

载货清单（Manifest，M/F）也称"舱单"，是在货物装船完毕后，根据大副收据或提单编制的一份按卸货港顺序逐票列明全船实际载运货物的汇总清单。其内容包括船名及国籍、开航日期、装货港及卸货港，同时逐票列明所载货物的详细情况。

载货清单是国际航运实践中一份非常重要的通用单证。船舶办理报关手续时，必须提交载货清单。另外，进口货物的收货人在办理货物进口报关手续时，载货清单也是海关办理验放手续的单证之一。

**货运小常识3-1　　　　　　　　装货清单与载货清单的区别**

装货清单与载货清单的区别见表3-3。

表 3-3                              **装货清单与载货清单的区别**

| 项目 | 装货清单（L/L） | 载货清单（M/F） |
|------|----------------|----------------|
| 汇总依据 | 托运单（B/N）留底 | 大副收据/收货单（M/R）、提单（B/L） |
| 汇总信息 | 对待装船货物的汇总 | 对已装船货物的汇总 |
| 制作时间 | 装货前 | 装船后 |
| 作用 | ①为积载计划提供依据<br>②是理货等业务的单据 | ①是整艘船舶出口报关的必备单据<br>②是出口退税的单据之一<br>③是卸货港安排卸货的单据<br>④是卸货港海关放行的凭证 |

（四）货物积载图

出口货物在装船前，必须针对货物装船顺序、货物在船上的装载位置等情况制订一个详细的计划，以指导有关方面安排泊位、货物出舱、搬运等工作。这个计划是用图表形式表示货物在船舱内的装载情况，使每一票货物都能形象、具体地标识其船舱内的位置。该图表就是通常所称的货物积载图（Stowage Plan）。在货物装船之前，大副根据装货清单上记载的货物资料制订货物积载计划。但是，在实际装船过程中，往往会因为各种客观原因，使装货工作无法完全按照计划进行。例如，原计划的货载变动；货物未能按时集港而使装船计划改变，造成记载顺序与原计划不同等。这样，就会造成货物实际在舱内的积载位置与原来的计划不一致。当一票货物装船后，应重新标出货物在舱内的实际装载位置，最后绘制成一份"货物积载图"。

（五）危险货物清单

危险货物清单是专门列出船舶所载运全部危险货物的明细表。其记载的内容除装货清单、载货清单所应记载的内容外，特别增加了危险货物的性能和装船位置两项。为了确保船舶、货物、港口及装卸、运输的安全，包括我国港口在内的世界上很多国家的港口都专门做出规定，凡船舶载运危险货物都必须另行单独编制危险货物清单。

按照一般港口的规定，凡船舶装运危险货物，船方应向有关部门（我国海事局）申请派员监督装卸。在装货港装船完毕后由监装部门签发给船方一份"危险货物安全装卸书"。这也是船舶载运危险货物时必备的单证之一。

微课 3-2

海运提单的缮制

（六）海运提单

我国《海商法》第 71 条规定："提单（Bill of Lading，B/L）是用以证明海上货物运输合同和货物已经由承运人接收或者装船，以及承运人保证据以交付货物的单证。提单中载明的向记名人交付货物，或者按照指示人的指示交付货物，或者向提单持有人交付货物的条款，构成承运人据以交付货物的保证。"

提单是由各船公司自行设计签发的，其内容虽不完全相同，但主要记载事项是基本一致的。总体来讲，提单的内容包括正面条款和背面条款。海运提单正面范例见表 3-4，其缮制方法见表 3-5。

表3-4　　　　　　　　　　　　海运提单正面范例

| 2.Shipper（Insert Name，Address and Phone） | 1.B/L No. |
|---|---|
| | ××集装箱运输有限公司<br>×× CONTAINER LINES<br><br>TLX：33057×× CN<br>FAX：+86（021）6545 8984<br>**ORIGINAL** |
| 3.Consignee（Insert Name，Address and Phone） | |

| 4.Notify Party（Insert Name，Address and Phone）<br>（It is agreed that no responsibility shall attach to the Carrier or his agents for failure to notify） | Port-to-Port or Combined Transport<br>**BILL OF LADING**<br>RECEIVED in external apparent good order and condition except as otherwise noted the total number of packages or unites stuffed in the container.The description of the goods and the weights shown in this Bill of Lading are furnished by the Merchants，and which the carrier has no reasonable means of checking and is not a part of this Bill of Lading contract.The carrier has issued the number of Bills of Lading stated below，all of this tenor and date.One of the original Bills of Lading must be surrendered and endorsed or signed against the delivery of the shipment and whereupon any other original Bills of Lading shall be void.The Merchants agree to be bound by the terms and conditions of this Bill of Lading as if each had personally signed this Bill of Lading.<br>SEE clause 4 on the back of this Bill of Lading（Terms continued on the back hereof，please read carefully）.<br>*Applicable only When Document Used as a Combined Transport Bill of Lading. |

| 5.Combined Transport * | 6.Combined Transport* |
|---|---|
| Pre-carriage by | Place of Receipt |
| 7.Ocean Vessel　　Voy.No. | 8.Port of Loading |
| 9.Port of Discharge | 10.Combined Transport * |
| | Place of Delivery |

| 11.Marks & Nos. | 12.Container / Seal No. | 13.No.of Containers or Packages | 14.Description of Goods（If Dangerous Goods，See Clause 20） | 15.Gross Weight | 16.Measurement |
|---|---|---|---|---|---|
| | | | | | |
| | | | Description of Contents for Shipper's Use only（Not Part of This B/L Contract） | | |

17.TOTAL NUMBER OF CONTAINERS AND/OR PACKAGES（IN WORDS）

| Subject to Clause 7 Limitation | | | | | |
|---|---|---|---|---|---|
| 18. Freight & Charge | Revenue Ton | Rate | Per | Prepaid | Collect |
| 19. Declared Value Charge | | | | | |

| Ex Rate | Prepaid at | Payable at | 21.Place and Date of Issue | |
|---|---|---|---|---|
| | Total Prepaid | 20.No.of Original B（s）/L | 22. Signed for the Carrier，COCUE CONTAINER LINES | |

LADEN ON BOARD THE VESSEL

| DATE | | BY | |
|---|---|---|---|

表3-5 海运提单的缮制方法

| 栏目 | 填写内容 | 注意事项 |
|---|---|---|
| 1.提单号码<br>（B/L No.） | 此栏由承运人或代理人按航次所述的提单套数编号 | 必须注明提单号，否则提单无效 |
| 2.托运人<br>（Shipper） | （1）若信用证有规定，按照信用证受益人的名称和地址填<br>（2）若信用证没有受益人的地址，则此栏可不填地址<br>（3）若信用证无特殊规定，且受益人是中间商，也可以填写实际卖方的名称与地址 | 在信用证无特殊规定，以第三方实际卖方为托运人时，应考虑各方面是否可行，确保与信用证、托运单（场站收据）的记录一致 |
| 3.收货人<br>（Consignee） | （1）指示式：To order/To order of shipper/To order of *** Bank/To order of *** Co.，Ltd<br>（2）记名式：***Co.，Ltd<br>（3）不记名式：空白/To bearer | 实务中，指示式填写方式最普遍；采用指示式填写方式，提单可通过背书进行转让 |
| 4.被通知人<br>（Notify Party） | （1）空白：信用证未规定或者是记名提单<br>（2）货物进口商或其代理的名称、地址：根据信用证规定填写 | （1）当信用证未规定被通知人时，正本提单这一栏放空，但要在副本提单的这一栏上填写信用证申请人的名称、地址<br>（2）当信用证要求两个或两个以上公司时，此栏填写两个或两个以上公司的名称、地址 |
| 5.前程运输<br>（Pre-carriage by） | 此栏适用于"多式联运"方式，填写海运前一程的运输方式 | 若货物不需要转运，本栏留空 |
| 6.收货地点<br>（Place of Receipt） | 此栏适用于"多式联运"方式，填写头一程的收货地点 | 若货物不需要转运，本栏留空 |
| 7.船名、航次<br>（Ocean Vessel，Voyage No.） | 填写实际承运货物的船舶名称和航次 | |
| 8.装货港<br>（Port of Loading） | 填写实际启运港名称 | 若信用证仅是笼统规定启运港名称或同时列明几个装货港，制单时须按实际情况填写一个港口名称 |
| 9.卸货港<br>（Port of Discharge） | 填写实际卸货港（目的港）名称 | （1）若信用证或合同中没有规定具体的卸货港，须按照实际填写具体港口名称<br>（2）若经转船，可在目的港名称之后加注"With transshipment at..."（W/T AT）<br>（3）若货物卸至目的港后须以陆运方式转运至内陆，则在此栏填写卸货港名称后，另在货名栏下方空白处或在唛头中加注"In transit to..."，不能直接在卸货港名称后填写 |

续表

| 栏目 | 填写内容 | 注意事项 |
|---|---|---|
| 10.交货地点（Place of Delivery） | 此栏适用于"多式联运"方式，填写最终的交货地的名称 | 若货物目的地就是目的港，则此栏放空 |
| 11.唛头和号码（Marks&Nos.） | （1）若有唛头，则按照实际货物、其他单据或信用证中的唛头填写（2）若无唛头，可填"No Mark"或"N/M" | |
| 12.集装箱号和铅封号（Container/Seal No.） | 填写实际的集装箱号与铅封号 | 填写时有几个箱号就要填写几个，且铅封号与集装箱号要一一对应 |
| 13.件数或包装（No.of Containers or Packages） | 装入集装箱内的货物的外包装件数（运输包装）和集装箱箱数 | （1）一般除填写具体数字外，还要在下面加大写数量（2）散装货物无件数，可写"In Bulk"（3）裸装货物，应加上件数，如"1 UNIT"或"100 HEADS" |
| 14.货名（Description of Goods） | 货物名称 | 严格按照信用证规定填写，且要与其他单据货名一致 |
| 15.毛重（Gross Weight） | 货物的实际毛重（包括包装材料在内的重量） | （1）一般以千克为计量单位（2）货物无毛重时，可在此栏中加注净重"N.W." |
| 16.尺码（Measurement） | 货物的实际体积 | 一般以立方米为计量单位，小数点后保留三位 |
| 17.总箱数/货物总件数（Total Number of Container and /or Packages）（In Words） | 用英文大写字母来填写集装箱的总箱数或货物的总件数 | 在件数前面须加上"SAY"字样，在件数结尾处加上"ONLY"字样 |
| 18.运费和费用（Freight and Charges） | 一般不填具体金额，只填写支付情况（1）Freight prepaid/Freight to paid（2）Freight to collect/Freight payable at destination（3）Freight payable as per charter party | （1）Freight prepaid/Freight to paid 为装运港托运人支付费用（2）Freight to collect/Freight payable at destination 为目的港收货人支付费用（3）Freight payable as per charter party 为全程租船运输费用 |
| 19.货物价值申报（Declared Value Charge） | 若托运人有货物价值向承运人申报，则填写此栏；若没有，则放空 | |

| 栏目 | 填写内容 | 注意事项 |
|---|---|---|
| 20.正本提单份数（Number of Original B（s）/L） | 托运人要求签发的提单份数 | 通常正本提单一式两份或一式三份，每份提单具有同等效力，收货人持其中的任意一份提取货物后，其他提单自动失效 |
| 21.提单签发的地点和日期（Place and Date of Issue） | （1）签发地点：装货港或货物集中地点（2）签发日期：要求装船完毕的日期，与大副签署的收货单上的日期一致 | 提单签发的日期不得晚于信用证规定的装运期 |
| 22.承运人签字（Signed for the Carrier） | （1）承运人签字提单下方显示 XYZ Shipping as carrier 或者 The carrier（……的签字）（2）承运人的代理签字提单下方显示 ABC Co.，Ltd as agent for XYZ Shipping carrier（……的签字）（3）船长签字提单下方显示 XYZ Shipping as master 或者 The master（……的签字）（4）船长代理人签字提单下方显示 ABC Co.，Ltd（……的签字）as agent for and/or on behalf of...，the master of the carrier XYZ | 提单的签署必须可识别其身份，即签署时必须显示其身份与名称 |

根据法律规定，提单具有以下三方面主要作用：①提单是证明承运人已接管货物和货物已装船的收据；②提单是承运人保证凭此交付货物的物权凭证；③提单是海上货物运输合同的证明。

货运小常识3-2　　　　　　　　　　　　　　**提单的背面条款**

全式海运提单正本的背面为事先印就的各种条款，提单副本的背面一般为空白。提单的背面条款可以分为两类：一类是强制性条款，另一类是任意性条款。强制性条款的内容不能违反有关国际公约、国内法律或港口的规定，违反或不符合这些规定的条款无效；任意性条款是国际公约、国内法律或港口规定中没有明确规定的，允许承运人自行拟定的条款。这些条款一般是表明承运人与托运人、收货人或提单持有人之间承运货物的权利、义务、责任与免责的条款。

提单的背面条款主要包括以下几项：

1.定义条款

定义条款（Definition Clause）主要对承运人、托运人等关系人加以限定。前者是与托运人订有运输合同的船舶所有人，后者包括提货人、收货人、提单持有人和货物所有人。

2.管辖权条款

管辖权条款（Jurisdiction Clause）指当就提单发生争执时，按照法律，某法院有审理和解决案件的权利。

3.责任期限条款

责任期限条款（Duration of Liability）是规定承运人对货物灭失或损害承担赔偿责任的期间的条款。一般海运提单规定，承运人的责任期限从货物装上船舶时起至卸离船舶时为止；集装箱提单则从承运人接收受货物至交付指定收货人为止。

4.包装和标志

包装和标志（Packages and Marks）要求托运人对货物提供妥善包装和正确清晰的标志，因标志不清或包装不良所产生的一切费用都由货方负责。

5.运费和其他费用

运费和其他费用（Freight and Other Charges）中规定，预付的应在装船时一并支付，到付的应在交货时一并支付。当船舶和货物遭受任何灭失或损失时，运费仍应照付；否则，承运人可对货物及单证行使留置权。

6.自由转船条款

自由转船条款（Transshipment Clause）中规定，承运人虽签发了直达提单，但由于客观需要仍可自由转船，并不须经托运人的同意。转船费用由承运人负担，但风险由托运人承担，承运人的责任也仅限于其本身经营的船舶所完成的那段运输。

7.错误申报

错误申报（Inaccuracy in Particulars Furnished by Shipper）中规定，承运人有权在装运港和目的港查核托运人申报的货物数量、重量、尺码与内容，如发现与实际不符，承运人可收取运费罚款。各航运公司对罚款的规定不同。

8.承运人责任限额

承运人责任限额（Limit of Liability）中规定了承运人对货物灭失或损坏所负的赔偿限额。这一条款旨在平衡承运人与托运人之间的风险承担，确保承运人不会因一次重大事故而面临破产的风险。

9.舱面货、活动物和植物

对舱面货、活动物和植物（On Deck Cargo, Live Animals and Plants）这三种货物的接收、搬运、运输、保管和装卸，由托运人承担风险，承运人对其灭失或损坏不负责任。

按不同的分类标准，提单可以划分为许多种，这里介绍几种常用划分：

1.按提单上有无批注划分

（1）清洁提单

清洁提单（Clean B/L）是指在装船时，货物外表状况良好，承运人在签发提单时，未在提单上加注任何有关货物残损、包装不良、件数、重量和体积或其他妨碍结汇的批注的提单。承运人或者代其签发提单的人若未在提单上作货物表面状况的批注，则视为货物的表面状况良好。由此可见，承运人一旦签发了清洁提单，货物在卸货港卸下后，如发现有残损，除非是由于承运人可以免责的原因所致，承运人必须负责赔偿。

**微课3-3**

不清洁提单的判别

（2）不清洁提单

不清洁提单（Unclean or Foul B/L）是指在货物装船时，承运人若发现货物包装不牢、破残、渗漏、沾污、标志不清等现象，大副将在收货单上对此加以批注，并将此批注转移到提单上的提单。我国《海商法》第75条规定："承运人或者代其签发提单的人，知道或者有合理的根据怀疑提单记载的货物品名、标志、包数或者件数、重量或者体积与实际接收的货物不符，在签发已装船提单的情况下怀疑与已装船的货物不符，或者没有适当的方法核对提单记载的，可以在提单上批注，说明不符之处、怀疑的根据或者说明无法核对。"

2.按货物是否已装船划分

（1）已装船提单

已装船提单（Shipped/On Board B/L）是指货物装船后由承运人或其授权代理人根据大副收据签发给托运人的提单。如果承运人签发了已装船提单，就是确认他已将货物装在船上。这种提单除载明一般事项外，通常还必须注明装载货物的船舶名称和装船日期（即提单项下货物的装船日期）。

（2）收货待运提单

收货待运提单（Received for Shipment B/L）又称待运提单，是承运人在收到托运人交来的货物但还没有装船时，应托运人的要求而签发的提单。签发这种提单，说明承运人确认货物已交由承运人保管并存在其所控制的仓库或场地，但还未装船。所以，这种提单未载明所装船名和装船时间，在跟单信用证支付方式下，银行一般都不肯接受这种提单。但当货物装船，承运人在这种提单上加注装运船名和装船日期并签字盖章后，待运提单即成为已装船提单。

3.按签发提单的时间划分

（1）倒签提单

倒签提单（Anti-dated B/L）指承运人或其代理人应托运人的要求，在货物装船完毕后，以早于货物实际装船日期为签发日期的提单。当货物实际装船日期晚于信用证规定的装船日期时，若仍按实际装船日期签发提单，托运人就无法结汇。为了使签发提单的日期与信用证规定的装运日期相符，以利于结汇，承运人应托运人的要求，在提单上仍以信用证规定的装运日期填写签发日期，以免违约。

（2）预借提单

预借提单（Advanced B/L）指货物尚未装船或尚未装船完毕，信用证规定的结汇期（即信用证的有效期）即将届满，托运人为了能及时结汇，而要求承运人或其代理人提前签发的已装船清洁提单，即托运人为了能及时结汇而从承运人那里借用的已装船清洁提单。

签发倒签提单或预借提单，对承运人来说风险很大，由此导致的损失承运人必须承担；尽管托运人往往向承运人出具保函，但这种保函不能约束收货人。

（3）过期提单

过期提单（Stale B/L）有两层含义：一是出口商在货物装船后延滞过久才交到银行议付的提单；二是提单晚于货物到达目的港。因此，近洋国家的贸易合同一般都有"过期提单也可接受"的条款（Stale B/L is acceptable.）。

### 货运小常识3-3

某公司出口一批货物，该批货物于2025年4月20日开始装运，并于同日船舶开航。应托运人的请求，船公司于4月20日签发已装船提单，日期为2025年3月15日，则该提单为倒签提单。

某公司出口一批货物，信用证有效期为2025年5月31日，由于货物一直未备妥，该批货物在6月1日仍未装船。为能顺利结汇，应托运人的请求，船公司于6月1日签发已装船提单，日期为2025年5月31日，则该提单为预借提单。

4.按提单收货人的抬头划分

（1）记名提单

记名提单（Straight B/L）又称收货人抬头提单，是指提单上的"收货人"栏中已具体填写收货人名称的提单。提单上所记载的货物只能由提单上特定的收货人提取，或者说承运人在卸货港只能把货物交给提单上所指定的收货人。记名提单不可以转让。如果承运人将货物交给提单指定的以外的人，即使该人占有提单，承运人也应负责。记名提单一般只适用于运输展览品或贵重物品，特别是在短途运输中使用较有优势，而在国际贸易中较少使用。

（2）不记名提单

不记名提单（Bearer/Open/Blank B/L）是指"收货人"一栏内没有指明任何收货人，而是注明"提单持有人"（Bearer）字样或将这一栏空白，不填写任何人的名称的提单。这种提单不需要任何背书手续即可转让或提取货物，极为简便；承运人应将货物交给提单持有人，谁持有提单，谁就可以提货，承运人交付货物只凭单不凭人。这种提单若丢失或被窃，风险极大；若转入第三者手中，极易引起纠纷，故国际上较少使用这种提单。另外，根据有些班轮公会的规定，凡使用不记名提单，在给大副的提单副本中必须注明卸货港通知人的名称和地址。

（3）指示提单

指示提单（Order B/L）是在提单正面"收货人"一栏内填上"凭指示"（To Order）或"凭某人指示"（To the Order of...）字样的提单。按照表示指示人的方法不同，指示提单又分为凭托运人指示提单、凭收货人指示提单和凭银行指示提单。指示提单是一种可转让提单，提单的持有人可以通过背书的方式把它转让给第三者，而无须经过承运人认可，所以这种提单为买方所欢迎，在国际海运业务中使用较广泛。

鉴于海运提单在国际贸易中所具有的重要地位和作用，这里对提单在使用过程中的注意事项进行介绍。

**1. 提单的签发**

有权签发提单的有船长、承运人或其代理人。承运人或其代理人签发提单时必须表明其身份。特别要注意的是，代理人代表承运人或船长签字或证实时，必须表明所代表的委托人的名称和身份，即注明代理人是代表承运人还是代表船长签字。

提单的签发地一般为装运港，当然也可以是承运人公司所在地或其他地点。

提单的签发日期应与货物实际装船的日期一致，不能提前也不能延后，否则将使提单变成倒签提单、预借提单和顺签提单，承运人将面临较大风险。《UCP600》明确规定：提单日期即装船完毕日。

提单有正本提单（Original B/L）和副本提单（Copy B/L）之分。正本提单一般签发一式两份或三份，这是为了防止提单流通过程中万一遗失，可以应用另一份正本提单。各份正本具有同等效力。副本提单只用于日常业务，不具备法律效力，不能凭此提货或转让。正本提单上标注有"ORIGINAL"字样，副本提单上标注有"COPY"字样。

**2. 提单的更正与补发**

提单的更正要尽可能赶在载货船舶开航之前办理，以减少因此而产生的费用和手续。正本提单签发后（船舶开航后）发生变更，必须及时通知船公司和中转港代理或卸货港代理。如果货物已经装船，而且签署了提单后托运人才提出更正的要求，承运人就要考虑各方面的关系，然后决定是否同意更改。因更改内容而导致的损失和费用，都由提出更改要求的托运人负担。

如果提单签发后遗失，托运人提出补发提单，承运人会根据不同情况进行处理。

（1）正本提单结汇后，在寄送途中遗失

一旦发生这种情况，收货人可在目的港凭副本提单和拥有较高信用的银行出具的保证书提取货物，并依照一定的法定程序声明提单作废，而无须另行补发提单。

（2）提单在结汇前遗失

这时应由托运人提供书面担保或保证金，并依照法定程序将原提单声明作废，经承运人或其代理人同意后补签新提单并另行编号。同时，把有关情况转告承运人在目的港的代理人，以免发生意外纠纷。

**3. 提单的转让**

提单转让的规定有：记名提单不得转让，不记名提单无须背书即可转让，指示提单经过记名背书或空白背书转让。通常所说的背书是指"指示提单"在转让时需要进行背书。实务中，背书有记名背书、指示背书和不记名背书三种方式，见表3-6。

微课3-4

海运提单的背书与转让

表 3-6　　　　　　　　　　　　　　　　　背书的方式

| 背书类型 | 内容 | 实例 |
|---|---|---|
| 记名背书（完全背书） | 背书人在提单背面写明被背书人（受让人）的名称，并由背书人签名的背书形式。经过记名背书的指示提单将成为记名提单性质的指示提单 | ABC公司将提单背书转让给XYZ公司，可作以下背书：<br>TO DELIVERY TO XYZ CO.<br>ABC CO.<br>Aug.18$^{th}$，2025 |
| 指示背书 | 背书人在提单背面写明"凭**指示"的字样，同时由背书人签名的背书形式。经过指示背书的指示提单还可以继续进行背书，但背书必须连续 | ABC公司指示背书转让给XYZ公司可作以下背书：<br>TO THE ORDER OF XYZ CO.<br>ABC CO.<br>Aug.18$^{th}$，2025 |
| 不记名背书（空白背书） | 背书人在提单背面签名，但不记载任何受让人的背书形式。经过不记名背书的指示提单将成为不记名提单性质的指示提单 | ABC CO.<br>Aug.18$^{th}$，2025 |

4.提单的收回

收货人提货时必须以提单为凭证，而承运人交付货物时必须收回提单并在提单上做出作废的批注。提单的缴还和注销表明承运人已完成交货义务，运输合同已完成，提单下的债权债务关系也因此解除。但是提单缴还和注销并不必然表明提单可能代表的物权的终止，因为缴还和注销的提单可能是全套提单中未经授权转让的一份。如提单没有全部交还给承运人，承运人就必须继续承担运输合同和提单项下的义务。如果承运人无提单放货，他就必须为此而承担赔偿责任。

5.提单的流转过程

提单在不同的支付方式和贸易术语项下，流通程序会稍有不同。这里以当今国际贸易实践中进口最常见的 CIF 跟单信用证合同交易为例进行说明。

（1）交货装船，签发提单

出口商根据贸易合同中约定的交货时间、交货地点、货物数量向班轮运输公司预订舱位，办理完相关手续之后，在运输合同规定的时间、地点将货物交付给承运人并支付运费，承运人监督货物装船后，签发已装船提单。

（2）交单结汇

出口商取得已装船提单后，持提单和信用证要求的其他单据到议付行议付；出口商转让提单给议付行，同时提前收到货款；议付行凭借提单等单据向开证行请求其付款，开证行审单无误后支付货款给议付行并取得提单。

（3）付款赎单

开证行通知进口商单证已到，要求进口商支付货款，进口商支付货款后取得提单。

具体流转过程如图3-2所示。

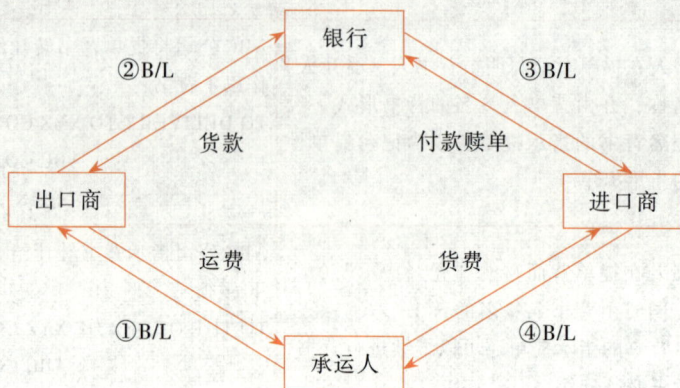

图3-2　货物的流转过程

## 二、杂货班轮运费计算

（一）基本概念

1.运价

运价（Freight Rate）又称费率，是承运人对所运输的每一单位重量的货物所收取的自装运港至目的港的费用。

2.运价本

运价本（Tariff）又称运价表或费率本，是船公司承运货物时据以收费的费率表的总汇，主要由条款和规定、商品等级分类和航线费率三部分组成。

按运价制定形式不同，运价本可以分为等级费率本和列名费率本。

（1）等级费率本的运价是按商品等级来确定的，按货物负担运费能力进行定价。

（2）列名费率本，也称单项费率本，其运价是根据商品名称来确定的，对各种不同货物在不同航线上逐一确定的运价称为单项费率运价。

3.运费

运费（Freight）是承运人根据运输合同完成货物运输后从托运人处所取得的报酬。运费等于运价与运量的乘积，即：

$$F=R \cdot Q$$

式中：F表示运费，R表示运价，Q表示运量。

（二）运费的构成

班轮运费由基本运费和附加费构成。

1.基本运费

基本运费（Basic Freight）指运输每批货物所应收取的最基本的运费，是整个运费的主要构成部分，它是根据基本运价和计费吨计算得出的。

2.附加费

附加费（Surcharge/Additional）是根据货物种类或不同的服务内容，视不同情况而加收的运费，可以说是在特殊情况下或者临时发生某些事情的情况下而加收的费用。附加费主要有以下几种：

（1）燃油附加费（Bunker Surcharge/Bunker Adjustment Factor，B.A.F.）。它是因燃油价格波动而加收的费用，是目前最主要的一项附加费。

（2）港口附加费（Port Additional/Port Surcharge）。它指船舶需要进入条件较差、装卸效率较低或船舶费用较高的港口及其他原因而向货方收取的附加费。

（3）港口拥挤附加费（Port Congestion Surcharge）。它是指有些港口由于拥挤，致使船舶停泊时间增加而加收的附加费。该项附加费随港口条件的改善或恶化而变化。

（4）选港附加费（Optional Surcharge）。它是指装货时尚不能确定卸货港，要求在预先提出的两个或两个以上港口中选择一港卸货，船方因此而加收的附加费。所选港口限定为该航次规定的挂靠港，并按所选港中收费最高者计算及收取各种附加费。货主必须在船舶抵达第一选卸港前（一般规定为24h或48h）向船方宣布最后确定的卸货港。

（5）转船附加费（Transshipment Surcharge）。它是指凡运往非基本港的货物，需转船运往目的港，船方因此而收取的附加费，其中包括转船费（包括换装费、仓储费）和二程运费。但有的船公司不收此项附加费，而是分别另收转船费和二程运费，这样收取一、二程运费再加转船费，即通常所谓的"三道价"。

（6）直航附加费（Direct Additional）。它是指凡运往非基本港的货物达到一定的数量，船公司可安排直航该港而不转船时所收取的附加费。一般来说，直航附加费比转船附加费要低。

（7）绕航附加费（Deviation Surcharge）。它是指因战争、运河关闭、航道阻塞等原因造成正常航道受阻，必须临时绕航才能将货物送达目的港而收取的附加费。

（8）货币贬值附加费（Currency Adjustment Factor，C.A.F.）。它是指在货币贬值时，船方为保证其实际收入不致减少，按基本运价的一定百分数而收取的附加费。

（9）超重附加费（Heavy Lift Additional）。它是指单件货物重量超过一定限度而加收的费用。

（10）超长附加费（Long Length Additional）。它是指单件货物长度超过规定长度而加收的费用。

各班轮公司对超重或超长货物的规定不一。我国中远海运公司规定每件货物达到5吨或9米以上时，加收超重或超长附加费。超重货一般以吨计收附加费，超长货按运费吨计收附加费。无论是超重、超长还是超大件，托运时都须注明。如船舶需转船，每转船一次，加收一次附加费。

（三）计收标准

班轮运费的计收标准是指计算运费时使用的计算单位。在班轮运费的计收中，涉及的基本概念有运费吨、起码运费等。

1.运费吨

运费吨是计算运费的一种特定的计费单位。通常，取重量和体积重相对值较大的为计费标准，以便对船舶载重量和舱容的利用给予合理的费用支付。其中，重量为货物的毛重，体积为该货物的外形最大处长、宽、高的乘积。一般来说，重货以重量为计费标准，轻泡货以体积为计费标准。运费吨一般表示为 FT（Freight Ton）或 W/M（Weight/Measurement）。

2.起码运费

起码运费（Minimum Charges/Minimum Freight）也称最低运费，是指以一份提单为单位最少收取的运费。起码运费是承运人在承运小批量货物时，为了维护自身利益而用以补偿最基本的装卸、整理、运输等操作过程的成本支出。不同承运人采用不同的起码运费标准，件杂货和拼箱货一般以1运费吨为起码运费标准，最高不超过5运费吨；有的以提单为标准收取起码运费，以提单为标准收取起码运费后不再加收其他附加费。

3.计费标准的种类及常用符号

（1）"W"（Weight）——按货物的毛重即以重量吨（Weight Ton）为计算单位计收运费。1重量吨为1吨。

（2）"M"（Measurement）——按货物尺码或体积计算。如1立方米（约合35.3147立方英尺）或40立方英尺为一个计算单位，也称尺码吨或容积吨。

（3）"W/M"——按货物重量或尺码，选择其中收取运费较高者计算运费。

（4）"Ad.Val."（Ad Valorem）——按货物FOB价的一定百分比计算运费，称从价运费。

（5）"W/M or Ad.Val."——按货物重量或尺码或价值，选择其中一种收费较高者计算运费。

（6）"W/M plus Ad.Val."——按货物重量或尺码选择其高者，再加上从价运费计算。

（7）按每件为一单位计收，如活牲畜和活动物按"每头"（Per Head）计收；车辆有时按"每辆"（Per Unit）计收；起码运费按"每提单"（Per B/L）计收。

（四）班轮运费的计算

1.班轮运费的计算步骤

（1）选择相关的运价本。

（2）根据货物名称，在货物分级表中查到运费计算标准（Basis）和等级（Class）。

（3）在等级费率表的基本费率部分找到相应的航线、启运港和目的港，按等级查到基本运价。

（4）基本运费=基本运价×货物重量。

（5）再从附加费部分查出所有应收（付）的附加费项目和数额（或百分比）及货币种类。

（6）根据基本运价和附加费算出实际运价。

**2.班轮运费的计算公式**

班轮运费由基本运费和各项附加运费组成，计算公式为：

$F=F_b+\sum S$

式中：F为运费总额；$F_b$为基本运费；S为某项附加费。

基本运费是所运货物的数量（重量或体积）与规定的基本费率的乘积，即：

$F_b=f×Q$

式中：f为基本费率；Q为货运量（运费吨）

附加费按基本运费的一定百分比计算，其公式为：

$\sum S=（S_1+S_2+\cdots+S_n）×F_b$

$=（S_1+S_2+\cdots+S_n）×f×Q$

式中：$S_n$为各项附加费率，代入运费计算公式得：

$F=F_b+\sum S=（1+S_1+S_2+\cdots+S_n）×f×Q$

如附加费以绝对数表示，则附加费总额为：

$\sum S=（S_1+S_2+\cdots+S_n）Q$

代入运费计算公式得：

$F=F_b+\sum S=f×Q+（S_1+S_2+\cdots+S_n）Q$

【实例3-1】2025年3月，广州某公司运往德国汉堡一批五金件，共计50箱，每箱毛重75千克，每箱尺码为50cm×48cm×100cm。燃油附加费为21%，港口拥挤附加费为20%，试计算该批货物的运费。

【解】

（1）查运价本可知，该批货物计收标准为W/M，等级为10级。

（2）查询广州—汉堡航线等级费率表，10级费率为人民币92元。

（3）计算货物的重量和体积：

重量=50箱×75千克/箱=3 750千克=3.75（吨）

体积=50箱×（50cm×48cm×100cm）/箱=12 000 000立方厘米=12（立方米）

由于W<M，因此以M为计收标准。

（4）基本运费=12立方米×92元/立方米=1 104（元）

（5）总运费=1 104元×（1+21%+20%）=1 556.64（元）

【实例3-2】上海某公司向新加坡出口牛肉25吨，共1 000箱，每箱毛重26千克，每箱体积为20cm×20cm×25cm。该货物对应航线的运价为100美元/运费吨，计收标准为W/M，另收燃油附加费每运费吨28美元、港口附加费每运费吨20美元。试计算该批货物的运费。

【解】

计算该批货物重量与体积：

重量=1 000箱×26千克/箱=26 000千克=26（吨）

体积=1 000箱×（20cm×20cm×25cm）/箱=10 000 000立方厘米=10（立方米）

由于W>M，因此以W为计收标准。

总运费=（100美元+28美元+20美元）/吨×26吨=3 848（美元）

### 三、杂货班轮出口货运代理业务操作

杂货班轮出口货运代理业务操作流程见表3-7。

表3-7　　　　杂货班轮出口货运代理业务操作流程

| 步骤 | 项目 | 说明 |
|---|---|---|
| 1 | 建立委托关系 | 托运人向货运代理人提交海运出口委托书，货运代理人接单，双方建立海运出口委托代理关系 |
| 2 | 订舱申请 | 货运代理人以托运人的名义在装货港向船公司或其代理人提出货物装运申请，填写装货联单，递交托运单（B/N） |
| 3 | 订舱确认 | 船公司同意承运后，核对装货单（S/O）与托运单（B/N）上的内容无误后，将托运单留底联留下，签发装货单（S/O）给货运代理，要求其将货物及时送至指定的码头仓库 |
| 4 | 报检和报关 | 货运代理持装货单（S/O）及有关单证向海关办理货物出口报关、验货放行手续，海关在装货单（S/O）上加盖放行章后，货物准予装船出口 |
| 5 | 传递装货信息 | 装货港的船舶代理人根据托运单留底联编制装货清单（L/L）送至船舶及理货公司、装卸公司 |
| 6 | 编制货物积载计划 | 大副根据装货清单（L/L）编制货物积载计划，通知船舶代理人分送至理货、装卸公司等按计划装船 |
| 7 | 货物集港 | 托运人或其货运代理人将经过检验及报关的货物送至指定的码头仓库准备装船 |
| 8 | 装船签单 | 货物装船后，理货长将装货单（S/O）交给大副，大副核实无误后留下装货单（S/O），并签发收货单（M/R） |
| 9 | 递单 | 理货长将大副签发的收货单（M/R）转交给货运代理 |
| 10 | 付费取单 | 货运代理持收货单（M/R）到装货港的船舶代理人处付清运费（预付运费情况下）换取正本已装船提单（B/L） |
| 11 | 收费交单 | 托运人付清货运代理的代理费和垫付费用后，货运代理将已装船提单（B/L）交给托运人 |
| 12 | 凭单结汇 | 托运人持已装船提单（B/L）及有关单证到议付行结汇（在信用证支付方式下），取得货款；<br>货物装船完毕后，装货港的船舶代理人编制出口载货清单（M/F）送船长签字后向海关办理船舶出口手续，并将载货清单（M/F）交船随带，船舶启航 |

杂货班轮出口货运代理业务具体流程如图3-3所示。

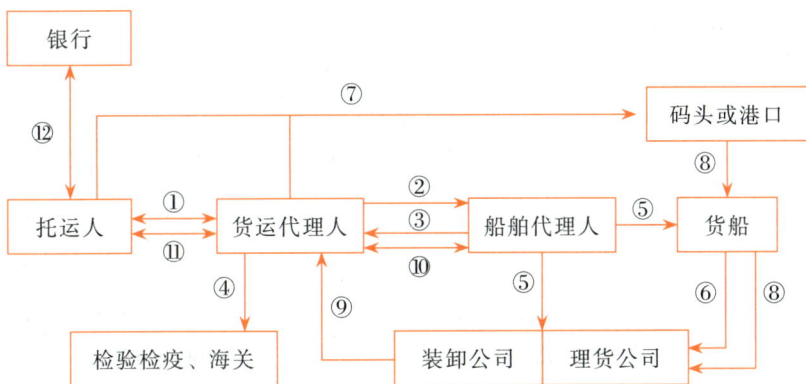

图3-3　杂货班轮出口货运代理业务流程图

**货运小常识3-4**

托运人在委托其货运代理人办理报关业务时，应向货运代理公司提交代理报关委托书和报关所需要的其他单证，包括出口货物报关单、装货单、贸易合同、发票、装箱单、海关签发的减免税证明、原产地证等。

## 【任务实施】

全班5～6人为一组，设1名组长，由组长带领本组同学依次扮演李平的角色，按下述步骤完成上海森和木业委托的该票货物的出口货运代理操作：

步骤一：接受委托并报价

飞捷货代接受森和木业的委托，由海运部工作人员李平具体来操作。他向森和木业了解了货物的详细信息，并拿到了森和木业提供的必要单证。

任务实施

分析提升

飞捷货代根据海运运费和利润报价，并与森和木业确认了各自的权利、义务，随后签订委托代理合同。该票货物从上海到B市的运费计收标准为W/M，运价为80美元/运费吨，燃油附加费为10美元/运费吨。李平需要计算该票货物产生的运费，并向森和木业报价。

毛重：＿＿＿＿＿＿＿＿＿Kg＝＿＿＿＿＿＿＿T

体积：＿＿＿＿＿＿＿＿＿m³

由于计收标准为W/M，因此运费吨为＿＿＿＿＿＿＿＿

运费＝＿＿＿＿＿＿＿＿＿

若飞捷货代的代理费在运费的基础上加100美元，则飞捷货代应向森和木业报价＿＿＿＿＿＿。

步骤二：向船公司订舱

1.订舱申请

2024年8月3日，飞捷货代以森和木业的名义向××运输公司订舱。李平需要填写海运出口托运单（见表3-8），信用证号为：GB210715，不允许转船和分批装运，装运日期不晚于2024年8月31日。

表 3-8               **海运出口托运单**

| 托运单<br>BOOKING NOTE | | | | | |
|---|---|---|---|---|---|
| 托运人 Shipper: | | | | | |
| 编号 No.:        船名 S/S:        目的港 For: | | | | | |
| 标记及号码<br>Marks & Nos. | 件数<br>Quantity | 货物说明<br>Description of Goods | 重量（千克）Weight Kilos | | |
| | | | 净重 Net | | 毛重 Gross |
| | | | 运费支付方式 Method of Freight Payment | | |
| 共计件数（大写）TOTAL NUMBER OF PACKAGES（IN WORDS） | | | | | |
| 运费 Freight | | 尺码 Measurement | | | |
| 备注 Remarks | | | | | |
| 抬头<br>To the Order of | | 可否转船<br>Whether Transshipment Allowed | 可否分批<br>Whether Partial Shipment Allowed | | |
| 通知<br>Notice | | 装运期<br>Period of Shipment | 有效期<br>Period of Validity | | 提单份数<br>No.of B/L |
| 收货人 Receiver | | 银行编号 Bank No. | | | 信用证号 L/C No. |

微课 3-7

如何查看船
期表

**2. 订舱确认**

××运输公司查询船期，并与飞捷货代确认了船名、航次。船名为 XIN JIN JIANG，航次为 075E，装货单号为 COS180805，并在装货单上加盖了订舱确认章。

船期表见表 3-9。李平需要填写装货联单中的装货单（见表 3-10）。

表3-9 船期表

| 船名 | XIN JIN JIANG | |
|---|---|---|
| 航次 | 075E | |
| | ETA | ETD |
| 上海SHANGHAI | 2024.8.15 08：00 | 2024.8.15 12：00 |
| Y CITY | 2024.8.19 23：00 | 2024.8.20 00：00 |
| B CITY | 2024.8.20 08：00 | 2024.8.20 09：00 |

表3-10 装货单

<table>
<tr><td colspan="5" align="center">装货单<br>SHIPPING ORDER</td></tr>
<tr><td colspan="5">托运人Shipper：</td></tr>
<tr><td colspan="2">编号No.：</td><td colspan="2">船名S/S：</td><td>目的港For：</td></tr>
<tr><td colspan="5">兹将下列完好状况之货物装船后希签署收货单：<br>Received on board the undermentioned goods apparent in good order and condition and sign the accompanying receipt for the same.</td></tr>
<tr><td rowspan="2">标记及号码<br>Marks & Nos.</td><td rowspan="2">件数<br>Quantity</td><td rowspan="2">货物说明<br>Description of Goods</td><td colspan="2" align="center">重量（千克）<br>Weight Kilos</td></tr>
<tr><td>净重 Net</td><td>毛重 Gross</td></tr>
<tr><td colspan="5">共计件数（大写）TOTAL NUMBER OF PACKAGES（IN WRITING）</td></tr>
<tr><td colspan="3">日期 Date</td><td colspan="2">时间 Time</td></tr>
<tr><td colspan="5">装入何舱 Stowed</td></tr>
<tr><td colspan="5">实收 Received</td></tr>
<tr><td colspan="3">理货员签名 Tallied by</td><td colspan="2">经办员 Approved by</td></tr>
</table>

步骤三：装船后换单

1.装船签单

货物于2024年8月15日12：00如数装入船舶内8号舱，装船后大副赵海签发收货单给理货员，理货员张远将其返给××运输公司。飞捷货代支付海运费后，从××运输公司拿到收货单。请代大副赵海签发装货联单中的收货单（见表3-11）。

表3-11            收货单

| 收货单 | | | | |
|---|---|---|---|---|
| MATES RECEIPT | | | | |
| 托运人 Shipper: | | | | |
| 编号 No.: | | 船名 S/S: | 目的港 For: | |
| 下列完好状况之货物业已收妥无损：<br>Received on board the following apparent in good order and condition. | | | | |
| 标记及号码<br>Marks & Nos. | 件数<br>Quantity | 货物说明<br>Description of Goods | 重量（千克）<br>Weight Kilos | |
| | | | 净重 Net | 毛重 Gross |
| | | | | |
| 共计件数（大写）TOTAL NUMBER OF PACKAGES（IN WRITING） | | | | |
| 日期 Date | | 时间 Time | | |
| 装入何舱 Stowed | | | | |
| 实收 Received | | | | |
| 理货员签名 Tallied By | | 大副 Chief Officer | | |

2.换取提单

飞捷货代拿到收货单后，随后凭收货单到××运输公司换取了海运提单。请代××运输公司签发海运提单（见表3-12）。（海运提单号为：COS2021081501）

表 3-12 出口货物海运提单

| 2.Shipper（Insert Name，Address and Phone） | 1.B/L No. |
|---|---|
| | ××集装箱运输有限公司<br>×× CONTAINER LINES |
| 3.Consignee（Insert Name，Address and Phone） | TLX：33057 ×× CN<br>FAX：+86（021）6545 8984<br>ORIGINAL |
| 4.Notify Party（Insert Name，Address and Phone）<br>（It is agreed that no responsibility shall attach to the Carrier or his agents for failure to notify） | Port-to-Port or Combined Transport<br>**BILL OF LADING**<br>RECEIVED in external apparent good order and condition except as otherwise noted the total number of packages or unites stuffed in the container.The description of the goods and the weights shown in this Bill of Lading are furnished by the Merchants，and which the carrier has no reasonable means of checking and is not a part of this Bill of Lading contract. The carrier has issued the number of Bills of Lading stated below，all of this tenor and date.One of the original Bills of Lading must be surrendered and endorsed or signed against the delivery of the shipment and whereupon any other original bills of Lading shall be void.The Merchants agree to be bound by the terms and conditions of this Bill of Lading as if each had personally signed this Bill of Lading.<br>SEE clause 4 on the back of this Bill of Lading（Terms continued on the back hereof，please read carefully）.<br>*Applicable only When Document Used as a Combined Transport Bill of Lading. |

| 5.Combined Transport * | 6.Combined Transport* |
|---|---|
| Pre-carriage by | Place of Receipt |
| 7.Ocean Vessel Voy.No. | 8.Port of Loading |
| 9.Port of Discharge | 10.Combined Transport * |
| | Place of Delivery |

| 11.Marks & Nos.<br>12.Container / Seal No. | 13.No.of Containers or Packages | 14.Description of Goods（If Dangerous Goods，See Clause 20） | 15.Gross Weight | 16.Measurement |
|---|---|---|---|---|
| | | Description of Contents for Shipper's Use only（Not Part of This B/L Contract） | | |

17.TOTAL NUMBER OF CONTAINERS AND/OR PACKAGES（IN WORDS）

| Subject to Clause 7 Limitation | | | | | |
|---|---|---|---|---|---|
| 18.Freight & Charge | Revenue Ton | Rate | Per | Prepaid | Collect |
| 19.Declared Value Charge | | | | | |

| Ex Rate | Prepaid at | Payable at | 21.Place and Date of Issue | |
|---|---|---|---|---|
| | Total Prepaid | 20.No.of Original B（s）/L | 22. Signed for the Carrier，COCUE CONTAINER LINES | |

LADEN ON BOARD THE VESSEL

| DATE | | BY | |
|---|---|---|---|

步骤四：收费交单

飞捷货代的李平按出口委托合同的规定向森和木业收取前者垫付的费用及代理费，收费后，李平将海运提单交给了森和木业的业务员。

步骤五：任务实施完成

## 【任务测评】

### 一、单项选择题

1.在国际海上货物运输中，若按照货物重量或体积或价值汇总较高的一种计收海运费，则船公司运价表内，以（　　）表示。

A."W/M"                          B."W/M plus Ad Val"

C."W/M or Ad Val"               D."Ad Val"

随堂测 3-1

2.通常情况下，杂货班轮运输中的收货单由（　　）签署。

A.托运人                          B.收货人

C.船长                            D.大副

3.下列单证中，常被称为"关单"的是（　　）。

A.提单                            B.装货单

C.收货单                          D.提货单

4.海运提单收货人栏内显示"TO ORDER"，表示该提单（　　）。

A.不可转让                        B.不经背书即可转让

C.经背书后可以转让                D.可以由持有人提货

5.海运出口货物实际装运日期为5月5日，迟于信用证规定的最迟装运期4月30日，但仍在信用证有效期5月10日内，出口人要求承运人或其代理人将提单日期填写为4月30日，这种提单叫（　　）。

A.已装船提单                      B.预借提单

C.倒签提单                        D.过期提单

6.银行在结汇时，一般只接受（　　）提单。

A.清洁提单                        B.备运提单

C.不清洁提单                      D.记名提单

### 二、多项选择题

1.装货联单由（　　）构成。

A.B/L                    B.B/N                    C.S/O

D.M/R                   E.L/L

2.海运附加费有（　　）。

A.BAF                              B.CAF

C.PREPAID                         D.COLLECT

3.下列属于提单主要作用的有（　　）。

　　A.物权凭证　　　　　　　　　　B.装船依据

　　C.货物收据　　　　　　　　　　D.运输合同的证明

　　4.提单背书一般分为（　　　）。

　　A.记名背书　　　　　　　　　　B.指示背书

　　C.空白背书　　　　　　　　　　D.任意背书

### 三、判断题

　　1.载货清单就是通常所称的"舱单"。　　　　　　　　　　　　　　（　　　）

　　2.船公司一般按货物的净重计收运费。　　　　　　　　　　　　　（　　　）

　　3.班轮运费由基本运费和附加费构成。　　　　　　　　　　　　　（　　　）

　　4.不清洁提单是指提单上有污渍的提单。　　　　　　　　　　　　（　　　）

　　5.提单的签发日期是货物开始装船的日期。　　　　　　　　　　　（　　　）

　　6.海运提单可以通过合法的手续转让，转让也就是转让物权。　　　（　　　）

### 四、计算题

　　上海某公司出口棉布一批到伦敦，共100箱，每箱重50kg，每箱体积为0.04m³。经查运价本可知，上海到伦敦航线该类货物的计收标准为W/M，等级为12级，基本费率为50美元/运费吨，另有燃油附加费20%、港口附加费10%。试计算该批货物的运费。

### 五、案例分析题

　　A国某公司以FOB条件向C国某客商出口大枣5 000箱，3月份装运，合同和信用证均规定不允许分批装运。A国公司于3月20日将3 000箱货物装上"金星"号轮，取得3月20日签发的海运提单；又于3月25日将2 000箱货物装上"振龙"号轮，取得3月25日签发的海运提单；两轮的货物均在N国转船，均由"金顺"号轮运往C国W港。试分析：A国公司的做法是否合适？将导致什么结果？为什么？

## 任务二　办理杂货班轮进口代理业务

### 【任务描述】

　　上海环亚服饰有限公司（以下简称"环亚服饰"）于2024年6月10日与F国DA印染公司（以下简称"DA印染"）签订合同号为HY180610的买卖合同，欲从DA印染公司进口一批布料。

　　环亚服饰联系飞捷货代代办海运进口相关事宜。该票货物装于海运杂货班轮，货物将于8月15日到达上海港并卸货。该票货物的海运提单见表3-13。

　　飞捷货代海运部李经理将该项工作交予李平，让李平跟踪该票进口货物，为客户办理提货手续并将货物送到客户指定的仓库。李平需要按要求完成该票货物的进口操作。

表3-13                                   进口货物海运提单

| Shipper<br>DA PRINTING & DYEING CO., LTD<br>34 NORTHWICK ROAD, M CITY, F COUNTRY | | | B/L NO.COSU552387<br>中国××运输公司<br>CHINA ×× SHIPPING CO.<br><br>ORIGINAL BILL OF LADING | | |
|---|---|---|---|---|---|
| Consignee<br>TO ORDER | | | | | |
| Notify party<br>SHANGHAI HUANYA CLOTHING CO., LTD<br>201 LONGSHAN ROAD, SHANGHAI, 200010, CHINA | | | | | |
| Per-carriage by | | Place of receipt | | | |
| Ocean Vessel Voy No.<br>TIANHE V-107 | | Port of Loading<br>M | | | |
| Port of Discharge<br>SHANGHAI | | Place of Delivery | | Final Destination | |
| Marks & Nos.<br>Container Seal No. | No.of Containers<br>or P'kgs | Kind of Packages; Description of<br>Goods | | Gross Weight | Measurement |
| WND<br>BR2000/93<br>SHANGHAI<br>NOS.1-10 | 10 BALES | DYING CLOTH 100% COTTON | | 415.00kg | 2.0m³ |
| TOTAL NUMBER OF CONTAINERS OR PACKAGES (IN WORDS) TEN BALES ONLY | | | | | |
| Freight & charges Revenue Ton | Rate | | Per | Prepaid | Collect |
| Ex Rate | Prepaid at<br>M | | Payable at | Place and Date of Issue<br>M PORT JUL.5.2024 | |
| | Total Prepaid | | No.of Original B (s) /L<br>THREE | Signed for the Carrier<br>JERRY | |

## 【任务解析】

本任务主要学习杂货班轮进口运输所涉及的相关单证的缮制及流转操作，并根据客户的具体货运要求，完成杂货班轮进口货运业务的代办工作。

## 【知识链接】

### 一、杂货班轮进口货运主要单证

（一）海运提单

海运提单是指用以证明海上货物运输合同和货物已经由承运人接受或者装船，以及承运人保证据以交付货物的凭证。

（二）提货单

提货单（Delivery Order，D/O），亦称小提单，是由船舶公司或其代理签发给提单持有人或其他指定收货人，要求其在规定时间和规定地点提取指定货物的单证。它既是收货人向仓库或场站提取货物的凭证，也是船公司或其代理向仓库或场站交货的通知。提货单的内容包括船名、货名、件数、数量、包装式样、提单号、收货人名称等。

提货单与提单完全不同，提货单只是船公司指示码头仓库或装卸公司向收货人交付货物的凭证，不具有流通等作用。因此，提货单上一般记有"禁止流通"（Non-negotiable）字样。

（三）过驳清单

过驳清单（Boat Note）是采用驳船作业时证明货物交接的单据。它是根据卸货时的理货单编制的，内容包括：驳船名、货名、标识号码、包装、件数、舱单号、卸货日期等。过驳清单由收货人、装卸公司、驳船经营人等收取货物的一方与船方共同签字确认。

（四）货物溢短单

货物溢短单（Over-landed & Short-landed Cargo List）是指一票货物在卸货时，所卸货物数与提单记载数字不符，发生溢卸或短缺的证明单据。该单证由理货员编制，经船方和有关方（如收货人、仓库）共同签字确认。货物溢短单的范例见表3-14。

表3-14 货物溢短单范例

| 货物溢短单 OVERLANDED/SHORTLANDED CARGO LIST | | | | | No._____ |
|---|---|---|---|---|---|
| 船名： Vessel: | 航次： Voy: | | 泊位： Berth: | | 国籍： Nationality: |
| 开工日期：____年____月____日 Tally Commenced on | | | 制单日期：____年____月____日 Date of List | | |
| 提单号 B/L No. | 标志 Marks | 货名 Description | 舱单记载件数和包装 Packages & Packing of Manifest | 溢卸件数和包装 Packing Overlanded & Packages | 短卸件数和包装 Packing Shortlanded & Packages |
| | | | | | |
| | | | | | |
| 总计： Total | | | | | |

理货组长： Chief Tally:  船长/大副： Master/Chief Officer:

（五）货物残损单

货物残损单（Broken & Damaged Cargo List）是指卸货时，理货人员根据卸货过程中发现的货物破损、水渍、渗漏、霉烂、生锈、弯曲等情况记录编制的、表明货物残损情况的单据。货物残损单须经船方签认。它与货物溢短单都是日后收货人向船方提出索赔的原始资料和依据。货物残损单的范例见表3-15。

表3-15　　　　　　　　　　　货物残损单范例

| 货物残损单 BROKEN & DAMAGED CARGO LIST | | | | | No._____ |
|---|---|---|---|---|---|
| 船名：_____ S.S./M.S. | 国籍：_____ Nationality | | 开航日期：_____ Berthed at | | |
| 开工日期：___年___月___日 Tally Commenced on | | | 制单日期：___年___月___日 Date of List | | |
| 提单或舱单号 B/L or M/F No. | 标志 Marks | 货名 Description | 件数 Packages | 包装 Packing | 残损情况 Broken and/or Damage Conditions |
| | | | | | |
| | | | | | |
| | | | | | |

理货组长：　　　　　　　　　　　　船长/大副：
Chief Tally:　　　　　　　　　　　Master/Chief Officer:

微课3-8

杂货班轮进口货运主要单证和业务流程

## 二、杂货班轮进口货运代理业务操作

装货港的船舶代理人根据已装船提单副本或收货单编制出口载货运费清单，连同已装船提单副本或收货单送交船公司结算代收运费，并将卸货港所需单证寄给卸货港的船舶代理人，以便做好进口准备工作。

杂货班轮进口货运代理业务流程见表3-16。

表3-16　　　　　　　　杂货班轮进口货运代理业务流程

| 步骤 | 项目 | 说明 |
|---|---|---|
| 1 | 建立委托关系 | 收货人与货运代理人建立海运进口委托代理关系 |
| 2 | 通知提货 | 卸货港的船舶代理人接到船舶抵港通知后，通知货运代理人或收货人船舶到港日期，以便其做好提货准备 |
| 3 | 付款取单 | 收货人到开证银行付清货款（在信用证支付方式下），取回已装船提单（B/L） |
| 4 | 卸货准备 | 卸货港的船舶代理人根据装货港的船舶代理人寄来的货运单证，编制进口载货清单（M/F）及船舶进口报关和卸货所需的单证，联系装卸公司、理货公司，安排泊位，做好接船及卸货准备工作 |

续表

| 步骤 | 项目 | 说明 |
|---|---|---|
| 5 | 卸货 | 船舶抵港后，卸货港的船舶代理人随即办理船舶进口手续，船舶靠泊后即开始卸货 |
| 6 | 换单 | 货运代理持正本已装船提单（B/L）向卸货港的船舶代理人办理提货手续，付清应付的费用后，换取船舶代理人签发的提货单（D/O） |
| 7 | 报检和报关 | 货运代理到海关申请进口报关，海关放行后在提货单（D/O）上加盖放行章 |
| 8 | 提货 | 货运代理凭已盖放行章的提货单（D/O）到码头或港口仓库提取货物 |
| 9 | 货交收货人 | 货运代理在收货人结清费用后将货物交给收货人 |

其具体流程如图3-4所示。

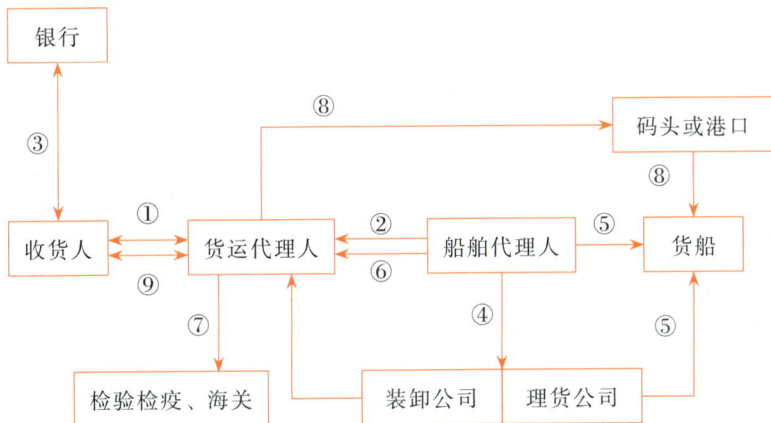

图3-4　杂货班轮进口货运代理业务流程图

## 【任务实施】

全班5～6人为一组，设1名组长，由组长带领本组同学依次扮演李平的角色，按下述步骤来完成上海环亚服饰委托的该票货物的进口货运代理操作：

步骤一：接受客户委托

飞捷货代接受环亚服饰的委托，双方建立了委托代理关系。环亚服饰到银行付款取单，将海运提单连同其他单据交给飞捷货代，飞捷货代接单。

步骤二：换取提货单

飞捷货代到中国外轮代理有限公司（以下简称"外代"）凭海运提单换取提货单；李平填写提货单（见表3-17）。

表3-17 　　　　　　　　　　　　　　　　　提货单

| 提货单 |
| --- |
| Delivery Order |
| _____地区、场站 |
| 收货人/通知方：　　　　　　　　　　____年____月____日 |

| 船名： | 航次： | 启运港： | 目的港： |
| --- | --- | --- | --- |
| 提单号： | 交付条款： | 到付海运费： | 合同号： |
| 卸货地点： | 到达日期： | 进库/场日期： | 第一程运输： |
| 货名： | | 集装箱号/铅封号： | |
| 集装箱数： | | | |
| 件数： | | | |
| 重量： | | | |
| 体积： | | | |
| 标志与唛头： | | | |
| 请核对放货 | | | |
| | | | 中国××代理公司 |
| 凡属法定检验检疫的进口商品，必须向有关监督机构申报。　　　年　月　日 | | | |
| 收货人章　　　　　　　　　海关章 | | | |

步骤三：进口报关

李平填写进口货物报关单，并随附报关委托书、商业发票、装箱单、正本提货单、入境货物通关单，到海关办理进口申报。

海关受理进口申报后，飞捷货代需配合海关对进口货物进行查验。在查验完毕后，海关根据货物的类别计算进口税款，开具税款缴纳凭证。李平代飞捷货代替环亚服饰垫付关税，并到指定银行缴纳税款。在收到税款缴纳完毕信息后，海关即对货物放行，并在进口货物报关单、提货单上加盖海关放行章。

步骤四：提取货物

李平凭加盖海关放行章的提货单到中国外轮代理有限公司办理提货手续，并到存放货物的仓库提取货物，在提货单上签字确认。

步骤五：收费交货

李平通知上海环亚服饰付清垫付费用及代理费，并在收到费用后将货物交给环亚服饰。

步骤六：任务实施完成

## 【任务测评】

### 一、单项选择题

1.提货单的签发表明（　　　）。

A.已交货完毕　　　　　　　　　　　B.发货人责任终止

C.收货人有权提货　　　　　　　　　D.承运人责任已终止

随堂测3-2

2.进口货物海关放行时，审查的单证是（　　　）。

A.提货单　　　　B.提单　　　　C.关单　　　　D.装货单

### 二、多项选择题

1.杂货班轮进口货运涉及的单证包括（　　　）。

A.过驳清单　　　　　　B.货物溢短单　　　　　　C.收货单

D.提货单　　　　　　　E.货物残损单

2.（　　　）是收货人向船公司提出损害赔偿要求的证明材料，也是船公司处理收货人索赔要求的原始资料和依据。

A.过驳清单　　　　　　B.货物溢短单　　　　　　C.收货单

D.提货单　　　　　　　E.货物残损单

### 三、判断题

1.提货单就是提单。　　　　　　　　　　　　　　　　　　　　（　　　）

2.提货单是由船舶公司或其代理签发给提单持有人或其他指定收货人，要求其在规定时间和规定地点提取指定货物的单证。　　　　　　　　　　　　（　　　）

## 任务三　办理集装箱班轮整箱出口代理业务

## 【任务描述】

上海顺美服饰有限公司（以下简称"顺美服饰"）欲向J国三井公司（以下简称"三井公司"）出口一批女装，双方于2024年7月1日签订了出口合同，合同号为MS180701。顺美服饰在备好货后，于7月15日委托飞捷货代代办相关出口货运事宜。该票货物为集装箱整箱货物（出口），商业发票和海运出口货运代理委托书分别见表3-18、表3-19。

飞捷货代海运部李经理将该项工作交予李平，李平需要按要求完成该票货物的出口操作。

表 3-18 **商业发票**

| SHANGHAI SHUNMEI CLOTHING CORPORATION |
|---|
| 36 LONGHUA STREET, SHANGHAI, 200010, CHINA |
| Tel：(86) 021-85712790　Fax：(86) 021-85712790 |
| **COMMERCIAL INVOICE** |

| TO: MITSUI CORPORATION | INV.No.: MHZ0035281 |
|---|---|
| FROM: SHANGHAI TO B CITY | DATE: JUL.1, 2024 |

| Marks & Nos. | Description of Goods | Quantity | Unit Price | Amount |
|---|---|---|---|---|
| N/M | LADIES COTTON BLAZER<br>PACKED IN 200 CARTONS | 1 600PCS | CFR T<br>USD12.00/PC | USD19 200.00 |
| | SHANGHAI SHUNMEI CLOTHING CORPORATION<br>ZHANG LI | | | |

表 3-19 **海运出口货运代理委托书**

**出口货运代理委托书**

委托日期：2024 年 7 月 15 日

| SCT编号 | 524946200000 |
|---|---|
| 货主运编号 | SM20210715001 |

| | 委托单位名称 | 上海顺美服饰有限公司 |
|---|---|---|
| 提单 B/L 项目要求 | 发货人：SHANGHAI SHUNMEI CLOTHING CORPORATION<br>Shipper: 36 LONGHUA STREET, SHANGHAI, 200010, CHINA<br>　　　　　Tel：(86) 021-85712790　　Fax：(86) 021-85712790 | |
| | 收货人：MITSUI CORPORATION<br>Consignee: 13-28-6 SHINJUKU, T CITY, J COUNTRY<br>　　　　　Tel：(81) 90-12341234　Fax：(81) 90-12341234 | |
| | 被通知人：THE SAME AS CONSIGNEE<br>Notify Party: | |

| 海运运费 预付（√）　到付（ ）<br>Ocean Freight Prepaid or Collect： | 提单份数 | 3份 | 提单寄送地址 | 13-28-6 SHINJUKU, T CITY, J COUNTRY | | |
|---|---|---|---|---|---|---|
| 启运港　SHANGHAI | 目的港 | | T | 可否转船 | 否 | 可否分批　否 |
| 集装箱预配数 | | 40GP×1 | | 装运期限　20240731 | | 有效期限　20240815 |

| 标记唛头 | 件数及包装式样 | 中英文货号<br>Description of Goods<br>(In Chinese & English) | 毛重<br>（千克） | 尺码<br>（立方米） | 成交条件<br>（总价） |
|---|---|---|---|---|---|
| N/M | 200<br>CARTONS | LADIES COTTON BLAZER<br>女士外套 | 3 500 | 25 | CFR T |
| | | | 特种货物<br>□ 冷藏品<br>□ 危险品 | 重件：每件重量 | |
| | | | | 大件：<br>（长×宽×高） | |

| 内装箱地址 | | 货物报关和报检自理（√）委托（ ） | |
|---|---|---|---|
| 门对门装箱点 | 地址 | 龙华街道36号1号仓库 | 货物备妥日期：2024年7月14号 |
| | 电话　021-12345678　联系人　李平 | 货物进栈：自送（ ）或飞捷派车（√） | |

| 随附单据 | 出口货物报关单 | | 商业发票 | √ | 委托方 | 委托人 | 上海顺美服饰有限公司 |
|---|---|---|---|---|---|---|---|
| | 来料加工手册 | | 装箱清单 | √ | | 电话 | 021-85712790 |
| | 原产地证明书 | | 出口许可证 | √ | | 传真 | 021-85712790 |
| | 危险货物说明书 | √ | 出口配额许可证 | √ | | 地址 | 龙华街道36号 |
| | 危险货物包装证 | | 动植物检疫证 | | | 委托单位盖章 | |
| | 危险货物装箱申明书 | | | | | | |

备注：

## 【任务解析】

本任务主要了解集装箱的装箱方式和交接地点，学习集装箱的交接方式、集装箱班轮整箱运输所涉及的相关单证的缮制及流转操作，并根据客户的具体货运要求，完成集装箱班轮整箱出口货运业务的代办工作。

微课 3-9

集装箱的选择与
需用量的确定

## 【知识链接】

### 一、集装箱的交接方式

（一）集装箱货物的装箱方式

集装箱货物在其流转过程中，有两种典型的流转形态：一种为整箱货，另一种为拼箱货。

微课 3-10

认识集装箱的
装箱方式

1.整箱货

整箱货（Full Container Load，FCL）是由货方负责装箱和计数，填写装箱单，并加封志的集装箱货物。其通常只有一个发货人和一个收货人。

国际公约或各国海商法没有整箱货交接的特别规定，承运人通常根据提单正面和背面的印刷条款以及提单正面的附加条款，如 Said to Contain（S.T.C.，据称内装）、Shipper's Load and Count and Seal（S.L&C&S，货主装载、计数和加封）等"不知条款"，承担在箱体完好和封志完整的状况下接收并在相同的状况下交付整箱货的责任。在目前的海上货运实践中，班轮公司主要从事整箱货的货运业务。

2.拼箱货

拼箱货（Less than Container Load，LCL）是指由承运人的集装箱货运站负责装箱和计数，填写装箱单，并加封志的集装箱货物。通常，每一票货物的数量较少，因此装载在集装箱内的货物会涉及多个发货人和多个收货人。承运人负责在箱内每件货物外表状况明显良好的情况下接收并在相同的状况下交付拼箱货的责任。在目前的货运实践中，拼箱集运公司主要从事拼箱货的货运业务。

货运代理人可以从事拼箱货的货运业务，但此时其身份发生了变化。货运代理人参与拼箱货的货运业务，可以为小批量货物快速和高效率运输提供相关服务，解决了集装箱班轮运输大量替代传统杂货班轮运输后批量货物的运输等问题。

3.整箱货与拼箱货的比较

整箱货（FCL）与拼箱货（LCL）的比较见表 3-20。

表 3-20　　　　　　　　　整箱货（FCL）与拼箱货（LCL）的比较

| 项目 | 整箱货（FCL） | 拼箱货（LCL） |
|---|---|---|
| 货主数量 | 一个货主 | 多个货主 |
| 装箱人 | 货主 | 货运站、集拼经营人、NVOCC |

| 项目 | 整箱货（FCL） | 拼箱货（LCL） |
|---|---|---|
| 制装箱单加封 | 货主 | 货运站、集拼经营人、NVOCC |
| 货物交接责任 | 箱子外表状况良好、关封良好即可交接 | 须看货物的实际情况（如件数、外观、包装等） |
| 提单上的不同 | 加注不知条款，如：①SLAC（货主装箱、计数）；②SLACS（货主装箱、计数并加封）；③SBS（据货主称）；④STC（据称箱内包括） | SLAC、SLACS、SBS、STC 等不知条款无效 |
| 流转程序 | ①发货人；②装货港码头堆场；③海上运输；④卸货港码头堆场；⑤收货人 | ①发货人；②发货地车站、码头货运站；③装货港码头堆场；④海上运输；⑤卸货港码头堆场；⑥收货地车站、码头货运站；⑦收货人 |

（二）集装箱货物的交接地点

货物运输中的交接地点是指根据运输合同，承运人与货方交接货物、划分责任风险和费用的地点。目前，集装箱货物运输中的交接地点有门（双方约定的地点）、集装箱堆场、船边或吊钩或集装箱货运站。

1.门

门（Door）指收发货人的工厂、仓库或双方约定收、交集装箱的地点，在多式联运中经常使用。

2.集装箱堆场

集装箱堆场（Container Yard，CY）简称"场"，是交接和保管空箱（Empty Container）和重箱（Loaded Container）的场所，也是集装箱换装运输工具的场所。

3.船边或吊钩

船边或吊钩（Ship's Rail or Hook/Tackle）简称"钩"，指装货港或卸货港装卸船边或码头集装箱装卸吊具，并以此为界区分装卸费用的责任界限。

4.集装箱货运站

集装箱货运站（Container Freight Station，CFS）简称"站"，是拼箱货交接和保管的场所，也是拼箱货装箱和拆箱的场所。集装箱堆场和集装箱货运站也可以是同一处。

门、场、钩主要是整箱货（FCL）的交接场所，站主要是拼箱货（LCL）的交接场所。

（三）集装箱货物的交接方式

根据集装箱货物的交接地点不同，理论上可以通过排列组合的方法得到16种集装箱货物的交接方式（如图3-5所示）。这里仅介绍通常大家熟知的9种交接方式。

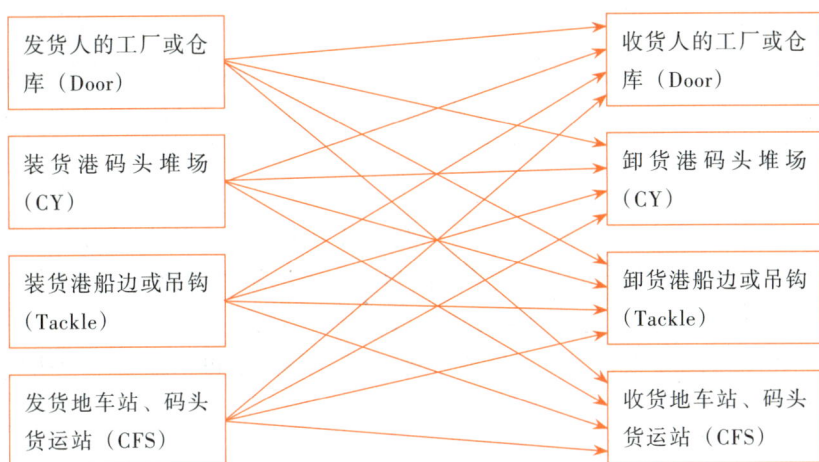

发货人的工厂或仓库（Door）
装货港码头堆场（CY）
装货港船边或吊钩（Tackle）
发货地车站、码头货运站（CFS）

收货人的工厂或仓库（Door）
卸货港码头堆场（CY）
卸货港船边或吊钩（Tackle）
收货地车站、码头货运站（CFS）

**图3-5  16种集装箱货物交接方式**

1.门到门（Door to Door）交接方式

门到门交接方式，指运输经营人由发货人的工厂或仓库接收货物，负责将货物运至收货人的工厂或仓库交付。在这种交接方式下，货物的交接形态都是整箱交接。

2.门到场（Door to CY）交接方式

门到场交接方式，指运输经营人在发货人的工厂或仓库接收货物，并负责将货物运至卸货港码头堆场或其内陆堆场向收货人交付。在这种交接方式下，货物也都是整箱交接。

3.门到站（Door to CFS）交接方式

门到站交接方式，指运输经营人在发货人的工厂或仓库接收货物，并负责将货物运至卸货港码头的集装箱货运站或其在内陆地区的货运站，经拆箱后向各收货人交付。在这种交接方式下，运输经营人一般是以整箱形态接收货物，以拼箱形态交付货物。

4.场到门（CY to Door）交接方式

场到门交接方式，指运输经营人在码头堆场或其内陆堆场接收发货人的货物（整箱货），并负责把货物运至收货人的工厂或仓库向收货人交付（整箱货）。

5.场到场（CY to CY）交接方式

场到场交接方式，指运输经营人在装货港的码头堆场或其内陆堆场接收货物（整箱货），并负责运至卸货港码头堆场或其内陆堆场，在堆场向收货人交付。

6.场到站（CY to CFS）交接方式

场到站交接方式，指运输经营人在装货港的码头堆场或其内陆堆场接收货物（整箱），负责运至卸货港码头的集装箱货运站或其在内陆地区的集装箱货运站，一般经拆箱后向收货人交付。

7.站到门（CFS to Door）交接方式

站到门交接方式，指运输经营人在装货港码头的集装箱货运站或其在内陆地区的集装箱货运站接收货物（经拼箱后），负责运至收货人的工厂或仓库交付。在这种交接方式下，运输经营人一般是以拼箱形态接收货物，以整箱形态交付货物。

8.站到场（CFS to CY）交接方式

站到场交接方式，指运输经营人在装货港码头或其内陆地区的集装箱货运站接收货物（经拼箱后），负责运至卸货港码头或其内陆地区的堆场交付。在这种交接方式下，运输经营人一般也是以拼箱形态接收货物，以整箱形态交付货物。

9.站到站（CFS to CFS）交接方式

站到站交接方式，指运输经营人在装货码头或其内陆地区的集装箱货运站接收货物（经拼箱后），负责运至卸货港码头或其内陆地区的集装箱货运站，（经拆箱后）向收货人交付。在这种方式下，货物的交接方式一般都是拼箱交接。

根据集装箱交接时的形态，可以通过排列组合的方法得到集装箱货物的4种交接方式：

1.整箱交、整箱接（FCL→FCL）

在9种常见的集装箱货物交接方式中，门到门、门到场、场到门、场到场属于这种方式。

2.整箱交、拼箱接（FCL→LCL）

在9种常见的集装箱货物交接方式中，门到站、场到站属于这种方式。

3.拼箱交、整箱接（LCL→FCL）

在9种常见的集装箱货物交接方式中，站到门、站到场属于这种方式。

4.拼箱交、拼箱接（LCL→LCL）

在9种常见的集装箱货物交接方式中，只有站到站属于这种方式。

实践中，海运集装箱货物交接的主要方式为：

（1）CY/CY：班轮公司通常承运整箱货，并在集装箱堆场交接。CY/CY是班轮公司通常采用的交接方式。

（2）CFS/CFS：集拼经营人承运拼箱货，并在集装箱货运站与货方交接货物。CFS/CFS是集拼经营人承运拼箱货时通常采用的交接方式。

## 二、集装箱班轮整箱货出口货运主要单证

（一）出口货运代理委托书

出口货运代理委托书简称委托书，是委托方（出口企业）向被委托方（货运代理人）提出的一种要约，被委托方书面确认就意味着双方之间契约关系的成立。委托书的主要内容有委托单位名称与编号、托运货物内容、装运事项、提单记载事项、货物交/运日期及交运方式、货物备妥日期、集装箱运输有关事项。

（二）场站收据

场站收据（Dock Receipt，D/R）俗称"十联单"，是由发货人或其代理人填制，由承运人或其代理人签收，表明承运人已收到货物的凭证。场站收据一经承运人或其代理人签收，就表明承运人已收到货物，责任随之开始，发货人即可凭已签收的场站收据换取提单。

场站收据十联单的组成见表3-21。

表 3-21 　　　　　　　　　　　　　　场站收据十联单的组成

| 联数 | 名称 | 颜色 | 主要用途 |
|---|---|---|---|
| 1 | 集装箱货物托运单——货方留底 | 白色 | 系托运合同，托运人留存备查，也称为订舱单、订舱申请书 |
| 2 | 集装箱货物托运单——船代留底 | 白色 | 系托运合同，据此编制装船清单等 |
| 3 | 运费通知（1） | 白色 | 计算运费 |
| 4 | 运费通知（2） | 白色 | 运费收取通知 |
| 5 | 装货单——场站收据副本（1） | 白色 | 报关单证之一并作为海关放行的证明，也称为关单、下货纸 |
| | 缴纳出口货物港杂费申请书 | 白色 | 港方计算港杂费 |
| 6 | 场站收据副本（2）——大副联 | 粉红色 | 报关单证之一，并证明货已装船等 |
| 7 | 场站收据正本 | 淡黄色 | 报关单证之一，船代凭此签发提单 |
| 8 | 货代留底 | 白色 | 缮制货物流向单 |
| 9 | 配舱回单（1） | 白色 | 货代缮制提单等 |
| 10 | 配舱回单（2） | 白色 | 根据回单批注修改提单 |

场站收据十联单的流转如图 3-6 所示。

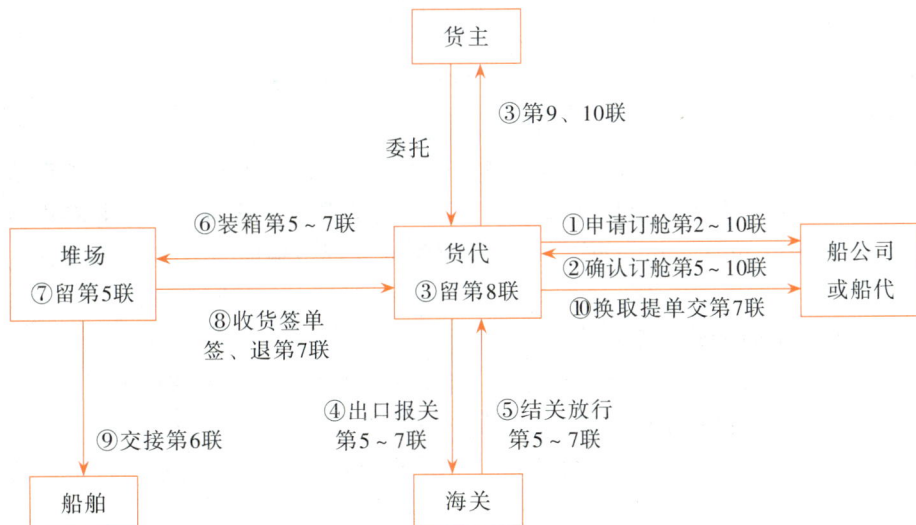

图 3-6　场站收据十联单的流转示意图

场站收据的流转过程如下：

（1）货运代理接受托运人的委托后填制一式十联场站收据，并将第 1 联（货主留底联）交由货主留存以备查询，将第2~10联送船公司或船代申请订舱。

（2）船公司或船代经审核确认接受订舱申请，确定船名、航次，给每票货物一个提单号，将提单号填入9联单相应栏目中，并在第5联（装货单联）上加盖确认订舱章，然后留下第2~4联，第5~10联退还货代。

（3）货代留下第8联（货代留底联），用于编制货物流向单及作为留底以备查询；并将第9、10联（配舱回单联）退给托运人。

（4）货代将第5~7联（已盖订舱章的装货单联、缴纳出口货物港杂费申请书联、场站收据大副联、场站收据正本联）随同报关单和其他出口报关用的单证向海关办理货物出口报关手续。

（5）海关接受报关申报后，经过查验合格、征收关税后，对申报货物放行，在第5联（装货单联）上加盖海关放行章，并将第5~7联退还给货代。

（6）货物装箱后，货代将退回的第5~7联随同装有货物的集装箱交给堆场。

（7）堆场相关人员先查验第5联船公司的订舱章和海关放行章，再检查进场货物是否与单证相符。若无异常情况，则在第7联（场站收据正本联）上加批实收箱数并签字，加盖场站收据签证章。堆场留下第5联及附页，第5联（装货单联）归档保存以备查询；第5联附页用来向托运人或货代结算费用。

（8）堆场将签字后的第7联（场站收据正本联）退给货代。

（9）堆场将第6联（场站收据大副联）连同配载图及时转交理货部门，由理货员在装船完毕后交船上大副留底。

（10）货代拿到第7联（场站收据正本联），并凭此要求船代签发正本提单（装船前可签发收货待运提单，装船后可签发已装船提单）。

（三）集装箱装箱单

集装箱装箱单（Container Load Plan，CLP）是详细记载集装箱内货物的名称、数量等内容的单据。每个载货集装箱都要制作这样的单据，它是根据已装进集装箱内的货物制作的。不论是由发货人自己装箱的（FCL），还是由集装箱货运站负责装箱的（LCL），负责装箱的人都要制作装箱单。集装箱装箱单是记载每一个集装箱内所装货物详细情况的唯一单据，所以在以集装箱为单位进行运输时，它是一张极其重要的单据。

集装箱装箱单的主要作用有：

（1）作为发货人、集装箱货运站与集装箱码头堆场之间货物的交接单证。

（2）作为向船公司通知集装箱内所装货物的明细表。

（3）单据上所记载的货物与集装箱的总重量是测算船舶吃水差、稳定性的基本数据。

（4）是在卸货地点办理集装箱保税运输的单据之一。

（5）当发生货损时，是处理索赔事故的原始单据之一。

（6）是卸货港集装箱货运站安排拆箱、理货的单据之一。

目前，各港口使用的集装箱装箱单大同小异，通常为一式五联，由码联、船代、承运人各一联、发货人/装箱人共二联组成。

集装箱装箱单的流转程序如下：

（1）装箱人将货物装箱，缮制装箱单一式五联，并在装箱单上签字。

（2）5联装箱单随同货物一起交付给拖车司机，指示司机将集装箱送至集装箱堆场，在司机接箱时应要求司机在装箱单上签字并注明拖车号。

（3）集装箱送至堆场后，司机应要求堆场收箱人员签章并写明收箱日期，以作为集装箱已进港的凭证。

（4）堆场收箱人在5联单上签章后，留下码头联、船代联和承运人联（码头联用以编制装船计划，船代联和承运人联分送给船代和承运人，用以缮制积载计划和处理货运事故）。

（5）堆场将发货人/装箱人联退还给司机。

（6）司机留一份装箱人联备查，将发货人联退至发货人，以便发货人通知收货人或卸箱港的集装箱货运站，供拆箱时使用。

集装箱装箱单的流转如图3-7所示。

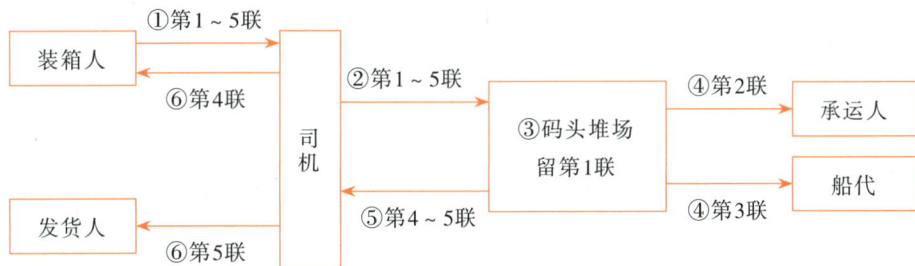

图3-7　集装箱装箱单的流转示意图

（四）集装箱发放通知单

集装箱发放通知单（Container Release Order）又称空箱提交单，是船公司或其代理人指示集装箱堆场将空集装箱及其他设备提交给本单持有人的书面凭证。船公司或其代理人根据订舱清单向发货人（FCL）或集装箱货运站（LCL）签发集装箱发放通知单，并通知集装箱堆场。货主或集装箱货运站向集装箱堆场领取集装箱时需出示该单证，集装箱堆场只向持有本单证的人发放空箱。该单证一式三联，由船公司或其代理签发，除自留一联备查外，发货人或集装箱货运站、集装箱堆场各持一联。

（五）集装箱设备交接单

集装箱设备交接单（Equipment Interchange Receipt，EIR），是进出港区、场站时，用箱人、运箱人与管箱人或其代理人之间交接集装箱和相关设备的凭证，也是拥有和管理集装箱的船公司或其代理人与利用集装箱运输的货主商定有关设备交接基本条件的协议。

设备交接单分为进场设备交接单IN和出场设备交接单OUT两种，各有

微课3-11

集装箱设备交接单的填制与流转

三联，交接手续均在码头堆场大门口办理。其分别为船公司或其代理联、码头堆场联、用箱人或运箱人联。设备交接单的流转程序如下：

（1）船公司填制 EIR 交用箱人或运箱人。

（2）用箱人或运箱人到码头堆场提取空箱时出示 EIR（OUT 联），由经办人员对照 EIR，检查集装箱外表状况后，双方签字。码头堆场留下第 1、2 联，将第 3 联退还给用箱人或运箱人。码头堆场将留下的第 1 联交还给船公司。当用箱人装箱后交还重箱给码头堆场时出示 EIR（IN 联），由经办人员对照 EIR，检查箱体后，双方签字，码头堆场留下第 1、2 联，将第 3 联退还给用箱人或运箱人，码头堆场将留下的第 1 联还给船公司。

**微课 3-12**

海运整箱货租船订舱

（六）特殊货物清单

（1）危险品清单，是集装箱内装危险货物的汇总清单。

（2）冷藏集装箱清单，是集装箱装载冷冻货物或冷藏货物的汇总清单。

### 三、集装箱班轮整箱货出口货运代理业务操作

集装箱班轮整箱货出口货运代理业务流程如图 3-8 所示。

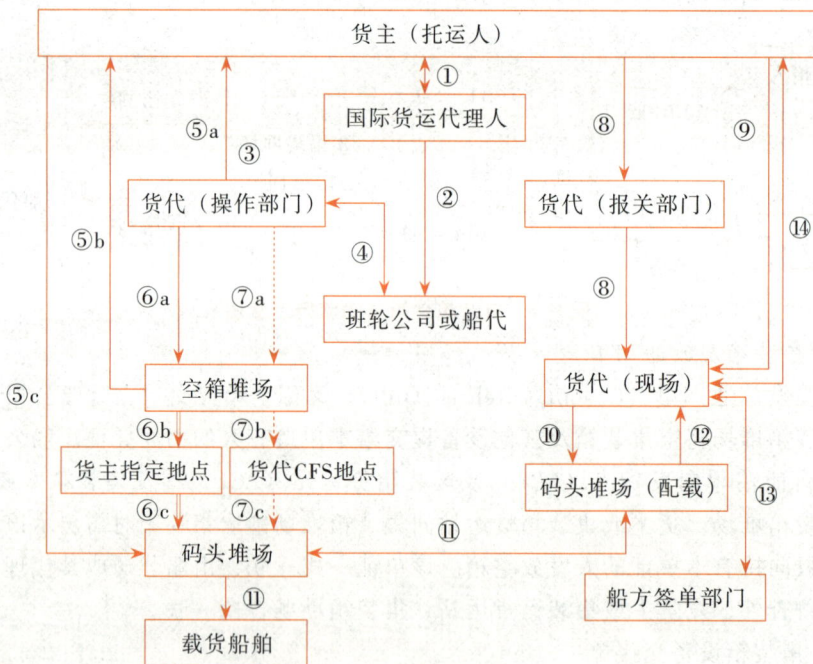

图 3-8　集装箱班轮整箱货出口货运代理业务流程图

（1）货主与货代建立货运代理关系。

（2）货代填写托运单证，及时订舱。

（3）订舱后，货代将有关订舱信息通知货主或将"配舱回单"转交货主。

（4）货代向班轮公司或船代申请用箱，取得 EIR 后可以凭其到空箱堆场提取所需的集装箱。随后的工作是提取空箱、装箱、制装箱单（CLP）、交装有货物的重箱。该项

工作有三种方式（分别用单线、双线和虚线表示），在实践中只选其中一种操作方式。其中，每种方式均有3个详细步骤，分别用⑤a、⑤b、⑤c、⑥a、⑥b、⑥c、⑦a、⑦b、⑦c来表示。

（5）当货主"自拉自送"时，先从货代处取得EIR，然后提取空箱，装箱后制作CLP，并按要求及时将重箱送到码头堆场，即集中到港区等待装船。

（6）当货代提空箱至货主指定地点装箱时，货代凭EIR提空箱，然后到货主指定地点装箱，制作CLP，然后将重箱"集港"。

（7）当货主将货物送到货代CFS地点时，货代凭EIR提空箱，并在CFS装箱，制作CLP，然后"集港"。

（8）货主委托货代代理报关和报检，办妥有关手续后将单证交货代（现场）。

（9）货主也可自行报关，并将单证交货代（现场）。

（10）货代现场将办妥手续后的单证交码头堆场配载。

（11）配载部门制订装船计划，经船公司确认后实施装船计划。

（12）实践中，在货物装船后可以取得D/R正本。

（13）货代可以凭D/R正本到船方签单部门换取B/L和或其他单据。

（14）货代将B/L等单据交货主。

AI+货运代理

AI+集运：不破不立，开辟集运新天地

## 【任务实施】

全班5～6人为一组，设1名组长，由组长带领本组同学依次扮演李平的角色，按下述步骤完成上海顺美服饰委托的该票货物的出口货运代理操作：

任务实施

分析提升

步骤一：接受委托并报价

飞捷货代接受顺美服饰的委托，双方建立委托代理关系，由海运部工作人员李平具体来操作。他向顺美服饰了解了货物的详细信息，并拿到顺美服饰提供的必要单证。

集装箱班轮运输中的基本运费计算方法有两种：

（1）采用与普通杂货班轮运输基本运费计算相同的方法，对具体的航线按货物的等级和不同的计费标准来计算基本运费。

（2）针对具体航线按货物等级及箱型、尺寸的包箱费率来计算基本运费，或仅按箱型、尺寸的包箱费率而不考虑货物种类和级别来计算基本运费。

包箱费率也称为"均一费率"（Freight All Kinds，FAK），指对单位集装箱计收的运费率。采用包箱费率计算集装箱基本运费时，只需要根据具体航线、货物等级以及箱型、尺寸所规定的费率乘以箱数即可。

集装箱班轮运输中的附加费也与杂货班轮运输中的情况相似。

该票货物采用第二种方式进行海运运费的计算。经查询，上海到T市的基本运费为USD1 000/TEU、USD1 800/FEU，燃油附加费为USD150/TEU、USD200/FEU。

则该票货物的海运运费为USD_____。

若飞捷货代的代理费为每箱+100美元，则飞捷货代应向顺美服饰报价USD_____。

步骤二：向船公司订舱

**1.订舱申请**

根据上海顺美服饰有限公司的要求，飞捷货代于2024年7月17日向××运输公司申请订舱，李平需填写场站收据并递交给××运输公司的工作人员进行订舱申请。请代李平填写下面场站收据中的集装箱货物托运单（第1联），见表3-22。

表3-22　　　　　　　　　　　　　　　**集装箱货物托运单**

| Shipper | | | | | D/R  NO. | |
|---|---|---|---|---|---|---|
| Consignee | | | | **集装箱货物托运单**<br>（货主留底） | | |
| Notify Party<br>Pre-Carrieage by<br>Ocean Vessel<br>Port of Discharge | | Voy No.<br>Place of Delivery | | Place of Receipt<br>Port of Loading<br>Final Destination | | |
| Container No. | Seal No.<br>Marks & Nos. | No.of<br>Container<br>or Packages | Kind of<br>Packages；Description<br>of Goods | Gross Weight | | Measurement |
| TOTAL NUMBER OF CONTAINERS OR PACKAGES<br>(IN WORDS) | | | | | | |
| Freight & Charge | | Revenue Ton | Rate | Per | Prepaid | Collect |
| Ex Rate | | Prepaid at | Payable at | | Places of Issue | |
| | | Total Prepaid | No.of Original B（S）/L | | | |
| Service<br>CY | Type on Receiving<br>CFS　　Door | Service<br>CY | Type on Delivery<br>CFS　　Door | Reefer-Temperature<br>Required | ℉ | ℃ |
| Type of Goods | | Ordinary | Reefer | Dangerous | Auto | 危<br>险<br>品 | Class<br>Property<br>IMDG Code<br>Page<br>UN No. |
| | | Liquid | Live Animal | Bulk | | | |
| 可否转船 | | | 可否分批 | | | |
| 装运期 | | | 有效期 | | | |
| 金额 | | | | | | |
| 制单日期 | | | | | | |

**2.订舱确认**

××运输公司的工作人员受理订舱申请，根据装运期限和船期确定船名和航次，并在场站收据第5联装货单上加盖订舱章，将场站收据的第2、3、4联留底，其他联退给李平。

**3.订舱成功**

李平订舱成功后将场站收据的第1、9、10联退交给顺美服饰。

步骤三：提取空箱

2024 年 7 月 18 日，李平将船公司签发的订舱确认书交给后者，船公司签发设备交接单（EIR）给李平。李平遂派司机刘涛到顺安集装箱码头堆场提取_____（空/重）箱。司机刘涛凭身份证明和 EIR 的_____（IN/OUT）一式三联，驾驶车牌号为沪 C12345 的拖车进入堆场。根据用箱安排，_____（空/重）箱堆场工作人员陈海将其带到_____（空/重）箱堆场 1 区 A0304 位置，取走集装箱号为 COSU982341⑥、铅封号为 109570 的40 英尺通用集装箱。堆场免费保管期为 10 天（即从 2024 年 7 月 18 日到 2024 年 7 月 27日）。双方当场检验了集装箱的箱型、尺寸和外表状况，确认无异常后，双方在 EIR 的OUT 联上签字确认。堆场工作人员陈海留下 OUT 联中的船公司或其代理联和码头堆场联，将用箱人或运箱人联退还给司机。

本次订舱船名为 XING GUANG，航次为 024E，请根据以上信息填写集装箱设备交接单 OUT 联（见表 3-23）。

表 3-23　　　　　　　　　集装箱设备交接单 OUT 联

××运输有限公司　　　　　　　　　　　　　OUT 出场

集装箱发放/设备交接单

**EQUIPMENT INTERCHANGE RECEIPT**　　　NO.: 201107181

| 用箱人/运箱人（CONTAINER USER/HAULIER） | | 提箱地点（PLACE OF DELIVERY） | |
|---|---|---|---|
| 来自地点（DELIVERED TO） | | 返回/收箱地点（PLACE OF RETURN） | |
| 船名/航次<br>（VESSEL/VOYAGE NO.） | 集装箱号<br>（CONTAINER NO.） | 尺寸/类型<br>（SIZE/TYPE） | 营运人<br>（CNTR.OPTR.） |
| 提单号<br>（B/L NO.） | 铅封号<br>（SEAL NO.） | 免费期限<br>（FREE TIME PERIOD） | 运载工具牌号<br>（TRUCK WAGON.BARG NO.） |
| 出场目的/状态<br>（PPS OF GATE-OUT/STATUS） | | 进场目的/状态<br>（PPS OF GATE-IN/STATUS） | 出场日期<br>（TIME-OUT） |
| | | | 月　日　时 |
| 出进场检查记录（INSPECTION AT THE TIME OF INTERCHANGE） | | | |
| 普通集装箱<br>（GP CONTAINER） | 冷藏集装箱<br>（RF CONTAINER） | 特种集装箱<br>（SPECIAL CONTAINER） | 发电机<br>（GEN SET） |

除列明者外，集装箱及集装箱设备交换时完好无损，铅封完整无误。

THE CONTAINER/ASSOCIATED EQUIPMENT INTERCHANGED IN SOUND CONDITION AND SEAL INTACT UNLESS OTHERWISE STATED.

用箱人/运箱人签署　　　　　　　　　　码头堆场值班员签署

（CONTAINER USER/HAULIER'S SIGNATURE）　　（TERMINAL/DEPOT CLERK'S SIGNATURE）

步骤四：装箱

提取空箱后，飞捷货代于 2024 年 7 月 18 日派司机刘涛驾驶车牌号为沪 C12345 的装箱车和李平一同到达指定的装箱地点进行装箱，李平需在装箱完毕后填写集装箱装箱单（见表3-24）。

表3-24　　　　　　　　　　　　　　集装箱装箱单

| Reefer Temperature Required<br>冷藏温度<br>℃　　℉ | | | | CONTAINER LOAD PLAN<br>装箱单 | | | Packer's Copy<br>发货人/装箱人　联 | | |
|---|---|---|---|---|---|---|---|---|---|
| Class<br>等级 | IMDG<br>Code<br>危规代码 | UN No.<br>联合国编号 | Flashpoint<br>闪点 | | | | | | |
| Ship's Name / Voy No. 船名 / 航次 | | | | Port of Loading<br>装货港 | Port of Discharge<br>卸货港 | Place of Delivery<br>交货地 | SHIPPER'S/PACKER'S DECLARATIONS：We hereby declare that the container has been thoroughly cleaned without any evidence of cargoes of previous shipment prior to vanning and cargoes has been properly stuffed and secured. | | |
| Container No. 箱号 | | | | Bill of Lading No.<br>提单号 | Quantity & Packing<br>件数与包装 | Gross Weight<br>毛重 | Measurements<br>尺码 | Description of Goods<br>货名 | Marks & Numbers<br>唛头 |
| Seal No. 铅封号 | | | | | | | | | |
| Cont.Size<br>尺寸<br>20' 40' 45' | Con.Type. 箱型<br>GP=普通箱　TK=油罐箱<br>RF=冷藏箱　PF=平板箱<br>OT=开顶箱　HC=高柜<br>FR=框架柜　HT=挂衣箱 | | | | | | | | |
| ISO Code for Container Size / Type<br>集装箱尺寸/箱型 ISO 标准代码 | | | | | | | | | |
| Packer's Name / Address<br>装箱人名称/地址<br>Tel No.<br>电话号码 | | | | | | | | | |
| Packing Date 装箱日期 | | | | Received by Drayman<br>驾驶员签收及车号 | Total Packages<br>总件数 | Total Cargo WT<br>总货重 | Total Meas.<br>总尺码 | Remarks：备注 | |
| Packed by 装箱人签名 | | | | Received by Terminals / Date of Receipt<br>码头收箱签收和收箱日期 | | Cont.Tare WT<br>集装箱皮重 | Cgo/Cont Total WT<br>货/箱总重量 | | |

步骤五：货物集港

2024年7月18日下午装箱完毕，司机刘涛携带 EIR 的_____（IN/OUT）联和 CLP，将_____（空/重）箱送往顺安集装箱码头堆场，找_____（空/重）箱堆场管理员王明进行检验和交接。交接无误后，将集装箱放到指定位置，双方在 EIR 的_____（IN/OUT）联和 CLP 的相应位置上签字确认，_____（空/重）箱堆场管理员王明留下 EIR 的_____（IN/OUT）联中的船公司或其代理联、码头堆场联、CLP 中的码头联、船代联和承运人联，将 EIR 的_____（IN/OUT）联的用箱人或运箱人联、CLP 的发货人联和装箱人联退还给司机刘涛。

请根据以上信息填写设备交接单 IN 联（见表3-25）。

表3-25　　　　　　　　　　　集装箱设备交接单IN联

××运输有限公司　　　　　　　　　　　　　　　　IN进场

集装箱发放/设备交接单

**EQUIPMENT INTERCHANGE RECEIPT**　　　　NO.：202107182

| 用箱人/运箱人（CONTAINER USER/HAULIER） | 提箱地点（PLACE OF DELIVERY） | | |
| --- | --- | --- | --- |
| 来自地点（DELIVERED TO） | 返回/收箱地点（PLACE OF RETURN） | | |

| 船名/航次<br>（VESSEL/VOYAGE NO.） | 集装箱号<br>（CONTAINER NO.） | 尺寸/类型<br>（SIZE/TYPE） | 营运人<br>（CNTR.OPTR.） |
| --- | --- | --- | --- |
| 提单号<br>（B/L NO.） | 铅封号<br>（SEAL NO.） | 免费期限<br>（FREE TIME PERIOD） | 运载工具牌号<br>（TRUCK WAGON.BARG NO.） |

| 出场目的/状态<br>（PPS OF GATE-OUT/STATUS） | 进场目的/状态<br>（PPS OF GATE-IN/STATUS） | 进场日期<br>（TIME-OUT） |
| --- | --- | --- |
| | | 月　日　时 |

出进场检查记录 （INSPECTION AT THE TIME OF INTERCHANGE）

| 普通集装箱<br>（GP CONTAINER） | 冷藏集装箱<br>（RF CONTAINER） | 特种集装箱<br>（SPECIAL CONTAINER） | 发电机<br>（GEN SET） |
| --- | --- | --- | --- |
| □正常（SOUND）<br>□异常（DEFECTIVE） | □正常（SOUND）<br>□异常（DEFECTIVE） | □正常（SOUND）<br>□异常（DEFECTIVE） | □正常（SOUND）<br>□异常（DEFECTIVE） |

损坏记录及代号(DAMAGE & CODE)　BR 破损(BROKEN)　D 凹损(DENT)　M 丢失(MISSING)　DR 污箱(DIRTY)　DL 危标(DG LABEL)

左侧(LEFT SIDE)　右侧(RIGHT SIDE)　前部(FRONT)　集装箱内部(CONTAINER INSIDE)

顶部(TOP)　底部(FLOOR BASE)　箱门(REAR)　如有异状，请注明程度及尺寸(REMARK).

除列明者外，集装箱及集装箱设备交接时完好无损，铅封完整无误。

THE CONTAINER/ASSOCIATED EQUIPMENT INTERCHANGED IN SOUND CONDITION AND SEAL INTACT UNLESS OTHERWISE STATED.

用箱人/运箱人签署　　　　　　　　　　　码头堆场值班员签署

（CONTAINER USER/HAULIER'S SIGNATURE）　　（TERMINAL/DEPOT CLERK'S SIGNATURE）

步骤六：换取提单

船舶靠港后，工人将集装箱货物装船。货物装船后，××运输有限公司给飞捷货代签发了一份提单确认书，经业务员李平审核无误后签字、盖章，返还给××运输公司。

××运输有限公司收到了李平发来的提单确认书，收取运杂费后即签发海运提单。

步骤七：收费交单

取得海运提单后，李平马上通知了上海顺美服饰有限公司。在顺美服饰付清了飞捷货代的垫付费用和货运代理费用后，李平将海运提单交给了顺美服饰。到此，飞捷货代与顺美服饰的海运出口委托代理关系结束。

步骤八：任务实施完成

## 【任务测评】

### 一、单项选择题

1.门到门（Door to Door）的集装箱运输最适合（    ）的交接方式。

A.整箱交、整箱接　　　　　　　　　　B.整箱交、拆箱接

C.拼箱交、拆箱接　　　　　　　　　　D.拼箱交、整箱接

随堂测 3-3

2.（    ）是集装箱进出港区、场站时，用箱人、运箱人与管箱人或其代理人之间交接集装箱及相关设备时的关键凭证。

A.B/L　　　　　　　　　　　　　　　　B.D/R

C.EIR　　　　　　　　　　　　　　　　D.CLP

3.班轮公司运输集装箱货物时的交接方式通常是（    ）。

A.CY/CFS　　　　　　　　　　　　　　B.CFS/CFS

C.CFS/CY　　　　　　　　　　　　　　D.CY/CY

### 二、多项选择题

1.以下集装箱货物的交接方式中，（    ）是拼箱接、整箱交的。

A.CY-CY　　　　　　　　　　　　　　B.CFS-CFS

C.CFS-CY　　　　　　　　　　　　　　D.CFS-Door

2.货主或货代到码头堆场提取空箱时，通常与堆场业务人员一起对集装箱进行检查。检查的主要内容包括（    ）。

A.集装箱外部是否有损伤、变形、破口等异样

B.集装箱箱门能否做270度开启

C.箱内是否清洁

D.附件是否齐全

3.关于集装箱装箱单（CLP）的表述，正确的有（    ）。

A.货运站缮制

B.一个集装箱一套装箱单

C.处理货损、索赔事件的原始单证之一

D.只有拼箱货（LCL）装箱时使用该单证

### 三、判断题

1.整箱货的装箱单由货运站制作。　　　　　　　　　　　　　　　　（　　）

2.集装箱的货物交接类型有两种，交接方式有九种。　　　　　　　　（　　）

3.集装箱设备交接单由IN联和OUT联组成。　　　　　　　　　　　（　　）

## 任务四　办理集装箱班轮整箱进口代理业务

### 【任务描述】

上海宜兰家居有限公司（以下简称"宜兰家居"）于2024年8月1日与N国菲迪集团（以下简称"菲迪集团"）签订了合同号为YF180801的买卖合同，欲从菲迪集团进口一批欧式地毯。

2024年8月10日，宜兰家居联系飞捷货代代办货物海运进口相关事宜。该票货物为集装箱整箱货物进口，商业发票和进口货运代理委托书分别见表3-26、表3-27。

飞捷货代海运部李经理将该项工作交予李平，请李平跟踪该票进口货物。李平需要按要求完成该票货物的进口操作。

表3-26　　　　　　　　　　　　　　　　商业发票

<table>
<tr><td colspan="5" align="center">FERDINAND GROUP<br><br>68-2 EASTGOLDEN ROAD，R CITY，N COUNTRY<br><br>Tel：（31）62-1234567　　Fax：（31）62-1234567<br><br>**COMMERCIAL INVOICE**</td></tr>
<tr><td colspan="3">TO：SHANGHAI YILAN HOME FURNISHINGS COMPANY<br><br>FROM：<u>R CITY</u> TO <u>SHANGHAI</u></td><td colspan="2">INV. No.：FDY0035281<br><br>DATE：AUG.1，2024</td></tr>
<tr><td align="center">Marks & Nos.</td><td align="center">Description of Goods</td><td align="center">Quantity</td><td align="center">Unit Price</td><td align="center">Amount</td></tr>
<tr><td align="center">N/M</td><td align="center">EUROPEAN CARPET<br>PACKED IN 250 CARTONS</td><td align="center">2 500PCS</td><td align="center">CFR　SHANGHAI<br>USD8.00/PC</td><td align="center">USD20 000.00</td></tr>
<tr><td colspan="5" align="right">FERDINAND GROUP<br>DAVID</td></tr>
</table>

表 3-27　　　　　　　　　　　**进口货运代理委托书**

**进口货运代理委托书**

| | |
|---|---|
| SCT 编号 | 479347200000 |
| 货主运编号 | YL202100810001 |

委托日期：2024 年 8 月 10 日

| 委托单位名称 | 上海宜兰家居有限公司 |
|---|---|

| 提单<br>B/L<br>项目<br>要求 | 发货人：FERDINAND GROUP<br>Shipper：68-2 EASTGOLDEN ROAD，R CITY，N COUNTRY<br>　　　　　　Tel：（31）62-1234567　　Fax：（31）62-1234567 |
|---|---|
| | 收货人：SHANGHAI YILAN HOME FURNISHINGS COMPANY<br>Consignee：13 CHANGQIAO STREET，SHANGHAI，CHINA<br>Tel：（86）021-12345678　　Fax：（86）021-12345678 |
| | 被通知人：THE SAME AS CONSIGNEE<br>Notify Party： |

| 海运运费 预付（√） 到付<br>Ocean Freight Prepaid or Collect | | 提单份数 | 3 份 | 提单寄送<br>地　址 | 13 CHANGQIAO STREET，SHANG-HAI，CHINA |
|---|---|---|---|---|---|
| 起始港 | R | 目的港 | SHANGHAI | 可否<br>转船 | 否 | 可否<br>分批 | 否 |
| 集装箱预配数 | | 20GP×1 | | 装运<br>期限 | | 有效<br>期限 | |

| 标 记 唛 头 | 件数及<br>包装式样 | 中英文货号<br>Description of Goods<br>（In Chinese & English） | 毛重<br>（千克） | 尺码<br>（立方米） | 成交条件<br>（总价） |
|---|---|---|---|---|---|
| N/M | 250 CAR-TONS | EUROPEAN CARPET<br>欧式地毯 | 5 125 | 50 | CFR SHANGHAI |
| | | | 特种货物<br>□ 冷藏品<br>□ 危险品 | 重件： 每件重量 | |
| | | | | 大件：<br>（长×宽×高） | |

| 内装箱地址 | | | 货物报关、报检自理（√）委托（ ） | |
|---|---|---|---|---|
| 门对门<br>装箱点 | 地址 | 长桥街道 36 号 5 号仓库 | 取货：自送（ ） 或飞捷派车（√） | |
| | 电话 | 021-51206805 | 联系人 | 李平 | 送货：自提（ ） 或飞捷派车（√） |

| 随<br>附<br>单<br>据 | 进口货物报关单 | | 商业发票 | √ | 委托人 | 上海宜兰家居有限公司 |
|---|---|---|---|---|---|---|
| | 来料加工手册 | | 装箱清单 | √ | 电话 | 021-12345678 |
| | 原产地证明书 | √ | 进口许可证 | √ | 传真 | 021-12345678 |
| | 危险货物说明书 | | 进口配额许可证 | | 委<br>托<br>方 | 地址 | 长桥街道 13 号 |
| | 危险货物包装证 | | 动植物检疫证 | | | | |
| | 危险货物装箱申明书 | | | | 委托<br>单位<br>盖章 | |
| 备注： | | | | | | |

**【任务解析】**

本任务主要学习集装箱班轮整箱运输所涉及的相关单证的缮制及流转操作，并根据客户的具体货运要求，完成集装箱班轮整箱进口货运业务的代办工作。

**【知识链接】**

微课3-13

集装箱班轮整箱货进口货运主要单证和业务流程

### 一、集装箱班轮整箱货进口货运主要单证

**（一）交货记录联单**

交货记录一共有五联，是CY或CFS在向收货人交付货物时，用以证明双方已完成货物的交接并记明交接状态的单证。交货记录的签发即表明向码头下达同意交货的指令；对收货人来说，得到交货记录即表明已具备向码头提货的条件。交货记录的签发是承运人责任终止、收货人责任开始的标志。

交货记录一共有五联，各联内容见表3-28。

表3-28　　　　　　　　　　　　**交货记录各联的内容**

| 联数 | 含义 | 颜色 | 作用 |
|---|---|---|---|
| 第1联 | 到货通知书联 | 白色 | 卸货港的船舶代理人在集装箱卸入集装箱堆场，或移至集装箱货运站，并做好交接准备后，向收货人发出的要求收货人及时提取货物的书面通知 |
| 第2联 | 提货单联 | 白色 | 船公司或其代理人指示负责保管货物的集装箱货运站或集装箱堆场的经营人，向提单持有人交付货物的非流通性单据 |
| 第3、4联 | 费用账单联 | 蓝色、红色 | 场站凭此向收货人结算费用的单据 |
| 第5联 | 交货记录联 | 白色 | 船公司或其代理人向收货人或其代理人交货时，双方共同签署的证明双方间已进行货物交接和载明其交接状态的单据 |

交货记录的制作与流转过程如下：

（1）集装箱货物抵港前，承运人或其代理人根据装货港船代寄、传的舱单或提单副本制作交货记录一式五联，并用电话通知收货人货物到达的大致时间。

（2）在集装箱卸船、进入堆场并做好交货准备后，由船代向收货人发出到货通知（第1联）。

（3）收货人或其代理人在收到到货通知后，凭正本提单和到货通知联（第1联）向船代换取提货单联（第2联）、费用账单联（第3、4联）和交货记录联（第5联）共4联（运费到付的货物应先结清费用），船代在收取费用与核对正本提单后，在提货单联（第2联）上加盖专用章。

（4）收货人或其代理人凭提货单联（第2联）在海关规定的期限内备妥报关资料，向海关申报。海关验放后在提货单联（第2联）的规定栏目加盖放行章。

（5）收货人或其代理人凭提货单联（第2联）、费用账单联（第3、4联）和交货记录联（第5联）共4联向场站或港区的营业所办理申请提货手续，场站或港区的营业所核单后，留下提货单联（第2联）和费用账单联（第3、4联）作为放行、结算费用的依据，并在交货记录联（第5联）上签字盖章，以示确认手续完备，受理作业申请，安排

提货作业计划，并同意放货。

（6）收货人或其代理人凭已盖章的交货记录联（第5联）提货，提货完毕，提货人应在规定的栏目内签名，以示确认提取的货物无误。在"交货记录"上所列货物数量全部提完后，场站或港区营业所收回交货记录联（第5联）。

（7）场站或港区营业所凭收回的交货记录联（第5联）核算有关费用；填制费用账单联（第3、4联），结算费用。其中，费用账单联（第3联）留存场站、港区制单部门，费用账单联（第4联）作为向收货人收取费用的凭证。

（8）场站或港区营业所将提货单联（第2联）、费用账单联（第3、4联）和交货记录联（第5联）留存归档备查。

交货记录联单的流转程序如图3-9所示。

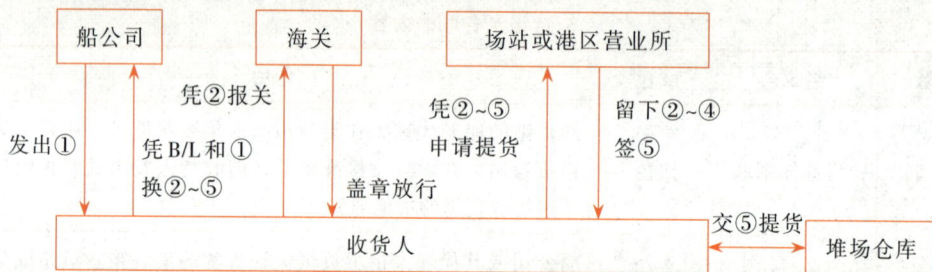

**图3-9 交货记录联单的流转程序**

（二）集装箱设备交接单

集装箱进口货运过程中也需要使用设备交接单。在进口时，设备交接单的流转程序如下：

（1）船公司填制EIR交给用箱人或运箱人。

（2）用箱人或运箱人到码头堆场提取重箱时出示EIR（OUT联），经办人员对照EIR，检查集装箱外表状况后，双方签字，码头堆场留下第1、2联，将第3联退还给用箱人或运箱人，码头堆场将留下的第1联交还给船公司。当用箱人拆箱后交还空箱给码头堆场时出示EIR（IN联），经办人员对照EIR检查箱体后，双方签字，码头堆场留下第1、2联，将第3联退还给用箱人或运箱人，码头堆场将留下的第1联交还给船公司。

（三）卸货报告或拆箱报告

卸货报告或拆箱报告（Outturn/Unstuffy Report）是集装箱堆场或货运站在交付货物后，将交货记录中记载的批注，按照载货的船名分船编制的、表明交货状态的批注汇总清单。集装箱堆场或货运站完成了整箱货或拼箱货的交付后，须及时汇总交货记录上所作的批注，缮制卸货报告或拆箱报告送交船公司。卸货报告或拆箱报告是船公司理赔的重要依据。

（四）待提箱报告或待提货报告

待提箱报告或待提货报告是集装箱堆场或货运站编制并送交船公司的，表明经过一段时间尚未疏运的，仍滞留在堆场或货运站的重箱或货物的书面报告。据此，船公司可向收货人发出催提货的通知，以利于疏港和加速集装箱的周转。

## 二、集装箱班轮整箱货进口货运代理业务操作

集装箱班轮整箱货进口货运代理业务操作流程包括：

（1）收货人与货代建立货运代理关系。

（2）在 FOB 条件下，买方在卸货地负责办理海运订舱手续（之前要确保货单齐备）。

（3）货代缮制货物清单后，向船公司或其代理人办理订舱手续，船公司进行订舱确认。

（4）货代通知发货人及装货港代理人船舶何时到港。

（5）船公司安排船舶抵达装货港。

（6）发货人将货物交给船公司，货物装船后发货人取得有关运输单证。

（7）发货人与收货人之间办理交易手续及单证。

（8）货代需掌握船舶动态，收集、保管好有关单证。

（9）货代办理进口货物的单证及相关手续。

（10）船舶抵达卸货港，货物入库、进场。

（11）货代办理货物进口报关等手续后，凭提货单到现场提货（特殊情况下可在船边提货）。

（12）货代将货物交给收货人，并将空箱运回堆场。

注：以上操作是 FOB 条件下的整箱货进口货运代理业务流程，若贸易术语为 CIF 或 CFR，则由卖方负责办理海运订舱事宜，并在货物装船后向买方发出装船通知，其余操作流程与 FOB 条件下一致。

整箱货进口货运代理业务流程如图 3-10 所示。

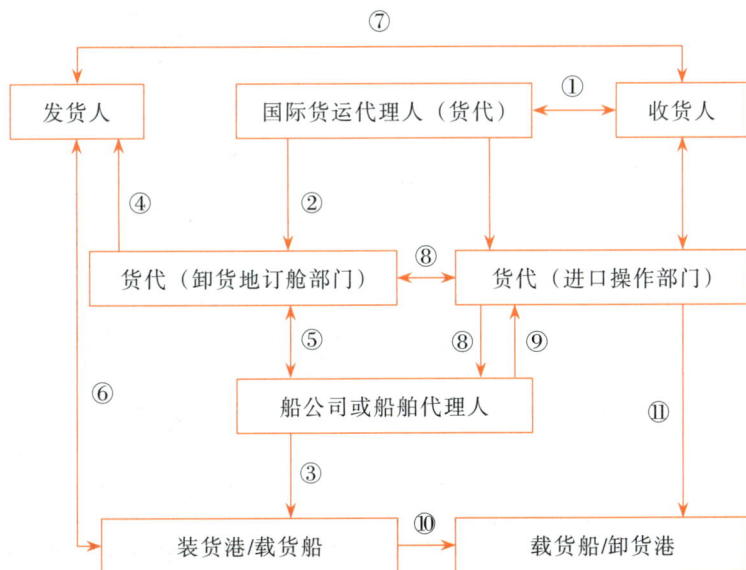

图3-10　整箱货进口货运代理业务流程图

## 【任务实施】

全班 5~6 人为一组，设 1 名组长，由组长带领本组同学依次扮演李平的角色，按下述步骤完成上海宜兰家居有限公司委托的该票货物的进口货运代理操作：

步骤一：接受委托并报价

飞捷货代接受宜兰家居的委托，双方建立委托代理关系。李平向宜兰家居进行报价，双方确认代理费用；宜兰家居将该票货物的相关单证交给了飞捷货代。

步骤二：填写装船通知

在 CFR 条件下，由_____负责海运订舱，_____办理保险。货物装船后，_____需发出装船通知给_____，以便其办理保险事宜（提示：CFR 条件下，卖方负责租船订舱，并发出装船通知，由买方办理保险）。

本票货物于 8 月 15 日装船，船名为 DENVER，航次为 015E，提单号为 DV6314203208；货物装于一个集装箱号为 COSU475839⑤、铅封号为 394627 的 20 英尺通用集装箱中，预计到达日期为 8 月 25 日。请代菲迪集团填写装船通知（见表 3-29），并将装船通知发给上海宜兰家居有限公司。

表 3-29　　　　　　　　　　　装船通知

---

**FERDINAND GROUP**

**68-2 EASTGOLDEN ROAD，R CITY，N COUNTRY**

**SHIPPING ADVICE**

TO：_____　　　　ISSUE DATE：_____

Dear Sir or Madam：

We are pleased to advice you that the following mentioned goods has been shipped out，Full details were shown as follows：

Invoice Number：_____　　Bill of Lading Number：_____

Ocean Vessel：_____

Port of Loading：_____　　Date of Shipment：_____

Port of Destination：_____　　Estimated Date of Arrival：_____

Containers/Seals Number：_____

Description of Goods：_____

_____

Shipping Marks：_____

_____

Quantity：_____　　Gross Weight：_____

Total Value：_____

_____

Thank you for your patronage.We look forward to the pleasure of receiving your valuable repeat orders.

Sincerely yours，

John

---

步骤三：船公司缮制交货记录联单

船舶到港后，船公司缮制交货记录联单，并将到货通知书（第1联）发给宜兰家居。货物到达日期和进库/场日期均为8月25日。请代船公司填制交货记录联单中的第1联——到货通知书（见表3-30）。

表3-30 到货通知书

| 收货人 | 名称 | | 收货人开户银行与账户 | |
|---|---|---|---|---|
| | 地址 | | | |
| 船名 | | 航次 | 启运港 | 目的地 |
| 提单号 | | 交付条款 | | 到付运费 |
| 卸货地点 | | 到达日期 | 进库/场日期 | 第一程运输 |
| 标记与集装箱号 | | 货名 | 集装箱数或件数 | 重量（kg） | 体积（m³） |
| | | | | | |

步骤四：缴费换单

宜兰家居将正本海运提单及收到的到货通知书（第1联）交给李平。2024年8月27日，李平凭正本提单和到货通知书到船公司换取交货记录联单的第2~5联，李平需要持提货单联（第2联）办理报关手续后到顺安集装箱码头重箱堆场提取集装箱。请填写交货记录联单中的提货单联（见表3-31）。

表3-31 提货单

| 提货单 Delivery Order | | | |
|---|---|---|---|
| _____地区、场站 | | | |
| 收货人/通知方： | | ____年____月____日 | |
| 船名： | 航次： | 启运港： | 目的港： |
| 提单号： | 交付条款： | 到付海运费： | 合同号： |
| 卸货地点： | 到达日期： | 进库场日期： | 第一程运输： |
| 货名： | | 集装箱号/铅封号： | |
| 集装箱数： | | | |
| 件数： | | | |
| 重量： | | | |
| 体积： | | | |
| 标志与唛头： | | | |
| 请核对放货 | | | |
| | | | 中国××代理公司 |
| 凡属法定检验、检疫的进口商品，必须向有关监督机构申报。　　年　月　日 | | | |
| 收货人章　　　　　　　　海关章 | | | |

步骤五：代理报关

2024年8月28日，飞捷货代的报关员王宇携带报关委托书、报关单及报关所需其他单据，到上海吴淞海关办理进口申报，经海关查验、收费后，在提货单上加盖放行章。

步骤六：提取重箱

海关放行货物后，李平于2024年8月29日派司机刘涛到堆场办理提箱事宜。司机刘涛凭身份证明和EIR的_____（IN/OUT）联一式三联，驾驶车牌号为沪C12345的拖车进入堆场。_____（空/重）箱堆场工作人员陈海将其带到_____（空/重）箱堆场1区A0103位置，取走集装箱号为COSU475839⑤、铅封号为394627的集装箱。双方当场检验了集装箱的状况，确认无异常后，在EIR的OUT联上签字确认。_____（空/重）箱堆场工作人员陈海留下OUT联中的船公司或其代理联和码头堆场联，将用箱人或运箱人联退还给司机。

请填写设备交接单OUT联（见表3-32）。

表3-32　　　　　　　　　　集装箱设备交接单OUT联

××运输有限公司　　　　　　　　　　　　　OUT 出场

集装箱发放/设备交接单

EQUIPMENT INTERCHANGE RECEIPT　　　　　NO.: 202108294

| 用箱人/运箱人（CONTAINER USER/HAULIER） | 提箱地点（PLACE OF DELIVERY） | | |
|---|---|---|---|
| 来自地点（DELIVERED TO） | 返回/收箱地点（PLACE OF RETURN） | | |
| 船名/航次<br>（VESSEL/VOYAGE NO.） | 集装箱号<br>（CONTAINER NO.） | 尺寸/类型<br>（SIZE/TYPE） | 营运人<br>（CNTR.OPTR.） |
| 提单号<br>（B/L NO.） | 铅封号<br>（SEAL NO.） | 免费期限<br>（FREE TIME PERIOD） | 运载工具牌号<br>（TRUCK WAGON.BARG NO.） |
| 出场目的/状态<br>（PPS OF GATE-OUT/STATUS） | 进场目的/状态<br>（PPS OF GATE-IN/STATUS） | | 出场日期<br>（TIME-OUT）<br>月　日　时 |

出进场检查记录（INSPECTION AT THE TIME OF INTERCHANGE）

| 普通集装箱<br>（GP CONTAINER） | 冷藏集装箱<br>（RF CONTAINER） | 特种集装箱<br>（SPECIAL CONTAINER） | 发电机<br>（GEN SET） |
|---|---|---|---|
| □正常（SOUND）<br>□异常（DEFECTIVE） | □正常（SOUND）<br>□异常（DEFECTIVE） | □正常（SOUND）<br>□异常（DEFECTIVE） | □正常（SOUND）<br>□异常（DEFECTIVE） |

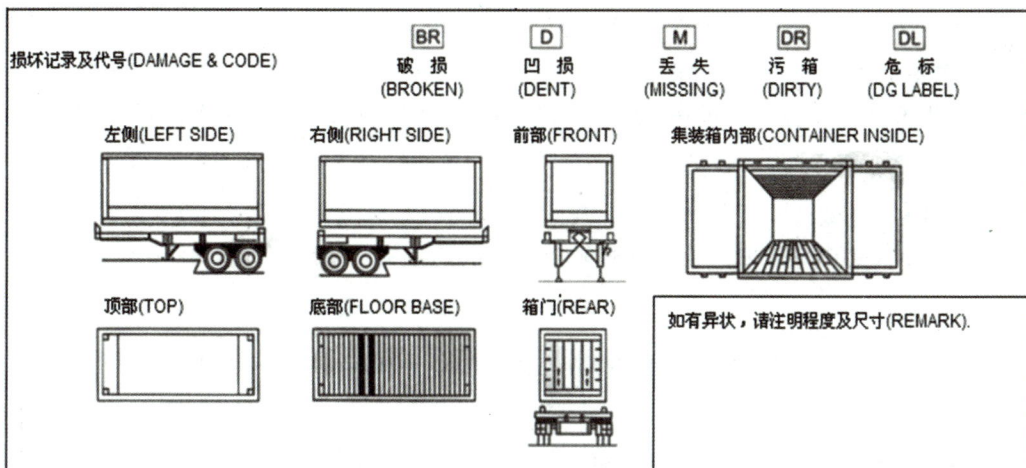

损坏记录及代号(DAMAGE & CODE)　　BR 破损 (BROKEN)　D 凹损 (DENT)　M 丢失 (MISSING)　DR 污箱 (DIRTY)　DL 危标 (DG LABEL)

左侧(LEFT SIDE)　右侧(RIGHT SIDE)　前部(FRONT)　集装箱内部(CONTAINER INSIDE)

顶部(TOP)　底部(FLOOR BASE)　箱门(REAR)　如有异状，请注明程度及尺寸(REMARK).

除列明者外，集装箱及集装箱设备交接时完好无损，铅封完整无误。

THE CONTAINER/ASSOCIATED EQUIPMENT INTERCHANGED IN SOUND CONDITION
AND SEAL INTACT UNLESS OTHERWISE STATED.

用箱人/运箱人签署　　　　　　　　　　码头堆场值班员签署

（CONTAINER USER/HAULIER'S SIGNATURE）　（TERMINAL/DEPOT CLERK'S SIGNATURE）

步骤七：掏箱还箱

宜兰家居结清相关费用后，李平遂派工作人员将集装箱送往宜兰家居的仓库进行掏箱、卸货。司机刘涛驾驶车牌号为沪C12345的拖车于2024年8月29日将_____（空/重）箱返还顺安集装箱码头_____（空/重）箱堆场。刘涛与堆场工作人员王明进行交接查验，确认无异常后，双方在EIR的_____（IN/OUT）联相应位置签字确认。堆场工作人员王明留下EIR的_____（IN/OUT）联中的船公司或其代理联和码头堆场联，将用箱人或运箱人联退还司机刘涛。

请填写设备交接单IN联（见表3-33）。

表3-33　　　　　　　　**集装箱设备交接单IN联**

××运输有限公司　　　　　　　　　　　　　　IN进场

集装箱发放/设备交接单

EQUIPMENT　INTERCHANGE　RECEIPT　　　NO.: 202108292

| 用箱人/运箱人（CONTAINER USER/HAULIER） | | 提箱地点（PLACE OF DELIVERY） | |
|---|---|---|---|
| | | | |
| 来自地点（DELIVERED TO） | | 返回/收箱地点（PLACE OF RETURN） | |
| | | | |
| 船名/航次<br>（VESSEL/VOYAGE NO.） | 集装箱号<br>（CONTAINER NO.） | 尺寸/类型<br>（SIZE/TYPE） | 营运人<br>（CNTR.OPTR.） |
| | | | |

续表

| 提单号<br>（B/L NO.） | 铅封号<br>（SEAL NO.） | 免费期限<br>（FREE TIME PERIOD） | 运载工具牌号<br>（TRUCK WAGON.BARG NO.） |
|---|---|---|---|
| | | | |

| 出场目的/状态<br>（PPS OF GATE–OUT/STATUS） | 进场目的/状态<br>（PPS OF GATE–IN/STATUS） | 进场日期<br>（TIME-OUT） |
|---|---|---|
| | | 月 日 时 |

出进场检查记录（INSPECTION AT THE TIME OF INTERCHANGE）

| 普通集装箱<br>（GP CONTAINER） | 冷藏集装箱<br>（RF CONTAINER） | 特种集装箱<br>（SPECIAL CONTAINER） | 发电机<br>（GEN SET） |
|---|---|---|---|
| □正常（SOUND）<br>□异常（DEFECTIVE） | □正常（SOUND）<br>□异常（DEFECTIVE） | □正常（SOUND）<br>□异常（DEFECTIVE） | □正常（SOUND）<br>□异常（DEFECTIVE） |

除列明者外，集装箱及集装箱设备交接时完好无损，铅封完整无误。

THE CONTAINER/ASSOCIATED EQUIPMENT INTERCHANGED IN SOUND CONDITION
AND SEAL INTACT UNLESS OTHERWISE STATED.

用箱人/运箱人签署       码头堆场值班员签署

（CONTAINER USER/HAULIER'S SIGNATURE）    （TERMINAL/DEPOT CLERK'S SIGNATURE）

步骤八：任务实施完成

## 【任务测评】

### 一、单项选择题

1.（   ）是海运集装箱进口货运中特有的单证。

A.交货记录    B.场站收据    C.设备交接单    D.装箱单

随堂测3-4

2.集装箱货物装箱后，装箱人应制作一份（　　　）。

A.D/R　　　　　　　B.EIR　　　　　　　C.CLP　　　　　　　D.D/O

3.集装箱进口货物报关时，海关验放后需在（　　　）上加盖放行章。

A.到货通知书　　　B.提货单　　　　　C.费用账单　　　　D.交货记录

### 二、多项选择题

1.FOB条件下，集装箱进口货运程序包括：货代接受委托、卸货地订舱以及（　　　）。

A.汇集单证办理接运　　　　　　　B.报检和报关

C.监管转运　　　　　　　　　　　D.提取货物

2.集装箱整箱货物进口需要的单证包括（　　　）。

A.交货记录联单　　　　　　　　　B.集装箱设备交接单

C.卸货报告或拆箱报告　　　　　　D.待提箱报告或待提货报告

### 三、判断题

1.集装箱进出港区时确定箱体交接责任的单据是设备交接单。　　　　　（　　　）

2.卸货报告或拆箱报告是集装箱堆场或货运站在交付货物后，将交货记录中记载的批注，按载货的船名分船编制的、表明交货状态的批注汇总清单。　　　（　　　）

# 任务五　办理集装箱班轮拼箱出口代理业务

## 【任务描述】

1.上海万里贸易有限公司（以下简称"万里贸易"）与A国信诺服饰有限公司（以下简称"信诺服饰"）于2024年6月20日在上海签订出口合同，万里贸易向信诺服饰出口一批男士羽绒服，合同号为CW1806203。万里贸易在货物备妥后，于7月1日联系飞捷货代代办相关货运出口事宜。该票货物的商业发票和出口货运代理委托书分别见表3-34、表3-35。

表3-34　　　　　　　　　　　　　　　商业发票

| | SHANGHAI WANLI TRADE CORPORATION<br>38-2 ZHONGSHAN ROAD，SHANGHAI，200020，CHINA<br>Tel：（86）021-77777777　Fax：（86）021-77777777 | | | | |
|---|---|---|---|---|---|
| | **COMMERCIAL INVOICE** | | | | |
| TO：CIGNA CLOTHING COMPANY<br>FROM：SHANGHAI TO L CITY | | | | INV. NO.：CW0027462<br>DATE：JUN.20，2024 | |
| Marks & Nos. | Description of Goods | Quantity | Unit Price | | Amount |
| WANLI<br>L CITY<br>C/NO.1-100 | MALE DOWN JACKET<br>PACKED IN 100 CARTONS，<br>50 PIECES EACH CARTON | 5 000PCS | CFR L USD300.00/PC | | USD1 500<br>000.00 |
| | | | SHANGHAI WANLI TRADE CORPORATION<br>XIA YU | | |

表 3-35　　　　　　　　　　　**海运出口货运代理委托书**

### 出口货运代理委托书

委托日期：2024 年 7 月 1 日

| SCT 编号 | 346243200000 |
|---|---|
| 货主运编号 | DS20210701001 |

| 委托单位名称 | 上海万里贸易有限公司 |
|---|---|

| 提单 B/L 项目要求 | 发货人：SHANGHAI WANLI TRADE CORPORATION<br>Shipper: 38-2 ZHONGSHAN ROAD, SHANGHAI, 200020, CHINA<br>　　　　　Tel：(86) 021-77777777　Fax：(86) 021-77777777 |
|---|---|
| | 收货人：CIGNA CLOTHING COMPANY<br>Consignee: 12-3-1 LOMBARD STREET, L CITY, A COUNTRY<br>Tel：(213) 765-432-1234　Fax：(213) 765-432-1234 |
| | 被通知人：THE SAME AS CONSIGNEE<br>Notify Party: |

| 海运运费 预付（√） 到付（ ）<br>Ocean Freight Prepaid or Collect | | 提单份数 | 3 份 | 提单寄送地址 | 12-3-1 LOMBARD STREET, L CITY, A COUNTRY | |
|---|---|---|---|---|---|---|
| 启运港 | SHANGHAI | 目的港 | L | 可否转船 | 否 | 可否分批 | 否 |

| 集装箱预配数 | | 20GP×1 | | 装运期限 | 20240715 | 有效期限 | 20240731 |
|---|---|---|---|---|---|---|---|

| 标记唛头 | 件数及包装式样 | 中英文货号<br>Description of Goods<br>(In Chinese & English) | 毛重（千克） | 尺码（立方米） | 成交条件（总价） |
|---|---|---|---|---|---|
| WANLI<br>L CITY<br>C/NO.1-100 | 100 CAR-TONS | MALE DOWN JACKET<br>男士羽绒服<br>PACKED IN 100 CARTONS, 50 PIECES EACH CARTON | 1 500<br><br>特种货物<br>□ 冷藏品<br>□ 危险品 | 5<br><br>重件：每件重量<br><br>大件：<br>（长×宽×高） | CFR L |

| 内装箱地址 | 上海市华亭路 1021 号 3 号仓库 021-99999999 | 货物报关和报检自理（√）委托（ ） |
|---|---|---|

| 门对门装箱点 | 地址 | | | 货物备妥日期：2024 年 7 月 3 日 |
|---|---|---|---|---|
| | 电话 | | 联系人 | 货物进栈：自送（√）或飞捷派车（ ） |

| 随附单证 | 出口货物报关单 | | 商业发票 | √ | 委托方 | 委托人 | 上海万里贸易有限公司 |
|---|---|---|---|---|---|---|---|
| | 来料加工手册 | | 装箱清单 | √ | | 电话 | 021-77777777 |
| | 原产地证明书 | √ | 出口许可证 | √ | | 传真 | 021-77777777 |
| | 危险货物说明书 | | 出口配额许可证 | | | 地址 | 中山路 38-2 号 |
| | 危险货物包装证 | | 动植物检疫证 | | | 委托单位盖章 | |
| | 危险货物装箱申明书 | | | | | | |

备注：

2.上海华贸科技有限公司（以下简称"华贸科技"）与A国朋特贸易有限公司（以下简称"朋特贸易"）于2024年6月22日在上海签订了出口合同，华贸科技向朋特贸易出口一批硬件，合同号为PH1806151。华贸科技于7月1日联系上海飞捷国际货运代理有限公司（以下简称"飞捷货代"）代办相关货运事宜，该票货物的商业发票和出口货运代理委托书分别见表3-36、表3-37。

表3-36　　　　　　　　　　　　　　　　　　**商业发票**

**SHANGHAI HUAMAO TECHNOLOGY CORPORATION**
**165 TAIPING ROAD，SHANGHAI，200020，CHINA**
Tel：（86）021-66666666　　Fax：（86）021-66666666
**COMMERCIAL INVOICE**

TO：PUNTE TRADE CORPORATION　　　　　　　　　　INV. No.：PHZ0847592
FROM：SHANGHAI TO L CITY　　　　　　　　　　　　DATE：JUN.22，2024

| Marks & Nos. | Description of Goods | Quantity | Unit Price | Amount |
|---|---|---|---|---|
| HUAMAO L CITY C/NO.1-100 | HARDWARE PACKED IN 100 CARTONS, 80PIECES EACH CARTON | 8 000PCS | CFR L USD500.00/PC | USD4 000 000.00 |
| | SHANGHAI HUAMAO TECHNOLOGY CORPORATION ZHAO WEI | | | |

表3-37　　　　　　　　　　　　　　　**出口货运代理委托书**

**出口货运代理委托书**

| | | SCT编号 | 334453800000 |
|---|---|---|---|
| | | 货主运编号 | DS20210701002 |

委托日期：2024年7月1日

| 委托单位名称 | 上海华贸科技有限公司 |
|---|---|

| 提单 B/L 项目要求 | 发货人：SHANGHAI HUAMAO TECHNOLOGY CORPORATION<br>Shipper：165 TAIPING ROAD，SHANGHAI，200020，CHINA<br>Tel：（86）021-66666666　　Fax：（86）021-66666666 |
|---|---|
| | 收货人：PUNTE TRADE CORPORATION<br>Consignee：23-8 BELMOND STREET，L CITY，A COUNTRY<br>Tel：（213）876-543-2101　　Fax：（213）876-543-2101 |
| | 被通知人：THE SAME AS CONSIGNEE<br>Notify Party： |

| 海运运费 预付（√） 到付（　）<br>Ocean Freight Prepaid or Collect | 提单份数 | 3份 | 提单寄送地址 | 12-3-1 LOMBARD STREET，L CITY，A COUNTRY | | |
|---|---|---|---|---|---|---|
| 启运港 SHANGHAI | 目的港 | L | | 可否转船 | 否 | 可否分批 | 否 |
| 集装箱预配数 | 20GP×1 | | | 装运期限 | 20240715 | 有效期限 | 20240731 |
| 标记唛头 | 件数及包装式样 | 中英文货号 Description of Goods (In Chinese & English) | 毛重 (千克) | 尺码 (立方米) | 成交条件 (总价) |

续表

| HUAMAO L CITY C/NO.1~100 | 100 CAR-TONS | HARDWARE 硬件 PACKED IN 100 CARTONS, 80 PIECES EACH CARTON | 特种货物 □ 冷藏品 □ 危险品 | 3 000 | 2 | CFR L |
|---|---|---|---|---|---|---|
| | | | | 重件：每件重量 | | |
| | | | | 大件： （长×宽×高） | | |

| 内装箱地址 | | 上海市华亭路1021号3号仓库 021-99999999 | 货物报关和报检自理（√）委托（　） |
|---|---|---|---|
| 门对门装箱点 | 地址 | | 货物备妥日期：2024年7月3日 |
| | 电话 | 联系人 | 货物进栈：自送（√）或飞捷派车（　） |

| 随附单证 | 出口货物报关单 | 商业发票 | √ | 委托方 | 委托人 | 上海华贸科技有限公司 |
|---|---|---|---|---|---|---|
| | 来料加工手册 | 装箱清单 | √ | | 电话 | 021-66666666 |
| | 原产地证明书 | √ | 出口许可证 | √ | 传真 | 021-66666666 |
| | 危险货物说明书 | 出口配额许可证 | | | 地址 | 太平路165号 |
| | 危险货物包装证 | 动植物检疫证 | | | 委托单位盖章 | |
| | 危险货物装箱申明书 | | | | | |
| 备注： | | | | | | |

飞捷货代的业务员李平需要将这两票货物拼到一个20英尺通用集装箱内，并代客户办理出口业务操作。

## 【任务解析】

本任务主要学习集装箱班轮拼箱出口货运过程中涉及的相关单证的缮制及流转操作，并根据客户的具体货运要求，完成集装箱班轮拼箱出口货运业务的代办工作。

微课3-14 **【知识链接】**

集装箱班轮拼箱货出口货运主要单证和业务流程

### 一、集装箱班轮拼箱货出口主要单证

集装箱班轮拼箱货出口涉及的单证除了整箱货出口需要的海运出口货运代理委托书、场站收据联单、集装箱设备交接单、集装箱装箱单和船公司签发的海运提单（主提单）外，还有拼箱内装箱形式的进仓通知、货代公司签发的拼箱货提单（分提单）。

（一）进仓通知

进仓通知是货代公司在货主自送货物的方式下发给货主的货物进仓通知，是指示送货时间、送货地点和送货要求的一张通知书。换句话说，货代、外运公司、仓库或其他代理取得承运人的配舱确认后，就会发进仓通知给货主，让货主在规定的时间内把货物送到指定的仓库或堆场。

（二）拼箱货提单

在拼箱操作中，除了海运提单外，还会产生分提单，即拼箱货提单（House B/L）。拼箱货提单是从事集拼业务的国际货运代理企业按每票货物签发给实际发货人的提单，故签发分提单的货代通常被视为承运人。如果其只经营海运区段的拼箱业务，则是无船承运人。分提单是装运港货代为各个货主签发的、表明货物装船的单据，是装运港货代和各个货主之间运输合同的证明，是各个货主用来结汇的单证，也是各个收货人分别向卸货港货代提取货物的凭证。

相对于分提单来说，由实际承运人签发的海运提单可视为主提单。在拼箱业务中，主提单是船公司和装运港货代之间的运输合同证明，是针对拼箱后的集拼货物签发的，卸货港的货代可凭主提单提取整箱，但主提单不能作为货主结汇的单证。

海运提单（主提单）和拼箱货提单（分提单）的区别见表3-38。

表3-38　　　海运提单（主提单）和拼箱货提单（分提单）的区别

| 项目 | 海运提单（主提单）<br>Ocean B/L | 拼箱货提单（分提单）<br>House B/L |
|---|---|---|
| 发货人 | 出口地的无船承运人（NVOCC） | 真正的发货人 |
| 收货人 | NVOCC进口地的代理人 | 真正的收货人 |
| 承运人 | 班轮公司 | NVOCC |
| 流转方式 | 通过快递 | 通过银行 |
| 运输条款 | CY-CY | CFS-CFS |
| 可否用来银行结汇 | 不可以 | 可以 |
| 可否用来向船公司提货 | 可以 | 不可以 |

**二、集装箱班轮拼箱货出口货运代理业务操作**

（1）发货人A、B、C等不同货主将不足一个集装箱的拼箱货（LCL）交给装运港货代，请其代办出口货运操作。

（2）装运港货代将拼箱货装成整箱货后，向船公司订舱、办理整箱货（FCL）运输事宜。

（3）整箱货（FCL）装船后，船公司签发海运提单（Ocean B/L）给装运港货代。

（4）装运港货代根据海运提单向发货人A、B、C分别签发拼箱货提单（House B/L）。

（5）装运港货代将货物装船及船舶预计抵达卸货港的时间等信息告知其卸货港货代，并将海运提单和拼箱货提单等单据副本快递给卸货港货代，以便卸货港货代凭海运提单提取整箱，凭拼箱货提单向收货人交货。

（6）发货人A、B、C分别凭装运港货代签发的拼箱货提单到银行结汇，取得货款。拼箱货提单最终通过银行流转分别到达收货人X、Y和Z处。

集装箱班轮拼箱货出口货运代理流程如图3-11所示。

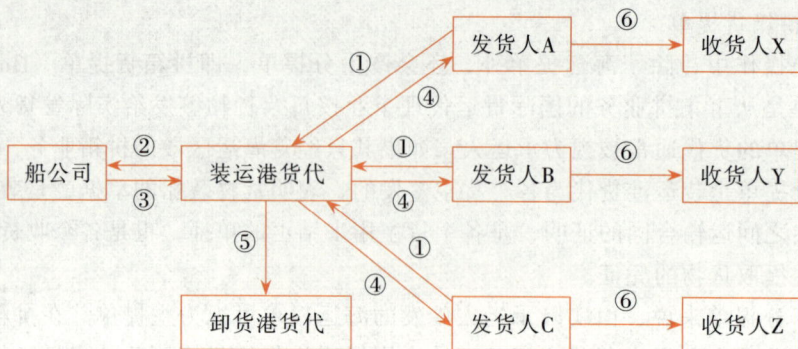

图3-11　集装箱班轮拼箱货出口货运代理流程图

## 【任务实施】

任务实施

分析提升

全班5～6人为一组，设1名组长，由组长带领本组同学依次扮演李平的角色，按下述步骤完成上海万里贸易有限公司和上海华贸科技有限公司委托的这两票货物的出口货运代理操作：

步骤一：接受委托并报价

飞捷货代接受万里贸易和华贸科技的委托，由海运部工作人员李平具体来操作。他向这两家公司了解了货物的详细信息，并拿到了他们提供的必要单证。

李平根据海运运费和利润报价，并分别与万里贸易和华贸科技确认了费用和各自的权利、义务，随后签订委托代理合同。

1.飞捷货代向万里贸易报价

该票货物从上海到L市的运费计收标准为W/M，运价为40美元/运费吨，燃油附加费为10美元/运费吨。

毛重：_____Kg=_____T

体积：_____m³

由于计收标准为W/M，因此运费吨为_____

运费=_____

若飞捷货代的代理费为120美元，则飞捷货代应向万里贸易报价_____。

2.飞捷货代向华贸科技报价

该票货物从上海到L市的运费计收标准为W/M，运价为60美元/运费吨，燃油附加费为10美元/运费吨。

毛重：_____Kg=_____T

体积：_____m³

由于计收标准为W/M，因此运费吨为_____

运费=_____

若飞捷货代的代理费为120美元，则飞捷货代应向华贸科技报价_____。

步骤二：向船公司订舱

1.订舱申请

根据万里贸易和华贸科技的要求，飞捷货代将两票货物拼在一个20英尺集装箱内进行运输，并于2024年7月5日向××运输公司申请订舱。李平需填写场站收据并交给××运输公司的工作人员进行订舱申请，同时缮制两票货物各自的场站收据。飞捷货代的地址为上海市华亭路1021号，飞捷货代L市代理的地址为85-7 TEMPLE STREET，L CITY，A COUNTRY。请代李平填写场站收据中的集装箱货物托运单（第1联）（见表3-39）。

表3-39　　　　　　　　　　　**集装箱货物托运单**

| Shipper | | | | | D/R NO. |
|---|---|---|---|---|---|
| Consignee | | | | 集装箱货物托运单（货主留底） | |
| Notify Party | | | | | |
| Pre-Carrieage by | | | Place of Receipt | | |
| Ocean Vessel | | Voy No. | Port of Loading | | |
| Port of Discharge | | Place of Delivery | Final Destination | | |
| Container No. | Seal No. Marks & Nos. | No.of Container or Packages | Kind of Packages；Description of Goods | Gross Weight | Measurement |
| TOTAL NUMBER OF CONTAINERS OR PACKAGES (IN WORDS) | | | | | |
| Freight & Charges | | Revenue Tons | Rate | Per | Prepaid | Collect |

| Freight & Charges | | Revenue Tons | Rate | Per | Prepaid | Collect |
|---|---|---|---|---|---|---|
| Ex Rate | | Prepaid at | Payable at | | Places of Issue | |
| | | Total Prepaid | No.of Original B（S）/L | | | |

| Service CY | Types on Receiving CFS　Door | Service CY | Types on Delivery CFS　Door | Reefer-Temperature Required | ℉ | ℃ |
|---|---|---|---|---|---|---|
| Type of Goods | Ordinary | Reefer | Dangerous | Auto | 危险品 | Class Property IMDG Code Page UN No. |
| | Liquid | Live Animal | Bulk | | | |

| 可否转船 | | 可否分批 | | |
|---|---|---|---|---|
| 装运期 | | 有效期 | | |
| 全额 | | | | |
| 制单日期 | | | | |

2.订舱确认

××运输公司的工作人员受理订舱申请，根据装运期限和船期确定船名（HONG TAI）和航次（528E），并在场站收据第5联装货单上加盖订舱章，将场站收据的第2、3、4联留底，其他联退给李平。

3.订舱成功

李平订舱成功后将两票货物的场站收据的第1、9、10联分别退还给万里贸易和华贸科技。

步骤三：进仓通知

李平根据万里贸易和华贸科技的货物情况制订了拼箱计划，并分别向两家公司发送进仓通知。

1.飞捷货代向万里贸易发进仓通知单

李平需填写并向万里贸易发进仓通知单（单号为JC20210705001）（见表3-40），要求货物进仓时间不晚于2024年7月8日下午16：00。

表3-40　　　　　　　　　　　进仓通知单（万里贸易）

货物进仓通知单

进仓编号：＿＿＿＿＿＿＿＿

贵公司所托货物FM＿＿＿＿TO

请贵司务必将货物于＿＿＿年＿＿＿月＿＿＿日＿＿＿点前，按以下地址进仓：

仓库信息：

| 仓库地址： | 上海市华亭路1021号3号仓库 |
| --- | --- |
| 联 系 人： | 刘涛 |
| 电 话： | 021-99999999 |

货物信息

| 件数： | 毛重： | 立方： |
| --- | --- | --- |
| | | |

（1）我司对易碎品（灯管/灯泡/玻璃制品/石材等）不作任何承运质量担保，请客户妥善包装，以免损坏。

（2）我司拼箱部承诺不承运危险品、私人物品及含电池的物品，请客户在送货时确认并注意。

（3）送货时必须将唛头显示在货物外包装上，以便货物到港后尽早提货。若显示N/M，则到港后如发生货物缺少或晚提货，我司概不负责。如有疑问请及时与我司操作人员联络。

2.飞捷货代向华贸科技发进仓通知单

李平需填写并向华贸科技发进仓通知单（单号为JC20210705002）（见表3-41），要求货物进仓时间不晚于2024年7月8日下午16：00。

表 3-41　　　　　　　　　　　进仓通知单（华贸科技）

## 货物进仓通知单

进仓编号：＿＿＿＿＿＿＿

贵公司所托货物 FM ＿＿＿ TO ＿＿＿

请贵司务必将货物于＿＿＿年＿＿＿月＿＿＿日＿＿＿点前，按以下地址进仓：

仓库信息：

| 仓库地址： | 上海市华亭路 1021 号 3 号仓库 |
|---|---|
| 联 系 人： | 刘涛 |
| 电　　话： | 021-99999999 |

货物信息

| 件数： | 毛重： | 尺码： |
|---|---|---|
|  |  |  |

（1）我司对易碎品（灯管/灯泡/玻璃制品/石材等）不作任何承运质量担保，请客户妥善包装，以免损坏。

（2）我司拼箱部承诺不承运危险品、私人物品及含电池的物品，请客户在送货时确认并注意。

（3）送货时必须将唛头显示在货物外包装上，以便货物到港后尽早提货。若显示 N/M，则到港后如发生货物缺少或晚提货，我司概不负责。如有疑问请及时与我司操作人员联络。

步骤四：提取空箱

2024 年 7 月 9 日，李平将船公司签发的订舱确认书交给后者，船公司签发设备交接单（EIR）给李平。李平遂派司机刘涛到顺安集装箱码头堆场提取＿＿＿＿＿＿＿（空/重）箱。司机刘涛凭身份证明和 EIR 的＿＿＿＿＿＿＿＿＿（IN/OUT）一式＿＿＿＿＿＿＿联，驾驶车牌号为沪 C12345 的拖车进入堆场。根据用箱安排，＿＿＿＿＿＿＿＿＿（空/重）箱堆场工作人员郑宇将其带到＿＿＿＿＿＿＿＿（空/重）箱堆场 2 区 C1005 位置，取走集装箱号为 COSU462352⑦、铅封号为 173459 的 20 英尺通用集装箱。堆场免费保管期为 10 天（即从 2024 年 7 月 9 日到 2024 年 7 月 18 日）。双方当场检验了集装箱的箱型、尺寸、集装箱的外表状况，确认无异常后，双方在 EIR 的 OUT 联上签字确认。堆场工作人员郑宇留下 OUT 联中的船公司或其代理联和码头堆场联，将用箱人或运箱人联退还给司机。

请根据以上信息填写设备交接单 OUT 联（见表 3-42）。

步骤五：装箱

提取空箱后，飞捷货代于 2024 年 7 月 9 日派司机刘涛驾驶车牌号为沪 C12345 的装箱车和李平一同到达指定的装箱地点进行装箱，李平需在装箱完毕后填写集装箱装箱单（见表 3-43）。

表3-42　　　　　　　　　　　**集装箱设备交接单OUT联**

××运输有限公司　　　　　　　　　　　　　OUT 出场

集装箱发放/设备交接单

EQUIPMENT　INTERCHANGE　RECEIPT　　　　NO.: 202107091

| 用箱人/运箱人（CONTAINER USER/HAULIER） | 提箱地点（PLACE OF DELIVERY） |
|---|---|
| 来自地点（DELIVERED TO） | 返回/收箱地点（PLACE OF RETURN） |

| 船名/航次<br>（VESSEL/VOYAGE NO.） | 集装箱号<br>（CONTAINER NO.） | 尺寸/类型<br>（SIZE/TYPE） | 营运人<br>（CNTR.OPTR.） |
|---|---|---|---|
| 提单号<br>（B/L NO.） | 铅封号<br>（SEAL NO.） | 免费期限<br>（FREE TIME PERIOD） | 运载工具牌号<br>（TRUCK WAGON.BARG NO.） |

| 出场目的/状态<br>（PPS OF GATE-OUT/STATUS） | 进场目的/状态<br>（PPS OF GATE-IN/STATUS） | 出场日期<br>（TIME-OUT） |
|---|---|---|
|  |  | 月　日　时 |

出进场检查记录　（INSPECTION AT THE TIME OF INTERCHANGE）

| 普通集装箱<br>（GP CONTAINER） | 冷藏集装箱<br>（RF CONTAINER） | 特种集装箱<br>（SPECIAL CONTAINER） | 发电机<br>（GEN SET） |
|---|---|---|---|
| □正常（SOUND）<br>□异常（DEFECTIVE） | □正常（SOUND）<br>□异常（DEFECTIVE） | □正常（SOUND）<br>□异常（DEFECTIVE） | □正常（SOUND）<br>□异常（DEFECTIVE） |

损坏记录及代号(DAMAGE & CODE)

BR 破损(BROKEN)　D 凹损(DENT)　M 丢失(MISSING)　DR 污箱(DIRTY)　DL 危标(DG LABEL)

左侧(LEFT SIDE)　右侧(RIGHT SIDE)　前部(FRONT)　集装箱内部(CONTAINER INSIDE)

顶部(TOP)　底部(FLOOR BASE)　箱门(REAR)　如有异状，请注明程度及尺寸(REMARK).

除列明者外，集装箱及集装箱设备交接时完好无损，铅封完整无误。

THE CONTAINER/ASSOCIATED EQUIPMENT INTERCHANGED IN SOUND CONDITION
AND SEAL INTACT UNLESS OTHERWISE STATED.

用箱人/运箱人签署　　　　　　　　　　　码头堆场值班员签署

（CONTAINER USER/HAULIER'S SIGNATURE）　　　（TERMINAL/DEPOT CLERK'S SIGNATURE）

表 3-43 集装箱装箱单

| Reefer Temperature Required 冷藏温度 ℃ ℉ | | | | CONTAINER LOAD PLAN 装箱单 | | | Packer's Copy 发货人/装箱人 联 | | |
|---|---|---|---|---|---|---|---|---|---|
| Class 等级 | IMDG Code 危规代码 | UN No. 联合国编号 | Flashpoint 闪点 | | | | | | |
| Ship's Name / Voy No. 船名 / 航次 | | | | Port of Loading 装货港 | Port of Discharge 卸货港 | Place of Delivery 交货地 | SHIPPER'S/PACKER'S DECLARATIONS: We hereby declare that the container has been thoroughly cleaned without any evidence of cargoes of previous shipment prior to vanning and cargoes has been properly stuffed and secured. | | |
| Container No. 箱号 | | | | Bill of Lading No. 提单号 | Quantity & Packing 件数与包装 | Gross Weight 毛重 | Measurements 尺码 | Description of Goods 货名 | Marks & Numbers 唛头 |
| Seal No. 铅封号 | | | | | | | | | |
| Cont.Size 尺寸 20' 40' 45' | Con.Type. 箱型 GP=普通箱　TK=油罐箱 RF=冷藏箱　PF=平板箱 OT=开顶箱　HC=高柜 FR=框架柜　HT=挂衣箱 | | | | | | | | |
| ISO Code for Container Size / Type 集装箱尺寸/箱型 ISO 标准代码 | | | | | | | | | |
| Packer's Name / Address 装箱人名称/地址 Tel No. 电话号码 | | | | | | | | | |
| Packing Date 装箱日期 | | | | Received by Drayman 驾驶员签收及车号 | Total Packages 总件数 | Total Cargo WT 总货重 | Total Meas. 总尺码 | Remarks：备注 | |
| Packed by 装箱人签名 | | | | Received by Terminals / Date of Receipt 码头收箱签收和收箱日期 | | Cont.Tare WT 集装箱皮重 | Cgo. /Cont. Total WT 货/箱总重量 | | |

步骤六：货物集港

2024 年 7 月 9 日下午装箱完毕，司机刘涛携带 EIR 的_____（IN/OUT）联和_____，将____（空/重）箱送往顺安集装箱码头堆场，找____（空/重）箱堆场管理员郭阳进行检验和交接。交接无误后，将集装箱放到指定位置，双方在 EIR 的_____（IN/OUT）联和 CLP 相应位置上签字确认，堆场管理员郭阳留下 EIR 的_____（IN/OUT）联中的船公司或其代理联、码头堆场联、CLP 中的码头联、船代联和承运人联，将 EIR 的_____（IN/OUT）联的用箱人或运箱人联、CLP 的发货人联和装箱人联退还给司机刘涛。

请根据以上信息填写设备交接单 IN 联（见表 3-44）。

表3-44　　　　　　　　　　　　**集装箱设备交接单IN联**

××运输有限公司　　　　　　　　　　　　　　　　IN进场

集装箱发放/设备交接单

EQUIPMENT INTERCHANGE RECEIPT　　　　NO.: 202107092

| 用箱人/运箱人（CONTAINER USER/HAULIER） | 提箱地点（PLACE OF DELIVERY） |
|---|---|
| 来自地点（DELIVERED TO） | 返回/收箱地点（PLACE OF RETURN） |

| 船名/航次<br>（VESSEL/VOYAGE NO.） | 集装箱号<br>（CONTAINER NO.） | 尺寸/类型<br>（SIZE/TYPE） | 营运人<br>（CNTR.OPTR.） |
|---|---|---|---|
| 提单号<br>（B/L NO.） | 铅封号<br>（SEAL NO.） | 免费期限<br>（FREE TIME PERIOD） | 运载工具牌号<br>（TRUCK WAGON.BARG NO.） |

| 出场目的/状态<br>（PPS OF GATE-OUT/STATUS） | 进场目的/状态<br>（PPS OF GATE-IN/STATUS） | 出场日期<br>（TIME-OUT） |
|---|---|---|
|  |  | 月　日　时 |

出进场检查记录　（INSPECTION AT THE TIME OF INTERCHANGE）

| 普通集装箱<br>（GP CONTAINER） | 冷藏集装箱<br>（RF CONTAINER） | 特种集装箱<br>（SPECIAL CONTAINER） | 发电机<br>（GEN SET） |
|---|---|---|---|
| □正常（SOUND）<br>□异常（DEFECTIVE） | □正常（SOUND）<br>□异常（DEFECTIVE） | □正常（SOUND）<br>□异常（DEFECTIVE） | □正常（SOUND）<br>□异常（DEFECTIVE） |

损坏记录及代号(DAMAGE & CODE)　　BR 破损(BROKEN)　　D 凹损(DENT)　　M 丢失(MISSING)　　DR 污箱(DIRTY)　　DL 危标(DG LABEL)

左侧(LEFT SIDE)　　右侧(RIGHT SIDE)　　前部(FRONT)　　集装箱内部(CONTAINER INSIDE)

顶部(TOP)　　底部(FLOOR BASE)　　箱门(REAR)　　如有异状，请注明程度及尺寸(REMARK).

除列明者外，集装箱及集装箱设备交接时完好无损，铅封完整无误。

THE CONTAINER/ASSOCIATED EQUIPMENT INTERCHANGED IN SOUND CONDITION
AND SEAL INTACT UNLESS OTHERWISE STATED.

用箱人/运箱人签署　　　　　　　　　　　　码头堆场值班员签署
（CONTAINER USER/HAULIER'S SIGNATURE）　　（TERMINAL/DEPOT CLERK'S SIGNATURE）

步骤七：换取提单

船舶靠港后，工人将集装箱货物装船。2024年7月10日货物装船完毕，××集装箱运输有限公司给飞捷货代签发了一份提单确认书，经业务员李平审核无误后签字、盖章，返给××集装箱运输有限公司。

××集装箱运输有限公司收到李平发来的提单确认书，收取运杂费后即签发海运提单_____（主提单/分提单）。请代××集装箱运输有限公司签发海运提单（见表3-45）（海运提单号为：COS2021071001）

表3-45                      出口货物海运提单

| 2.Shipper（Insert Name，Address and Phone） | | | 1.B/L No. | | |
|---|---|---|---|---|---|
| | | | ××集装箱运输有限公司<br>×× CONTAINER LINES<br><br>TLX：33057×× CN<br>FAX：+86（021）6545 8984<br>ORIGINAL | | |
| 3.Consignee（Insert Name，Address and Phone） | | | | | |
| 4.Notify Party（Insert Name，Address and Phone）<br>（It is agreed that no responsibility shall attach to the Carrier or his agents for failure to notify.） | | | Port-to-Port or Combined Transport<br>**BILL OF LADING**<br>RECEIVED in external apparent good order and condition except as otherwise noted.The total number of packages or unites stuffed in the container，The description of the goods and the weights shown in this Bill of Lading are Furnished by the Merchants，and which the carrier has no reasonable means of checking and is not a part of this Bill of Lading contract.The carrier has issued the number of Bills of Lading stated below，all of this tenor and date，one of the original Bills of Lading must be surrendered and endorsed or signed against the delivery of the shipment and whereupon any other original Bills of Lading shall be void.The Merchants agree to be bound by the terms and conditions of this Bill of Lading as if each had personally signed this Bill of Lading.<br>SEE clause 4 on the back of this Bill of Lading（Terms continued on the back hereof，please read carefully）.<br>*Applicable only When Document Used as a Combined Transport Bill of Lading. | | |
| 5.Combined Transport * | 6.Combined Transport* | | | | |
| Pre-carriage by | Place of Receipt | | | | |
| 7.Ocean Vessel Voy.No. | 8.Port of Loading | | | | |
| 9.Port of Discharge | 10.Combined Transport * | | | | |
| | Place of Delivery | | | | |
| 11.Marks & Nos.<br>12.Container / Seal No. | 13.No.of Containers or Packages | 14.Description of Goods（If Dangerous Goods，See Clause 20） | 15.Gross Weight | 16.Measurement | |
| | | Description of Contents for Shipper's Use only （Not part of This B/L Contract） | | | |
| 17.TOTAL NUMBER OF CONTAINERS AND/OR PACKAGES（IN WORDS） | | | | | |
| Subject to Clause 7 Limitation | ' | | | | |
| 18.Freight & Charge | Revenue Ton | Rate | Per | Prepaid | Collect |
| 19.Declared Value Charge | | | | | |
| Ex Rate | Prepaid at | Payable at | 21.Place and Date of Issue | | |
| | Total Prepaid | 20.No.of Original B（s）/L | 22. Signed for the Carrier，COCUE CONTAINER LINES | | |
| LADEN ON BOARD THE VESSEL | | | | | |
| DATE | | BY | | | |

步骤八：签发拼箱货提单（分提单）

取得海运提单（主提单）后，李平分别向上海万里贸易有限公司和上海华贸科技有限公司收取了垫付费用和货运代理费用，并签发了海运提单＿＿＿＿＿＿＿（主提单/分提单）。

1.飞捷货代向万里贸易签发拼箱货提单

李平需填写并向万里贸易签发拼箱货提单（见表3-46），提单号为COS2021071001A。

表3-46　　　　　　　　　　拼箱货提单（万里贸易）

| | |
|---|---|
| Shipper | B/L NO. |
| Consignee | **上海飞捷货代**<br>SHANGHAI FEIJIE FORWARDER<br>BILL OF LADING<br>ORIGINAL |
| Notify Party | |
| Per-carriage by　　Place of Receipt | Received in external apparent good order and condition except as otherwise noted.The total number of packages or unites stuffed in the container, the description of the goods and the weights shown in this Bill of Lading are furnished by the merchants, and which the carrier has no reasonable means of checking and is not a part of this Bill of Lading contract. |
| Ocean Vessel Voy No.　　Port of Loading | |

| Port of Discharge | Place of Delivery | Final Destination |
|---|---|---|

| Marks & Nos.<br>Container/Seal No. | No.of Containers<br>or P'kgs | Kind of Packages；Description of<br>Goods | Gross Weight | Measurement |
|---|---|---|---|---|
| | | | | |

| TOTAL NUMBER OF CONTAINERS OR PACKAGES（IN WORDS） | | | | |
|---|---|---|---|---|
| Freight & charge Revenue ton | Rate | Per | Prepaid | Collect |
| Ex Rate | Prepaid at | Payable at | | Place and Date of Issue |
| | Total Prepaid | No.of Original B（s）/L | | Signed for the Carrier |

2.飞捷货代向华贸科技签发拼箱货提单

李平需填写并向华贸科技签发拼箱货提单（见表3-47），提单号为COS20210710
01B。

表3-47　　　　　　　　　　　　拼箱货提单（华贸科技）

| Shipper | B/L NO. |
|---|---|
| Consignee | **上海飞捷货代**<br>SHANGHAI FEIJIE FORWARDER<br>BILL OF LADING<br>ORIGINAL |
| Notify Party | |
| Per-carriage by　　　Place of Receipt | Received in external apparent good order and condition except as otherwise noted.The total number of packages or unites stuffed in the container, the description of the goods and the weights shown in this Bill of Lading are furnished by the merchants, and which the carrier has no reasonable means of checking and is not a part of this Bill of Lading contract. |
| Ocean Vessel Voy No.　　Port of Loading | |

| Port of Discharge | | Place of Delivery | | Final Destination | |
|---|---|---|---|---|---|
| Marks & Nos.<br>Container/Seal No. | No.of Containers<br>or P'kgs | Kind of Packages；Description of Goods | | Gross Weight | Measurement |
| TOTAL NUMBER OF CONTAINERS OR PACKAGES（IN WORDS） | | | | | |
| Freight & Charge Revenue Ton | Rate | Per | | Prepaid | Collect |
| Ex Rate | Prepaid at | Payable at | | Place and Date of Issue | |
| | Total Prepaid | No.of Original B（s）/L | | Signed for the Carrier | |

步骤九：任务实施完成

## 【任务测评】

### 一、单项选择题

1.House B/L、Ocean B/L 同时签发时，House B/L 中的收货人是（　　）。

A.船公司代理 　　　　　　　　　　B.NVOCC

C.NVOCC 代理 　　　　　　　　　　D.收货人

随堂测 3-5

2.House B/L、Ocean B/L 同时签发时，Ocean B/L 中的收货人是（　　）。

A.船公司代理 　　　　　　　　　　B.国内 NVOCC

C.国外 NVOCC 代理 　　　　　　　D.收货人

3.国际货运代理人在签发自己的提单时，他就是（　　）。

A.货主代理人 　　　　　　　　　　B.托运人代理人

C.收货人代理人 　　　　　　　　　D.承运人

### 二、多项选择题

1.货代企业承办集拼业务必须具备的条件有（　　）。

A.有 CFS 装箱设施和装箱能力

B.与国外卸货港有拆箱分运能力的航运或货运企业有代理关系

C.经批准有权从事集拼业务

D.能签发自己的抬头提单

2.以下关于拼箱货提单说法正确的有（　　）。

A.发货人为真正的发货人 　　　　　B.运输条款为 CY-CY

C.可以用于银行结汇 　　　　　　　D.不可以用来向船公司提货

### 三、判断题

1.进仓通知是货代发出的指示货主送货时间、地点和要求的一张通知书。（　　）

2.收货人可以凭拼箱货提单向船公司提货。（　　）

# 任务六　办理集装箱班轮拼箱进口代理业务

## 【任务描述】

2024 年 4 月 1 日，飞捷货代接到该公司 D 市分公司的通知，请求飞捷货代办理一票集拼货物的提货、交货事宜。该票集拼货物来自两个货主，分别是 D 市 AK 贸易有限公司发给上海申申鞋业（以下简称"申申鞋业"）的一批儿童运动鞋、D 市 BH 贸易公司发给上海富春时装有限公司（以下简称"富春时装"）的一批男士衬衫。飞捷货代的 D 市分公司将这两票货物拼在一个 20 英尺的通用集装箱内，并将集拼的整箱货载于××集装箱运输公司的船上。装船后，飞捷货代 D 市分公司寄送了海运提单和拼箱货提单（分别见表 3-48、表 3-49 和表 3-50）给上海飞捷货代。

表 3-48　　　　　　　　　　　　　　　　海运提单

| 2.Shipper（Insert Name，Address and Phone） | 1.B/L No.COS2021040101 |
|---|---|
| SHANGHAI FEIJIE FORWARDER Co.，Ltd D CITY BRANCH<br>12-8 HARLEY STREET，D CITY，U COUNTRY<br>Tel：（44）20-25900580 | ××集装箱运输有限公司<br>×× CONTAINER LINES<br><br>TLX：33057×× CN<br>FAX：+86（021）6545 8984<br>ORIGINAL<br><br>Port-to-Port or Combined Transport<br>**BILL OF LADING**<br>RECEIVED in external apparent good order and condition except as otherwise noted.The total number of packages or units stuffed in the container，the description of the goods and the weights shown in this Bill of Lading are furnished by the Merchants，and which the carrier has no reasonable means of checking and is not a part of this Bill of Lading contract. The carrier has issued the number of Bills of Lading stated below，all of this tenor and date，one of the original Bills of Lading must be surrendered and endorsed or signed against the delivery of the shipment and whereupon any other original Bills of Lading shall be void.The Merchants agree to be bound by the terms and conditions of this Bill of Lading as if each had personally signed this Bill of Lading.<br>SEE clause 4 on the back of this Bill of Lading（Terms continued on back hereof，please read carefully）.<br>*Applicable only When Document Used as a Combined Transport Bill of Lading. |
| 3.Consignee（Insert Name，Address and Phone） | |
| SHANGHAI FEIJIE FORWARDER Co.，Ltd<br>1021 HUATING ROAD，SHANGHAI，CHINA<br>Tel：（86）021-50266801 | |
| 4.Notify Party（Insert Name，Address and Phone）<br>（It is agreed that no responsibility shall attach to the Carrier or his agents for failure to notify.） | |
| THE SAME AS CONSIGNEE | |

| 5.Combined Transport * | | 6.Combined Transport* | |
|---|---|---|---|
| Pre-carriage by | | Place of Receipt | |
| 7.Ocean Vessel Voy.No. | | 8.Port of Loading | |
| XIN YUE　056E | | D | |
| 9.Port of Discharge | | 10.Combined Transport * | |
| | | Place of Delivery | |

| 11.Marks & Nos.<br>12.Container / Seal No. | 13.No.of Containers or Packages | 14.Description of Goods（If Dangerous Goods，See Clause 20） | 15.Gross Weight | 16.Measurement |
|---|---|---|---|---|
| N/M<br>COSU847260④<br>SEAL NO.07345 | 1×20GP<br>30 CARTONS | CHILDRENS'SPORT SHOES<br>MEN'S SHIRTS | 2 000kg<br>1 000kg | 6m³<br>3m³ |
| | | Description of Contents for Shipper's Use only （Not Part of This B/L Contract） | | |

17.TOTAL NUMBER OF CONTAINERS AND/OR PACKAGES（IN WORDS）

| Subject to Clause 7 Limitation | | | | | |
|---|---|---|---|---|---|
| 18.Freight & Charge | Revenue Ton | Rate | Per | Prepaid | Collect |
| PREPAID | | | | | |
| 19.Declared Value Charge | | | | | |

| Ex Rate | Prepaid at | Payable at | 21.Place and Date of Issue | |
|---|---|---|---|---|
| | D | | D　APR.1.2024 | |
| | Total Prepaid | 20.No.of Original B（s）/L | 22. Signed for the Carrier，COCUE CONTAINER LINES | |
| | | THREE | COSCO JOHN | |

LADEN ON BOARD THE VESSEL

| DATE | | BY | |
|---|---|---|---|
| | | | |

表 3-49　　　　　　　　　　拼箱货提单 A

| Shipper<br>AK TRADE Co., Ltd<br>52-6 YORK STREET, D CITY, U COUNTRY<br>Tel：（44）20-36257860 | B/L NO.COS2021040101A<br><br>上海飞捷货代<br>SHANGHAI FEIJIE FORWARDER<br>BILL OF LADING<br>ORIGINAL |
|---|---|
| Consignee<br>TO ORDER OF SHIPPER | |
| Notify party<br>SHANGHAI SHENSHEN FOOTWEAR CO., LTD<br>206 JIANGNING ROAD SHANGHAI, CHINA<br>TEL：（86）021-57870621 | Received in external apparent good order and condition except as otherwise noted. The total number of packages or units stuffed in the container, the description of the goods and the weights shown in this Bill of Lading are furnished by the merchants, and which the carrier has no reasonable means of checking and is not a part of this Bill of Lading contract. |
| Per-carriage by　　　　Place of Receipt | |
| Ocean Vessel Voy No.　　　Port of Loading<br>XIN YUE　056E　　　　　　D | |

| Port of Discharge<br>SHANGHAI | Place of Delivery | Final Destination |
|---|---|---|

| Marks & Nos.<br>Container/Seal No. | No.of Containers<br>or Packages | Kind of Packages；Description of Goods | Gross Weight | Measurement |
|---|---|---|---|---|
| AK<br>SHANGHAI<br>C/No.1-20 | 20<br>CARTONS | <br><br>CHILDRENS'SPORT SHOES | 2 000kg | 6m³ |

TOTAL NUMBER OF CONTAINERS OR PACKAGES （IN WORDS） SAY TWENTY CARTONS ONLY

| Freight & Charge<br>Revenue Ton | Rate | Per | Prepaid | Collect |
|---|---|---|---|---|

| Ex Rate | Prepaid at<br>D | Payable at | Place and Date of Issue<br>　　　　D　APR.1.2024 | |
|---|---|---|---|---|
| | Total Prepaid | No.of Original<br>B（s）/L<br>　　THREE | Signed for the Carrier<br>SHANGHAI FEIJIE FORWARDER D CITY BRANCH | |

表 3-50　　　　　　　　　　　　拼箱货提单B

| Shipper<br>BH TRADE CO.，LTD<br>3-8 PARK STREET，D CITY，U COUNTRY<br>Tel：（44）20-36257860 | B/L NO.COS2021040101A<br><br>上海飞捷货代<br>SHANGHAI FEIJIE FORWARDER<br>BILL OF LADING<br>ORIGINAL |
|---|---|
| Consignee<br>TO ORDER OF SHIPPER | |
| Notify Party<br>SHANGHAI FUCHUN CLOTHING CO.，LTD<br>18 BAOSHAN ROAD SHANGHAI，CHINA<br>TEL：（86）021-62330715 | Received in external apparent good order and condition except as otherwise noted. The total number of packages or units stuffed in the container， the description of the goods and the weights shown in this Bill of Lading are furnished by the merchants， and which the carrier has no reasonable means of checking and is not a part of this Bill of Lading contract. |
| Per-carriage by　　Place of Receipt | |
| Ocean Vessel Voy No.　　Port of Loading<br>XIN YUE　056E　　　　　D | |

| Port of Discharge<br>SHANGHAI | Place of Delivery | Final Destination |
|---|---|---|

| Marks & Nos.<br>Container/Seal No.<br>BH<br>SHANGHAI<br>C/No.1-10 | No.of Containers or Packages<br>10<br>CARTONS | Kind of Packages；Description of Goods<br><br>MEN'S SHIRTS | Gross Weight<br><br>1 000kg | Measurement<br><br>3m³ |
|---|---|---|---|---|

TOTAL NUMBER OF CONTAINERS OR PACKAGES（IN WORDS）SAY TEN CARTONS ONLY

| Freight & Charge<br>Revenue Ton | Rate | Per | Prepaid | Collect |
|---|---|---|---|---|
| Ex Rate | Prepaid at<br>D | Payable at | Place and Date of Issue<br>D　APR.1.2024 | |
| | Total Prepaid | No.of Original<br>B（s）/L<br>THREE | Signed for the Carrier<br>SHANGHAI FEIJIE FORWARDER D CITY BRANCH | |

　　飞捷货代的业务员李平接受了经理布置的任务，接下来，他需要代客户完成该票业务操作，即领取这票整箱货，并将其掏箱后交付给各个收货人。

## 【任务解析】

　　本任务主要学习集装箱班轮拼箱进口货运过程中涉及的相关单证的缮制及流转操作，并根据客户的具体货运要求，完成集装箱班轮拼箱进口货运业务的代办工作。

**微课 3-15**

集装箱班轮拼箱进口货运主要单证和业务流程

**【知识链接】**

### 一、集装箱班轮拼箱进口货运涉及的主要单证

集装箱班轮拼箱进口货运涉及的单证除了整箱出口随船流转的载货清单（舱单）、集装箱装箱单、海运提单（主提单）、拼箱货提单（分提单）外，还有进口所需的交货记录联单及进口提、还箱的集装箱设备交接单。

### 二、集装箱班轮拼箱进口货运代理业务操作

集装箱班轮拼箱进口货运代理业务流程如图 3-12 所示。

（1）装运港货代将货物装船以及船舶预计抵达卸货港的时间等信息通知其卸货港货代，并将海运提单和拼箱货提单等单据副本快递给卸货港货代。

（2）拼箱货提单最终通过银行分别从发货人 A、B、C 处流转到收货人 X、Y、Z 处。

（3）卸货港货代凭借海运提单提取整箱货。

（4）船公司凭海运提单将整箱货交给卸货港货代。

（5）收货人 X、Y、Z 分别凭自己的拼箱货提单到卸货港货代处申请提货。

（6）卸货港货代将收货人 X、Y、Z 的拼箱货提单与装运港寄送过来的拼箱货提单副本进行核对，无误后分别将货物交给收货人 X、Y、Z。

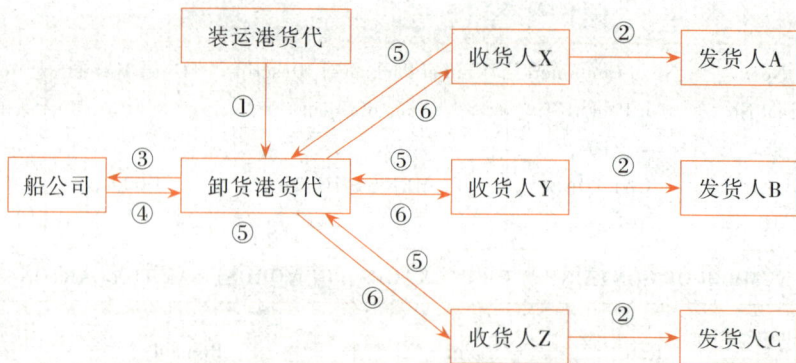

图3-12　集装箱班轮拼箱进口货运代理业务流程

**【任务实施】**

全班 5～6 人为一组，设 1 名组长，由组长带领本组同学依次扮演李平的角色，按下述步骤完成上海申申鞋业有限公司和上海富春时装有限公司委托的这两票货物的进口货运代理操作：

步骤一：接单

上海飞捷货代收到 D 市分公司的海运提单和拼箱货提单，以及船舶的到港预报。

步骤二：船公司发出到货通知

船舶到港后，船公司缮制交货记录联单，并将到货通知书（第 1 联）发给上海飞捷货代。货物到达和进库/场日期均为 2024 年 4 月 10 日。请代船公司填制交货记录联单中的第 1 联——到货通知书（见表 3-51）。

表3-51                                到货通知书

| 收货人 | 名称 | | 收货人开户银行与账户 | |
| --- | --- | --- | --- | --- |
| | 地址 | | | |
| 船名 | | 航次 | 启运港 | 目的地 |
| 提单号 | | 交付条款 | | 到付运费 |
| 卸货地点 | | 到达日期 | 进库/场日期 | 第一程运输 |
| 标记与集装箱号 | | 货名 | 集装箱数或件数 | 重量（kg） 体积（m³） |
| | | | | |

步骤三：缴费换单

2024年4月12日，李平凭正本提单和到货通知书到船公司缴纳相关费用，换取了交货记录联单的第2~5联。之后，李平持提货单联（第2联）办理报关手续后到顺安集装箱码头重箱堆场提取集装箱。请填写交货联单中的提货单（见表3-52）。

表3-52                                提货单

| 提货单<br>Delivery Order | | | |
| --- | --- | --- | --- |
| _____地区、场站<br>收货人／被通知方：          ____年____月____日 | | | |
| 船名： | 航次： | 启运港： | 目的港： |
| 提单号： | 交付条款： | 到付海运费： | 合同号： |
| 卸货地点： | 到达日期： | 进库场日期： | 第一程运输： |
| 货名： | | 集装箱号／铅封号： | |
| 集装箱数： | | | |
| 件数： | | | |
| 重量： | | | |
| 体积： | | | |
| 标志与唛头： | | | |
| 请核对放货<br>中国××代理公司 | | | |
| 凡属法定检验、检疫的进口商品，必须向有关监督机构申报。          年    月    日 | | | |
| 收货人章          海关章 | | | |

步骤四：进口报关

2024年4月13日，飞捷货代报关员王宇携带报关委托书、报关单及报关所需其他单据，到上海吴淞海关办理进口申报，经海关查验、收费后，在提货单上加盖放行章。

步骤五：提取重箱

海关放行货物后，李平于2024年4月14日派司机关伟到堆场办理提箱事宜。司机关伟凭身份证明和EIR的_____（IN/OUT）一式三联，驾驶车牌号为沪C12345的拖车进入堆场。_____（空/重）箱堆场工作人员周越将其带到_____（空/重）箱堆场2区C0306位置，取走集装箱号为COSU847260☐、铅封号为073435的集装箱。双方当场检验了集装箱的状况，确认无异常后，双方在EIR的_____（IN/OUT）联上签字确认。_____（空/重）箱堆场工作人员周越留下_____（IN/OUT）联中的船公司或其代理联、码头堆场联，将用箱人或运箱人联退还给司机。

请填写设备交接单OUT联（见表3-53）。

表3-53　　　　　　　　　　　集装箱设备交接单OUT联

××运输有限公司　　　　　　　　　　　OUT 出场

集装箱发放/设备交接单

EQUIPMENT INTERCHANGE RECEIPT　　　　　NO.：202104141

| 用箱人/运箱人（CONTAINER USER/HAULIER） | | 提箱地点（PLACE OF DELIVERY） | |
|---|---|---|---|
|  | |  | |
| 来自地点（DELIVERED TO） | | 返回/收箱地点（PLACE OF RETURN） | |
|  | |  | |
| 船名/航次<br>（VESSEL/VOYAGE NO.） | 集装箱号<br>（CONTAINER NO.） | 尺寸/类型<br>（SIZE/TYPE） | 营运人<br>（CNTR.OPTR.） |
|  |  |  |  |
| 提单号<br>（B/L NO.） | 铅封号<br>（SEAL NO.） | 免费期限<br>（FREE TIME PERIOD） | 运载工具牌号<br>（TRUCK WAGON.BARG NO.） |
|  |  |  |  |
| 出场目的/状态<br>（PPS OF GATE-OUT/STATUS） | 进场目的/状态<br>（PPS OF GATE-IN/STATUS） | | 出场日期<br>（TIME-OUT） |
|  |  | | 月　日　时 |
| 出进场检查记录（INSPECTION AT THE TIME OF INTERCHANGE） | | | |
| 普通集装箱<br>（GP CONTAINER） | 冷藏集装箱<br>（RF CONTAINER） | 特种集装箱<br>（SPECIAL CONTAINER） | 发电机<br>（GEN SET） |
| ☐正常（SOUND）<br>☐异常（DEFECTIVE） | ☐正常（SOUND）<br>☐异常（DEFECTIVE） | ☐正常（SOUND）<br>☐异常（DEFECTIVE） | ☐正常（SOUND）<br>☐异常（DEFECTIVE） |

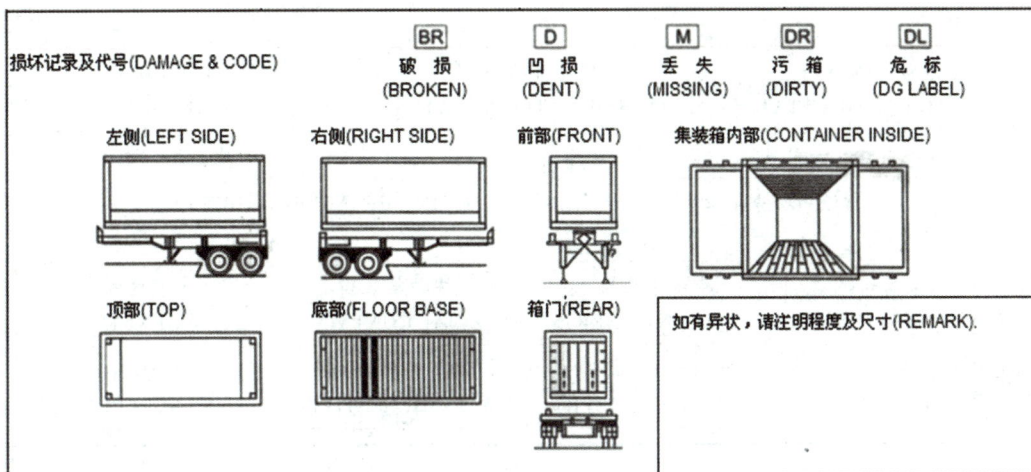

损坏记录及代号(DAMAGE & CODE) | BR 破损(BROKEN) | D 凹损(DENT) | M 丢失(MISSING) | DR 污箱(DIRTY) | DL 危标(DG LABEL)

左侧(LEFT SIDE) 右侧(RIGHT SIDE) 前部(FRONT) 集装箱内部(CONTAINER INSIDE)

顶部(TOP) 底部(FLOOR BASE) 箱门(REAR) 如有异状，请注明程度及尺寸(REMARK).

除列明者外，集装箱及集装箱设备交接时完好无损，铅封完整无误。

THE CONTAINER/ASSOCIATED EQUIPMENT INTERCHANGED IN SOUND CONDITION AND SEAL INTACT UNLESS OTHERWISE STATED.

用箱人/运箱人签署
(CONTAINER USER/HAULIER'S SIGNATURE)

码头堆场值班员签署
(TERMINAL/DEPOT CLERK'S SIGNATURE)

步骤六：掏箱还箱

提取重箱后，李平遂派工作人员将集装箱拉回飞捷货代货运站进行掏箱、卸货。随后，司机关伟驾驶车牌号为沪C12345的拖车于2024年4月15日将_____（空/重）箱返还顺安集装箱码头_____（空/重）箱堆场。关伟与_____（空/重）箱堆场工作人员王明进行交接查验，确认无异常后，双方在EIR的_____（IN/OUT）联的相应位置签字确认。

请填写设备交接单IN联（见表3-54）。

表3-54　　　　　　　　　　集装箱设备交接单IN联

×××运输有限公司　　　　　　　　　　　　　　　IN进场

集装箱发放/设备交接单

EQUIPMENT　INTERCHANGE　RECEIPT　　　　　　NO.：202104151

| 用箱人/运箱人（CONTAINER USER/HAULIER） | | 提箱地点（PLACE OF DELIVERY） | |
|---|---|---|---|
| 来自地点（DELIVERED TO） | | 返回/收箱地点（PLACE OF RETURN） | |
| 船名/航次（VESSEL/VOYAGE NO.） | 集装箱号（CONTAINER NO.） | 尺寸/类型（SIZE/TYPE） | 营运人（CNTR.OPTR.） |
| | | | |
| 提单号（B/L NO.） | 铅封号（SEAL NO.） | 免费期限（FREE TIME PERIOD） | 运载工具牌号（TRUCK WAGON.BARG NO.） |
| | | | |

续表

| 出场目的/状态<br>（PPS OF GATE-OUT/STATUS） | 进场目的/状态<br>（PPS OF GATE-IN/STATUS） | 出场日期<br>（TIME-OUT） |
|---|---|---|
|  |  | 月　日　时 |

出进场检查记录（INSPECTION AT THE TIME OF INTERCHANGE）

| 普通集装箱<br>（GP CONTAINER） | 冷藏集装箱<br>（RF CONTAINER） | 特种集装箱<br>（SPECIAL CONTAINER） | 发电机<br>（GEN SET） |
|---|---|---|---|
| □正常（SOUND）<br>□异常（DEFECTIVE） | □正常（SOUND）<br>□异常（DEFECTIVE） | □正常（SOUND）<br>□异常（DEFECTIVE） | □正常（SOUND）<br>□异常（DEFECTIVE） |

除列明者外，集装箱及集装箱设备交接时完好无损，铅封完整无误。

THE CONTAINER/ASSOCIATED EQUIPMENT INTERCHANGED IN SOUND CONDITION AND SEAL INTACT UNLESS OTHERWISE STATED.

用箱人/运箱人签署　　　　　　　　　　　码头堆场值班员签署
（CONTAINER USER/HAULIER'S SIGNATURE）　（TERMINAL/DEPOT CLERK'S SIGNATURE）

步骤七：分拨货物

李平在掏箱、卸货完成后分别通知申申鞋业和富春时装前来提货。

1.通知上海申申鞋业有限公司提货

申申鞋业派车前来提货，李平收回申申鞋业提交的拼箱货提单，并将该拼箱货提单与D市分公司发来的提单副本进行核对，无误后将货物交给申申鞋业，双方在交接单上签字确认。

2.通知上海富春时装有限公司提货

富春时装派车前来提货，李平收回富春时装提交的拼箱货提单，并将该拼箱货提单与D市分公司发来的提单副本进行核对，无误后将货物交给富春时装，双方在交接单上签字确认。

步骤八：任务实施完成

## 【任务测评】

### 一、单项选择题

1. 站到站（CFS to CFS）的集装箱运输适合（　　　）的交接方式。

A. 整箱收、整箱交　　　　　　　　　B. 整箱收、拆箱交

C. 拼箱收、拆箱交　　　　　　　　　D. 拼箱收、整箱交

2. LCL由（　　　）负责施封。

A. 船公司　　　　B. 托运人　　　　C. 集拼经营人　　　　D. 船长

3. 进口拼箱货提货的地点是（　　　）。

A. 货运站　　　　B. 堆场　　　　C. 船上　　　　D. 港口

### 二、多项选择题

1. 拼箱货进口业务涉及的单证有（　　　）。

A. 拼箱货提单　　　　　　　　　B. 集装箱设备交接单

C. 交货记录联单　　　　　　　　D. 场站收据

2. 关于海运集装箱拼箱进口（LCL）业务，以下说法正确的有（　　　）。

A. 拼箱进口适用于单票货物体积或重量不足整箱的小批量运输

B. 拼箱运输的运费计算方式与整箱（FCL）完全相同

C. 拼箱进口货物的运输责任在目的港拆箱后转移给收货人

D. 拼箱货物需通过货运代理（NVOCC）签发主提单（Master B/L）和分提单（House B/L）

### 三、判断题

1. 进口集装箱的海关放行章加盖在装箱单上。　　　　　　　　　　（　　　）

2. 进口货物到货通知书由码头向收货人发出。　　　　　　　　　　（　　　）

# 任务七　办理租船代理业务

## 【任务描述】

2024年5月15日，E国森特贸易有限公司（以下简称"森特贸易"）与上海宏源粮食集团（以下简称"宏源粮食"）签订贸易合同，欲进口5 000吨袋装小麦，装货港为上海港，卸货港为E国F港。发货人为宏源粮食。

宏源粮食需要为这批货物办理租船运输，于是找到上海远洋船务公司（以下简称"远洋船务"）联系租船事宜。

远洋船务的孙海接受了这一任务，他需要为宏源粮食寻找合适的船东、签订租船合同，完成该票货物的租船操作。

## 【任务解析】

本任务主要掌握不同的租船运输方式，并根据客户的要求，完成租船运输中的询

盘、报盘、还盘、受盘和租船合同的签订工作。

## 【知识链接】

### 一、租船运输方式

租船运输又称不定期船运输（Tramp Shipping），是相对于班轮运输的另一种海上运输经营方式。它的营运既没有固定的班期，也没有固定的航线和挂靠港，而是按照货源的要求和承租人对货物运输的要求，以事先签订的租船合同来安排船舶航行计划，组织货物运输。

租船运输的方式主要有航次租船、定期租船、光船租船和包运租船四种。

1. 航次租船

航次租船（Voyage/Trip Charter）又称程租，是以航次为基础的租船方式，是船舶所有人按双方事先议定的运价与条件向租船人提供船舶全部或部分舱位，在指定的港口之间进行一个或多个航次运输指定货物的租船业务。船方必须按租船合同规定的航程完成货物运输任务，并负责船舶的经营管理及在航行中的费用开支；租船人则应该支付双方约定的运费。

航次租船的特点主要表现在以下几个方面：

（1）船舶所有人负责船舶的营运调度，配备船长和船员，并负责对船舶进行管理。

（2）船舶所有人负责营运所需要的费用。这些费用包括船员工资和伙食费、船舶物料费、船舶保养费、燃料费、港口使费、引水费及合同规定的装卸费等。

（3）租船人向船东支付运费（不称租金）。运费金额受货物品种、数量、航线和装卸港条件好坏、租船市场行情等多种因素的影响。运费的计收分为按吨收费和包干运费两种。在承运某些难以精确计算吨位或容积的货物时，船东往往采用包干运费，如木材的运输等。

（4）航次租船中都规定在港装卸货物的时间（Lay Time）以及装卸时间的计算方法、滞期和速遣（Demurrage and Dispatch）的规定等。为了提高经济效益，船东要控制船舶的在港装卸时间。若装卸时间超过规定的天数，租船人要支付滞期费；反之，船东向租船人支付速遣费。

根据船东和租船人约定应该完成的航次数，航次租船可以进行如下分类（见表3-55）：

表3-55    航次租船的分类

| 种类 | 含义 |
|---|---|
| 单航次租船 | 指仅租一个航次的租船。船舶所有人负责将指定货物由一港口运往另一港口，货物运到目的港卸货完毕后，合同即告终止 |
| 往返航次租船 | 指洽租来回航次的租船。在完成一个单航次后，随即在卸货港（或其附近港口）装货，驶返原装货港（或其附近港口）卸货，货物卸毕合同即告终止 |
| 连续单航次或连续往返航次租船 | 指洽租连续完成几个单航次（连续单航次租船）或几个往返航次（连续往返航次租船）的租船。在这种方式下，同一艘船舶，在同方向、同航线上，连续完成规定的两个或两个以上的单航次，合同才告终止 |

2.定期租船

定期租船（Time/Period Charter）又称期租，是以租赁期限为基础的租船方式，是船舶所有人把船舶出租给承租人使用一定时期的租船方式。在这个期限内，承租人可以利用船舶的运载能力来安排货运。租期内的船舶燃料费、港口费以及拖轮费等营运费用，都由租船人负担，船东只负责船舶的维修、保险、配备船员、供给船员的给养和支付其他固定费用。

定期租船中有一种特殊的方式称为航次期租（Time Charter on Trip Basis，TCT），它是介于航次租船和普通定期租船之间的一种租船方式，没有明确的租期期限，只确定了特定的航次。航次期租以完成航次运输为目的，按实际租用天数和约定的日租金率计算租金，费用和风险则按期租方式处理。

定期租船的特点主要表现在以下几个方面：

（1）船舶所有人负责配备船员，并负担其工资和伙食。

（2）承租人拥有对船员（包括船长在内）的指挥权，如船员不听从指挥，承租人有权要求船舶所有人予以撤换。

（3）承租人负责船舶的营运调度，并负责船舶营运过程中的可变费用，包括燃料费、港口使费、饮水费、货物装卸费及租船合同中规定的其他费用。

（4）船舶所有人负担船舶营运的固定费用，包括船用物料费、润滑油费、船舶保险费和船舶维修保养费等。

（5）船舶以整船出租，租金按船舶的载重吨、租期及商定的租金率计收。因此，定期租船是船舶所有人将船舶出租给承租人，供其在一定时期内使用的租船运输业务。租期短的可以是几个月，长的可达几年至几十年。在租赁期内，船舶由租船人运营和调度。

航次租船与定期租船的区别见表3-56。

表3-56　　　　　　　　　　航次租船与定期租船的区别

| 项目 | 航次租船 | 定期租船 |
|---|---|---|
| 租船方式 | 按航程租用船舶 | 按期限租用船舶 |
| 经营管理 | 船方负责船舶的经营管理 | 租船方负责调度和运营 |
| 运费/租金 | 运费的计收分为按吨收费和包干运费两种 | 租金按船舶的载重吨、租期及商定的租金率计收 |
| 是否计算滞期费和速遣费 | 计算滞期费和速遣费 | 不计算滞期费和速遣费 |

3.光船租船

光船租船（Bare-boat/Demise Charter）实际上是一种财产租赁方式，船舶出租人不具有承揽运输的责任。在租期内，船东不提供船员，只提供一条空船交租船人使用，由租船人自行配备船员，负责船舶的经营管理和航行等工作并负担除船舶保险、折旧、利息以外的一切船舶营运费用。船舶所有人在租期内除了收取租金外，对船舶及其运营不再承担任何责任和费用。在租赁期间，租船人实际上对船舶拥有支配权和占有权。

光船租船的特点主要表现在以下几个方面：

（1）船舶所有人只提供一艘空船。

（2）全部船员由承租人配备并听从承租人的指挥。

（3）承租人负责船舶的经营及营运调度工作，并承担在租期内的时间损失，即承租人不能"停租"。

（4）除船舶的资本费用外，承租人承担船舶的全部固定及变动费用。

（5）租金按船舶的装载能力、租期及商定的租金率计算。

**4.包运租船**

包运租船（Contract of Affreightment，COA）又称包租船，指船舶出租人向承租人提供一定吨位的运力，在确定的港口之间，按事先约定的时间、航次周期和每航次较为均等的运量，完成合同规定的全部运量的租船方式。

包运租船是在连续单航次程租船的运营方式的基础上发展起来的，实际上是一种多航次的程租。它与单航次程租的区别是：单航次程租是用一条船运一批货物，而包运租船则是用若干条船来运一批货物，只确定承运货物的数量及承运期限。这种方式对租船人来说，可减轻租船的压力；对船方来说，在营运上比较灵活，他可以用自有船舶来承运，也可以租用其他船公司的船舶来完成规定的任务。

包运租船的特点主要表现在以下几个方面：

（1）包运租船合同中不指定某一船舶及其国籍，仅规定租用船舶的船级、船龄及其技术规范等。船舶所有人必须根据这些要求提供能够完成合同规定的每个航次货运量的运力。这给船舶所有人在调度和安排船舶方面提供了方便。

（2）由船舶所有人负责船舶的营运调度，并负责相关的营运费用。

（3）运费按船舶实际装运货物的数量及商定的费率计算，按航次结算。

（4）租期的长短取决于货物的总运量及船舶的航次周期所需要的时间。

（5）运输的货物主要是运量较大的干散货或液体散装货物。承租人通常是货物贸易量较大的工矿企业。

（6）航次费用的负担和责任划分一般与航次租船方式相同。

## 二、租船业务操作

租船程序与国际贸易的商品交易一样，也有询盘、报盘、还盘、接受和签订合同五个环节。在租船市场上，需求船舶的租船人和提供船舶运力的船东通过租船经纪人互通情况、讨价还价，最后签订合同。

**1.询盘**

询盘（Inquiry）是在报价之前双方互通情况的联系活动，也可以说是报价的前奏。询盘的作用是让对方知道发盘人的大致需要，内容简单扼要。

租船人的询盘目的是为货物寻找合适的船舶，船东询盘的目的是为船舶寻找合适的货载。询盘可以向租船经纪人发出，经纪人将这些要求转告船东或租船人，要求他们做出答复。

2.报盘

在租船过程中，一般由船东首先报盘（Offer）。报盘的内容只包括主要的可变项目。因为租船合同的条款多达几十条，不可能在报盘中开列出很多的条款。为了克服洽谈中的困难，租船人都是事先拟定好自己的租船合同范本，送给租船经纪人或船东，等正式报盘时使用。在租船合同范本中，凡是特定的可变项目都是空着的，如船东名称、船名、货名、数量、装卸港口、受载期和运价等，留待洽租时具体商定。每次洽租时，首先开列上述主要租船条件，而将次要条件留待就主要条件达成协议后，再另行商议。

报盘有实盘和虚盘之分。实盘是指报盘中的条件不可改变，并在有效的时间内接受才能有效，否则无效。虚盘是有条件的报盘。这种报盘的有效性必须以满足某种条件为前提。常见的条件有：以船未租出为条件；以货未订妥船为条件；以再确认为条件；以发货人接受船舶的受载期为条件；其他条件，如以船东董事会批准为条件等。

3.还盘

在接受对方报盘中部分条件的同时，提出自己不同意的条件就是还盘（Counter Offer）。在还盘时，先要仔细审查对方报盘的内容，看哪些可以接受，哪些需要修改、补充和删掉。如果对方的报盘完全不能接受或者可以接受的很少，也可采用报盘的方式来回答，要求对方还盘。

4.受盘

船东和租船人经过反复多次还盘后，双方就对合同主要条款达成一致，即最后一次还实盘的全部内容被双方接受（Acceptance），就算成交。当然，有效的接受必须在发盘或还盘的时限之内做出。如时限已过，则欲接受一方必须要求另一方再次确认才算生效。

根据国际上通常的做法，接受订租后，双方当事人应签署一份"订租确认书"（Fixture Note）。订租确认书无统一的格式，但其应详细列出船舶所有人和承租人在洽租过程中承诺的主要条款。订租确认书经船舶所有人、承租人和租船经纪人签字后每人保存一份备查。

5.签订租船合同

正式的租船合同（Charter Party）实际上是在合同条款被双方接受后开始编制的。双方签认的订租确认书，实质上就是一份供双方履约的简式的租船合同。签订了订租确认书后，船舶所有人还应按已达成协议的内容编制正式的租船合同，通过租船经纪人送交承租人。承租人接到船舶所有人编制的租船合同后，应进行详细的审核，如发现与原协议内容不相符之处，应及时向船舶所有人提出异议，并制定补充条款要求船舶所有人修改、更正。如果承租人对船舶所有人编制的租船合同没有异议，即可签署。

租船业务的具体流程如图3-13所示。

询盘 → 报盘 → 还盘 → 受盘 → 签订租船合同

图3-13 租船业务的具体流程

### 三、签订租船合同

租船合同亦称租约，是当事人双方，即船东和租船人按照自愿的原则达成的运输契约。合同规定当事人双方的权利与义务、责任和豁免等条款，以明确双方经济和法律的关系。

微课3-16

认识航次租船合同

#### （一）航次租船合同

航次租船合同又称程租合同，是指出租人就约定港口之间的航程提供船舶或部分舱位，承运约定的货物，而由承租人支付约定运费的合同。

## 货运小常识3-5

航次租船合同格式很多，当事人根据所运货物、航线等情况，可以选用不同的合同格式。目前，实际业务中使用较多的航次租船合同格式有：

1. "统一杂货租船合同"（Uniform General Charter，GENCON）。其租约代号为"金康"（GENCON），是波罗的海国际航运公会的前身"波罗的海白海航运公会"于1922年制定的，经英国航运公会采用后做过几次修改，1976年和1994年又进行了两次修订。现在使用较多的是1994年格式版本，但1976年版本也有使用。该合同格式不分货种和航线，适用范围比较广泛。

2. "谷物泊位租船合同"（Berth Grain Charter Party），简称"巴尔的摩C式"（BAL-TIME FORM C），是北美地区向世界各地进行整船谷物运输的航次租船合同的格式。该合同格式由设在纽约的北美粮食出口协会和设在伦敦的北美托运人协会以及纽约土产交易所联合制定。当前普遍使用的是1974年的修订本。

3. "北美谷物航次租船合同，1989"（North American Grain Charter Party，1973，<Amended 1989>），简称"NORGRAIN"，是专用于美国与加拿大之间谷物运输的航次租船合同格式。该合同格式由北美粮食出口协会、波罗的海国际航运公会和英国航运公会、船舶经纪人和代理商国家联盟等制定，内容较新、条款全面。

4. "澳大利亚谷物租船合同"（Australian Grain Charter Party），简称"AUSTRAL"。该合同格式主要用于从澳大利亚到世界其他地区谷物整船运输的航次租船活动。

5. "斯堪的纳维亚航次租船合同，1956年"（Scandinavian Voyage Charter Party 1956），简称"SCANCON"，是波罗的海国际航运公会于1956年制定并经1962年修改的用于斯堪的纳维亚地区的杂货航次租船合同格式。

6. "美国式威尔士煤炭租船合同"（Americanized Walsh Coal Charter Party）。它是美国船舶经纪人和代理人协会于1953年制定的专门用于煤炭的航次租船合同格式。

7. "普尔煤炭航次租船合同"（Coal Voyage Charter Party），简称"POLCOALVOY"，是波罗的海国际航运公会于1971年制定，经1978年修订的用于煤炭的航次租船合同格式。

8. "北美化肥航次租船合同，1978年"（North American Fertilizer Charter Party，1978），简称"FERTIVOY"，是波罗的海国际航运公会和国际航运委员会制定的用于化肥的航次租船合同格式。

9.“C（矿石）7租船合同”（C<ORE>7 Mediterranean Iron Ore），是英国政府在第一次世界大战期间制定的用于进口铁矿石的航次租船合同格式。

航次租船合同主要包括以下内容：

1.合同当事人

租船合同的当事人指船舶所有人和承租人。合同中应列明双方当事人的名称、地址、主要营业场所地址。通常，租船经纪人会代表某一当事人签字，但他不一定是合同的当事人。租船经纪人要在签订合同时申明自己的代理人身份。如果不申明自己的代理人身份，则会被认为是当事人，而要求其履行租船合同义务。

2.船舶概况

（1）船名（Name of Vessel）是航次租船合同中的重要内容。船舶所有人只能派遣合同中被指定的船舶，非经承租人同意无权更换已指定船舶。但为确保提供船舶，合同中规定指定船舶的同时可规定替代船。

（2）船籍（Nationality of Vessel）指船的国籍，通过船旗来体现。出于政治或船货安全方面的考虑，以及货物保险费率的不同，在租船合同中，承租人经常指定船籍或声明不得悬挂某国国旗。而且除非另有约定，船舶所有人不得在合同履行期间擅自变更船舶国籍、更换船旗，否则构成违约。

（3）船级（Classification of Vessel）是船舶检验机关认定的船舶技术状态的指标，主要是为了保证船舶的适航性能。

（4）船舶吨位（Tonnage of Vessel）是船舶的规范资料之一，除表示船舶的大小与装载货物的数量关系外，也是计算港口使用费、运河通行费、代理费、船舶吨税等的依据。所以租船合同中要记明船舶的登记吨（Registered Tonnage）和载重吨（Deadweight Tonnage）。

3.船舶位置

船舶位置（Vessel's Present Position）指订立合同时船舶所处的状态或位置。它直接影响到船舶能否按期抵达预定的装货港；而承租人也要按照船舶位置或状态的有关说明，在船舶到达装货港前备货和安排货物装运。提供准确的船舶位置情况是船舶所有人的一项义务。如果船舶所有人提供的位置不准确，不论是故意还是过失，都构成违约。承租人有权解除合同并要求船舶所有人赔偿由此造成的损失。

4.预备航次

所谓预备航次（Preliminary Voyage），是指相对于完成航次租船合同约定的货物运输的航次，即船舶前往装货港准备装货的航次。航次租船运输合同在“预备航次”阶段就开始执行了。

5.装卸港口

（1）装卸港口或地点（Loading/Discharging Ports or Places）一般在航次租船合同中由承租人指定或选择，并在合同中予以记载。

（2）安全港口和安全泊位（Safe Port/Safe Berth）由谁来负责，要视具体情况而定。

**货运小常识3-6**                     **谁来负责港口与泊位的安全?**

（1）如果在合同中明确规定了装/卸港口或泊位，除非合同另有约定，承租人一般不承担港口和泊位安全性的义务。

（2）如果在合同中承租人选定了港口，但没有确定泊位，则港口的安全风险由船舶所有人负担，而泊位的风险和责任由承租人承担。

（3）如果在合同中承租人没有列明具体港口，而是列明了几个供选择的港口，也是由船舶所有人承担港口和泊位安全性的风险和责任。如果承租人没有列明确定的港口，而是在一个较大的范围内选择，则由船舶所有人承担港口安全性的风险和责任。

（4）如果在合同中装/卸港口或泊位由承租人选择或待指定，则承租人应保证港口或泊位的安全。

（3）港口或泊位的选择

在订立合同时，港口或泊位的选择权在承租人一方，所以承租人一般不需要考虑船舶所有人的利益，而按照自己的装货或卸货需要来选择。

6.受载期与解约日

（1）受载期（Lay days）是指船舶在租船合同规定的日期内到达指定的装货港，并做好装货准备的期限。承租人必须在受载期之前将货物运到指定的码头泊位，准备装船；否则，所耽误的时间应按照滞期费或滞期损失来赔偿出租人。

（2）解约日（Cancelling Date）是船舶到达合同规定的装货港，并做好装货准备的最后一天。也就是说，船舶晚于受载期到达装货港，承租人可以解除合同。受载期和解约日的关系：如果合同中明确规定了受载期，从×月×日至×月×日，则解约日就是最后一天。如果受载期规定的是具体的某一天，则解约日通常会订在这一天之后的10~20天中的某一天。

7.货物

（1）货物的种类

航次租船合同中所运输的特定货物称为"契约货物"（Contractual Cargo），而其他货物称为"非契约货物"（Non-contractual Cargo）。航次租船合同中规定的船舶抵达装货港后，承租人只能提供契约货物，而不能提供其他货物，否则船长有权拒绝装船，船舶所有人还可以因承租人的违约行为而要求其赔偿损失。

（2）货物的数量

如果合同中规定了明确的货物数量，那么承租人所提供的货物数量必须达到船舶的货物装载能力，即重货按照满载（载重吨）的要求，轻货按照满舱（载货容积）的要求。同时，船舶所有人也有义务尽可能提供载货空间。

（3）提供货物的时间

承租人应尽快提供货物，由于不能及时提供货物而导致的船期延误，承租人要赔偿船舶所有人的损失，但不得解除合同。

8.装卸费用的分担

装卸费用指将货物从岸边（或驳船）装入舱内和将货物从船舱内卸至岸边（或驳船）的费用。如果租船合同中没有做出约定，则由船舶所有人能负担，但关于装卸费用及风险如何分担的问题，一般租约中都会有规定。

货运小常识3-7　　　　　　　　　常见的装卸费用分担的约定方法

（1）班轮条款

班轮条款（Liner Terms）又称为"泊位条款"，等同于"总承兑条款""船边交接货物条款"（Free alongside Ship）。承租人把货物交到船舶边吊钩下，船方负责把货物装进舱内，并整理好；卸货时，船方负责把货物从舱内卸到船边，由承租人或收货人提货。所以，责任和费用的划分以船边为界，船舶所有人负责雇佣装卸工人，并负担货物的装卸。

（2）舱内收货条款

舱内收货条款（Free in）简称为FI条款或船舶所有人不负担装货费条款，即承租人负担装货费。它还可以变形为"FILO"（Free in，Liner out）指船舶所有人不负担装货费，其他费用仍由船舶所有人负担。

（3）舱内交货条款

舱内交货条款（Free out）简称为FO条款或船舶所有人不负担卸货费，由承租人负担。如果船舶所有人仅卸货费不负担，其他费用仍然负担的话，可采用变形的"FILO"条款。

（4）舱内收交货条款

舱内收交货条款（Free in and out）简称为FIO条款或船舶出租人不负担装卸费条款，即在装卸两港由承租人雇佣装卸工人，并负担装卸费用。

（5）舱内收交货和堆舱、平舱条款

舱内收交货和堆舱、平舱条款（Free in and out，Stowed and Trimmed，FIOST）是指船舶所有人不负担与装卸有关的费用，承租人负担所有装卸费、平舱费、理舱费（堆舱费）。

（6）总装卸/总装货费/总卸货费条款

总装卸/总装货费/总卸货费条款指船舶所有人负责与装卸或装货或卸货有关的全部费用。该条款与班轮条款相同，在实践中很少使用。

（7）限额条款

限额条款（Scale Load and Discharge）指船舶所有人负责一定限额内的装卸费，超出部分由承租人自行负担。这一条款只对费用做出划分，而船舶安全装卸作业的责任仍然由船舶所有人承担。

9.运费

（1）运费的计收方法

在航次租船合同中，运费一般按照实际装运货物数量计算，合同中标明运费率或包干运费等形式。

（2）运费的支付

运费的支付方法有预付和到付两种。在实际租船业务中，预付已经成为习惯做法，但还是要在合同中对此做出规定，明确运费的支付时间。

10.装卸时间

装卸时间指合同当事人双方约定的船舶所有人使用船舶并且保证船舶适于装卸货物、无须在运费之外支付附加费的时间，即承租人和船舶所有人约定的、承租人保证将合同货物在装货港全部装完和在卸货港全部卸完的时间之和。

（1）装卸时间的规定方法

① 连续日，指按时钟连续走过24小时为一天，即按自然日计算，有一天算一天，没有任何扣除。以这种日表示装卸时间时，从装货或卸货开始至卸货或装货完毕所经过的日历日数就是总的装卸或卸货时间。

② 工作日，指不包括周日和法定节假日的港口可以进行工作的日数。工作日的正常工作时间，按港口习惯规定。

③ 晴天工作日，指工作日或部分工作日中，不受天气影响，可以进行装货或卸货的时间。也就是说，除周日和节假日外，因天气不良而不能进行装卸作业的工作日不能计入装卸时间。

④ 24小时晴天工作日。这是不考虑港口规定的工作日是多少小时，以累计港口晴天工作24小时作为一晴天工作日的表示装卸时间的方法。如果港口的工作时间为每天8小时，那么一个24小时晴天工作日就相当于三个正常工作日。这种规定对出租人极为不利。

⑤ 连续24小时晴天工作日。它指除去星期日、节假日、天气不良影响作业的工作日或工作小时后，其余所有时间从午夜至午夜连续以24小时为一日的表示装卸时间的方法。在使用这种方法时，不论港口规定的正常工作日是几个小时，均按24小时计算。例如，周一天气良好，从上午8点开始计算许可时间，则到周二8点才是一个工作日。如果此间有4小时无法作业，则到周二12点才算是一个工作日。这种方法比较合理，双方均能接受，故在实际业务中采用较多。

（2）装卸时间的起算和止算

装卸时间的起算通常按租船合同的约定办理。一般在租船合同中都规定船长或出租人或其代理人向承租人或其代理递交"装卸准备就绪通知书"（Notice of Readiness, NOR）以后，经过一定的时间（称"通知时间"）后才开始计算。

### 货运小常识3-8

装卸准备就绪通知书是船方告知租船人船舶已准备就绪，可以开始装货或卸货的通知。准备就绪包括两方面的含义：第一，船舶在物理上准备就绪，指货舱适合装载合同中指定的货物；第二，船舶在法律上准备就绪，指已办完了各项法律上的手续。

装卸时间的止算是在装卸作业完成的一刻结束，即将船舶在港内等待开航的时间从装卸时间当中予以扣减。

（3）装卸时间的计算方法

在航次租船合同中，装卸时间的计算有分别计算和统算等方法。

①装卸时间的分别计算

装卸时间分别计算，是指航次租船合同中关于装卸时间的规定是对装货港的装货时间和卸货港的卸货时间分别规定一定的时间，单独计算，不能将装货时间和卸货时间加在一起计算，也不能用一个作业中节省的时间抵消另一作业中超用的时间。通常情况下，如果航次租船合同中没有特别规定，对装货港和卸货港的装卸时间是分别进行规定和单独核算的。

②装卸时间的统算

关于装货港和卸货港的装卸时间的统算，主要有三种约定方法：

a.装卸共用时间

装卸共用时间是表明装货港和卸货港的装卸时间统一合起来使用的一种用语。以这种用语表明的装卸时间统算，一般来说无须装货港或卸货港单独计算装卸时间，可以合并在一起计算。只要装/卸两港实际使用的装/卸总时间未超过合同规定的合计时间，只会产生速遣时间而不会产生滞期时间；反之，如果装/卸两港实际使用的装/卸总时间超过合同规定的合计时间，则只会产生滞期时间而不会产生速遣时间。但如果在装货港已将装/卸两港合计的允许使用时间用完，则在装货港已进入滞期，按照"一旦滞期，永远滞期"的原则，当船舶抵达卸货港后，立即连续计算滞期时间。

b.可调剂使用装卸时间

可调剂使用装卸时间又称"装卸时间抵算"，是指承租人有权选择将约定的装货时间和卸货时间加在一起计算。它是可以用卸货港的允许使用时间调剂，或抵算发生在装货港的速遣或滞期时间的一种装卸时间统算方法。

按照这种约定，承租人可将装货港的速遣时间计入卸货港的允许使用时间内，而使卸货港的允许使用时间增加，或将装货港的滞期时间在卸货港的允许使用时间中扣除，而使卸货港的允许使用时间减少。

采用这种方法时，应分别规定装货时间和卸货时间，并单独编制装/卸时间表，而在卸货港卸货完毕后算出装/卸两港总的滞期时间或速遣时间，即将装货港装货所节省的时间或滞期时间，计入卸货港的允许使用时间中，然后再用卸货港的实际使用时间与经过调整的允许使用时间相比较，最终计算出滞期时间或速遣时间。这时，必须将已在装货港用于装货的时间记录于根据租船合同签发的提单上，使收货人能明确知道还有多少允许使用的卸货时间。

如果装货港的实际使用时间超过了包括卸货允许使用时间在内的装/卸货的全部允许使用时间，即在装货港已经进入滞期，则船舶抵达卸货港时，并不立即连续计算滞期时间，而是在递交装卸准备就绪通知书后，经过一段通知时间，才开始继续计算滞期时间。也就是说，在这种情况下，承租人仍享有将正常的通知时间排除于装卸时间之外的权利。

c.装卸时间平均计算

装卸时间平均计算又称"装卸时间均算"，是指分别计算装货时间和卸货时间，用一个作业中节省的时间抵消另一作业中超用的时间。它与"可调剂使用装卸时间"不同，虽然也分别单独编制装货时间计算表和卸货时间计算表，但并不以装货港的节省时间和滞期时间来调整原规定的卸货港的可用时间，而是单独根据卸货港的时间表，计算出卸货港产生的滞期时间或节省时间，再以装货港的节省时间或滞期时间来抵补卸货港的滞期时间或节省时间。所以，这一方法旨在以装货港节省的时间抵补卸货港的滞期时间，或以卸货港节省的时间抵补装货港的滞期时间，从而减少通常须以速遣费的加倍费率支付滞期费的情况的发生。

**货运小常识3-9** 　　　　　　　　　　　**装卸事实记录单样例**

装卸事实记录单样例见表3-57。

表3-57　　　　　　　　　　　　　　　装卸事实记录单样例

| 日期 | 星期 | 时间 | | 说明 |
| --- | --- | --- | --- | --- |
| | | 开始时间 | 结束时间 | |
| 1月1日 | 二 | 16：00 | | 船舶抵港 |
| 1月1日 | 二 | 17：00 | | 递交装卸准备就绪通知书（NOR） |
| 1月2日 | 三 | 8：00 | | 装卸时间起算 |
| 1月2日 | 三 | 8：00 | 24：00 | 装货开始 |
| 1月3日 | 四 | 0：00 | 5：00 | 因雨停工 |
| 1月3日 | 四 | 5：00 | 24：00 | 装货 |
| 1月4日 | 五 | 0：00 | 24：00 | 装货 |
| 1月5日 | 六 | 0：00 | 16：00 | 装货 |
| 1月5日 | 六 | 16：00 | 24：00 | 停工 |
| 1月6日 | 日 | 0：00 | 24：00 | 停工 |
| 1月7日 | 一 | 8：00 | 24：00 | 装货 |
| 1月8日 | 二 | 0：00 | 12：00 | 装货完毕 |

11.滞期与速遣

（1）滞期费

滞期费（Demurrage）指超过装卸时间导致船舶延迟而付给出租人的约定金额。滞期不适用于装卸时间的除外规定。超过合同允许的作业时间为"滞期时间"，船舶成为"滞期船舶"。承租人必须向船舶所有人支付滞期费。

滞期费=滞期时间×滞期费率=（实际作业时间–合同中允许的作业时间）×滞期费率

滞期时间的规定方法有：

①滞期时间连续计算

它或称"一旦滞期，永远滞期"，是指进入滞期后，即使因周日、假日、天气不良等原因停止工作的时间，也应记为滞期时间，直到货物装/卸完毕。

②滞期时间非连续计算

它是指计算滞期的"日"与计算装卸时间的"日"相同，即滞期时间与装卸时间一样计算。

（2）速遣费

实际货物装/卸完成提前于合同约定的装卸时间时，所提前的时间称速遣时间。船舶提前完成货物装/卸，船东可节省装卸时间和增加船期机会收入。因此，船东一般会向承租人支付一笔相应的费用，即速遣费（Dispatch Money）。实践中，速遣费可被视为作为出租人的船东对承租人的一种奖励或运费回扣。通常，速遣费率为滞期费率的一半。

速遣费=速遣时间×速遣费率

速遣时间的规定方法：①按节省的全部时间计算；②按节省的全部工作时间计算。

【实例3-3】某船于7月5日抵达装货港，于当天16：00递交了NOR，7月6日上午8：00开始装货，7月12日12：00装货完毕。期间，7月8日16：00—20：00因下雨停工；7月11日是周日停工。该船于7月25日抵达卸货港，并于7月26日上午8：00开始卸货，7月27日20：00卸货完毕。租船合同规定：许可装货时间为3天，卸货时间为3天；滞期费按照"一旦滞期，永远滞期"的原则计算，每天2 000元，速遣费每天1 000元。请按装卸共用时间方法计算滞期费或速遣费。

【解】

装货时间共6天4小时，扣除停工时间，实际装货时间为6天。

实际卸货时间为1.5天。

总装卸时间为6+1.5=7.5天

总许可时间为6天。

二者相抵装卸时间（滞期时间）=6-7.5=-1.5（天）

实际应支付滞期费1.5×2 000=3 000（元）

12.代理人

代理人条款主要用来约定是由船舶出租人委托船舶代理人，还是由承租人委托船舶代理人代办船舶在港业务。船舶出租人和承租人为了维护各自的利益，都会争取自己取得指定船代的权利。"金康"格式规定，任何情况下，都由船舶所有人指定自己在装货港和卸货港的代理人。

13.责任中止与货物留置条款

责任中止与货物留置条款（Cesser and Lien Clause）指承租人在货物装船支付了预付运费、亏舱费以及装港的滞期费之后，就可以免除进一步履行租船合同的责任，承租人对合同的责任即告中止；在运输途中，船舶所有人为了货物而花费的特殊费用，其有权对其运输的货物进行留置，从而使收货人对这些费用予以清偿。这两个条款分别是为了保护承租人和船东的利益的。

14.其他条款

航次租船合同中还会列入其他一些条款，如绕航条款、仲裁和法律适用条款、互有过失碰撞责任条款等。

（二）定期租船合同

1.定期租船的格式合同

目前，国际上广泛使用的定期租船合同范本主要有：

（1）"巴尔的摩统一定期租船合同"（BALTIME 1939–Uniform Time Charter），由波罗的海国际航运公会于1939年制定，现在使用的是1974年的范本，条款对船东较为有利。

（2）"纽约土产交易所定期租船合同"（Time Charter–New York Produce Exchange，NYPE）由美国纽约土产交易所于1913年制定，后经1921年、1931年、1946年、1981年和1993年五次修订，并经美国政府批准使用。1993年格式，代码为"NYPE93"。此合同的条款在维护船舶出租人与承租人双方的权益方面显得比较公正。现普遍使用1981年格式，且比"BALTIME"格式使用得更广泛，也是我国航运公司使用较多的范本之一。

（3）"中外运1980年定期租船合同"（SINOTIME，1980），是中国对外贸易运输总公司（现中国外运股份有限公司）于1980年制定的专门用于从国外租进船舶的自备范本。该范本现已为船东所熟悉、接受和使用。该范本条款对承租人较为有利。

2.定期租船合同的主要内容

（1）船舶概况

船舶概况是在定期租船合同中有关船名、船籍、船舶吨位、船舶所处的位置等涉及船舶的有关事项，基本上与航次租船合同相同。

①船速与燃油消耗

在定期租船合同中，承租人按租期长短支付租金，故船速的快慢直接影响承租人使用船舶的经济效益；而且期租合同项下，承租人负担燃油费，所以燃油消耗的多少直接影响承租人的经营成本。因此，出租人有义务提供船速及燃油消耗定额符合合同规定的船舶，否则承租人可以向船东提出船速索赔和燃油消耗量索赔。

②能够航行

这包括两方面的问题：一是指合同规定的航速应准确到多少；二是指船舶在什么期

间应达到合同规定的航速。在定期租船实务中，对船舶航速在时间上的要求有：船舶在交给承租人使用之前的几个航次或交船当时必须达到合同规定的大约航速，如果不能达到合同所规定的航速，船东承担违约责任。船舶在从交船之后起的整个租船期内，航速减慢而不能达到合同规定的大约航速，船东不承担违约责任。

③满载

船舶载重量是表明船舶载货能力的指标。如果船舶的实际载重量小于合同中船东提供的载重量，致使承租人的经济利益遭受损失，船东必须承担违约责任，赔偿承租人因此而遭受的一切损失。通常，定期租船合同中所规定的船舶载重量是根据造船或买船时船级社或船舶检验机构测定和丈量的总载重吨，扣除船舶的燃料、备品、食品、淡水等重量和减量常数估算的。

④良好天气

所谓良好天气，并没有一个统一的标准，通常以航海气象蒲氏4级（Beaufort Scale 4）为标准。所以很多合同中会约定良好天气应达到的标准。

⑤燃料消耗

因整个租期内由承租人负责安排船舶的燃料，燃料的品质优劣会影响船舶耗油量和承租人的成本，也会影响船舶动力装置的磨损速度，所以在合同中最好约定燃油的浓度、质量和成分。

（2）租期

租期是指承租人租用船舶的期限，通常在交船之后若干时间内起算。租期届满时，承租人应将船舶还给出租人。由于海上运输的特点，租期届满之日与承租人使用船舶的最后航次之日很难吻合，合同中通常都规定一宽限期，承租人只要在宽限期内还船，就不视为违约。

（3）交船

交船是船东按合同规定，将船舶交给承租人使用的行为。在实际交船之前，船东应事先通知承租人预期交船日期及确切交船日期，以便承租人做好接船准备和安排船舶货运任务。船东应在合同规定的期间内，将船舶交给承租人。

（4）还船

①还船日期

原则上，租船人在合同约定的租期届满时，将船舶还给船东，但是很多情况下会出现延迟还船或提前还船。延迟还船涉及合法的最后航次和非法的最后航次。我国《海商法》第143条规定："经合理计算，完成最后航次的日期约为合同约定的还船日期，但可能超过合同约定的还船日期的，承租人有权超期用船以完成该航次。超期期间，承租人应当按照合同约定的租金率支付租金；市场的租金率高于合同约定的租金率的，承租人应当按照市场租金率支付租金。"对非法的最后航次的指示，船长有权拒绝，并请求承租人重新指定一个合法的最后航次。如果承租人不另行指定，则出租人有权解除合同，并请求损害赔偿。

②还船地点

一般规定为几个港口或一个区域，由承租人选择具体地点。

③还船条件

对租方较好的还船条件是船在何时何地备妥就在何时何地还船，但船东经常要求对其有利的还船条件，即出港引水员下船时还船。

（5）租金支付

NYPE93和BALTIME合同格式均对租船人支付租金的方式做出了规定，核心内容是按期准时以现金方式预付租金，不做扣减。

①现金支付

这里所指的现金不单纯包括现钞，还包括与现金方式类似的其他支付方式。这种支付方式必须满足的条件是：一旦支付，不能撤回或回收；使出租人无条件地立即使用租金，像银行转账单、银行汇票、银行支付单等都可视为现金方式支付。

②不做扣减

不做扣减并不意味着不做任何扣减，根据法律或合同的规定，允许承租人在支付下一期租金时扣除可以扣减的部分，但是，合同必须有明确的规定。除此之外，承租人不得随意扣减。

③预付

预付是指租金应在支付日之前或当天支付，不得晚于支付日支付的行为。支付日必须是银行工作日，除非另有明示规定，否则承租人只要在支付日午夜之前支付租金即满足预付的条件。如果支付日恰好是非银行工作日，则承租人应在前一银行工作日当天或之前支付，才满足预付的要求。所以对承租人而言，在应付日当天或之前支付租金是其一项绝对义务。

（6）撤船

①撤船的条件

在租船人未按期准时预付足额的租金时，船舶所有人可在事先不给租船人任何警告的情况下，从租船人那里撤船。从通知租船人撤船时起，合同终止。为避免出租人擅用撤船权而带来的不应有的损失，现在，在一些期租合同中出现了"反技巧性条款"，以限制出租人的撤船权。

②撤船的法律后果

出租人通过撤船来减少损失，也使期租合同归于终止。关于撤船后，出租人是否有权向承租人索赔，我国《海商法》第140条规定：承租人应当按照合同约定支付租金，承租人未按照合同约定支付租金的，出租人有权解除合同，并有权要求赔偿因此遭受的损失。虽然条文中并未出现"撤船"的字样，但有权解除合同的含义与撤船是一致的，而且《海商法》明确了出租人因撤船而产生损失的索赔权限。

（7）停租

停租指在租期内，不是由于承租人的原因，承租人因船舶不能按约定使用而停付租金的行为。对于可以停租的事项，一定要在合同中清楚地订明。凡对合同中没有订明的停租原因，租船人必须继续履行支付租金的义务。在实践中，如果租船人准备停租，必须事先向船东发出停租声明。由于租金一般都是预付的，因此，对停租期间的租金应从下次支付的租金中予以扣除。

（8）转租条款

合同中一般规定，承租人可将船舶转租给第三者，但原承租人始终负有履行原期租合同的义务。另外，承租人转租船舶时，应及时通知出租人有关转租事宜，但转租之前不必征得出租人的书面同意，除非合同另有约定。

## 【任务实施】

全班5～6人为一组，设1名组长，由组长带领本组同学依次扮演孙海的角色，按下述步骤完成宏源粮食委托的该票货物的租船业务操作：

任务实施

分析提升

步骤一：接受委托

孙海在接受委托后，详细了解了宏源粮食对货物运输的需要，以及对船舶是否有特殊要求。

步骤二：租船

由于宏源粮食的出口货物量不大，租用一条合适的船舶，一次性就可以完成任务，所以孙海选择了单航次租船。根据租船市场情况，孙海决定向上海鸿瑞船舶租赁公司租船，并就小麦运输的具体要求进行了询盘。

经发盘、还盘等环节，鸿瑞船舶公司为承租人提供了船名为"长辉"的船舶，于2024年5月23日前到达装货港，供承租人使用，受载期为2024年5月23日至5月28日。许可装货时间为2天，许可卸货时间为4天。船舶若发生滞期，宏源粮食应向鸿瑞船舶租赁公司支付滞期费2 000元/天；宏源粮食于5月17日回电表示接受该盘。

随后，双方签署了"订租确认书"，鸿瑞船舶租赁公司按照协议内容编制了正式的租船合同，并通过孙海送交宏源粮食审核。宏源粮食表示无异议后，在合同上签字。

步骤三：装船

5月23日上午9：00，船舶抵达装货港。9：40，船长向宏源粮食的工作人员递交了装卸准备就绪通知书（NOR）；5月24日8：00开始装货，并于5月27日开航，于6月10日8：00到达卸货港，并于同日12：00开始卸货。具体装卸时间见表3-58。

表3-58　　　　　　　　　　　装卸事实记录单

| 装货港 | | |
|---|---|---|
| 日期 | 星期 | 记录和说明 |
| 5月24日 | 六 | 8时—24时工作 |
| 5月25日 | 日 | 停工 |
| 5月26日 | 一 | 0时—12时装货完毕 |

续表

| 卸货港 | | |
|---|---|---|
| 日期 | 星期 | 记录和说明 |
| 6月10日 | 二 | 12时—24时工作 |
| 6月11日 | 三 | 0时—24时工作 |
| 6月12日 | 四 | 0时—24时工作 |
| 6月13日 | 五 | 0时—24时工作 |
| 6月14日 | 六 | 0时—24时工作 |
| 6月15日 | 日 | 停工（一旦滞期，永远滞期） |
| 6月16日 | 一 | 0时—24时工作 |
| 6月17日 | 二 | 0时—24时工作 |
| 6月18日 | 三 | 0时—12时装货完毕 |

按连续24小时晴天工作日计算，滞期费为2 000元/天，速遣费为1 000元/天，按装货和卸货实际使用的时间分别计算原则计算滞期费/速遣费。

宏源粮食应付鸿瑞船舶滞期费＿＿＿＿＿＿元。

鸿瑞船舶应付宏源粮食速遣费＿＿＿＿＿＿元。

步骤四：任务实施完成

## 【任务测评】

随堂测3-7

### 一、单项选择题

1.滞期费由（　　）支付。

A.租船人　　　　B.船东　　　　C.货运代理人　　　D.船务代理人

2.速遣费由（　　）支付。

A.租船人　　　　B.船东　　　　C.货运代理人　　　D.船务代理人

3.租船运输业务中以完成航次运输为目的，按航次所需的实际天数和约定的日租金率计收租金的运输经营方式是（　　）。

A.定期租船　　　　B.航次期租　　　　C.光船租船　　　D.航次租船

### 二、多项选择题

1.航次租船的主要特点包括（　　）。

A.船舶出租人配备船员　　　　　　　B.船舶出租人负责船舶营运

C.船舶承租人配备船员　　　　　　　D.船舶承租人负责船舶营运

2.在光船租船方式下，下列说法正确的有（　　　）。

A.船长和船员均由船东雇佣和任命

B.租船人负责船舶的调度和营运安排，并负担所有费用

C.在租赁期间，租船人实际上对船舶有着支配权和占有权

D.光船租船是一种财产租赁方式，不具有运输承揽性质

E.租金率根据船舶装载能力和租期等因素由双方协商确定

3.如果航次租船合同规定受载期为11月1日至11月5日，船舶可以在下列（　　　）期间抵达约定的装货港，并做好准备。

A.10月30日　　　　　B.11月3日　　　　　C.11月5日　　　　　D.11月6日

### 三、判断题

1.航次租船合同由船东负责营运费用。　　　　　　　　　　　　　　　　（　　　）

2."GENCON"租船合同是"程租合同"。　　　　　　　　　　　　　　（　　　）

3.解约日是船舶到达合同规定的装货港，并做好装货准备的最后一天。（　　　）

## 综合实训

### 海运集装箱出口货运代理业务

上海进出口贸易公司（SHANGHAI IMPORT & EXPORT TRADE CORPORATION）欲向J国特卡姆拉公司（TKAMLA CORPORATION）出口一批棉质地毯（COTTON BLANKET），经谈判后双方于2024年3月1日签订了合同号为HX0502的买卖合同。上海进出口贸易公司委托金成货代办理相关货运事宜。该票货为海运整箱货。请根据商业发票（见表3-59）和出口货运代理委托书（见表3-60），以金成货代业务员的身份完成此票货物的出口货运代理业务。

表3-59　　　　　　　　　　　　　　商业发票

SHANGHAI IMPORT & EXPORT TRADE CORPORATION

1312 WEST ZHONGSHAN ROAD，SHANGHAI，200010，CHINA

**COMMERCIAL INVOICE**

TO：TKAMLA CORPORATION

FROM：SHANGHAI TO O CITY

INV. No.：XH056671

DATE：MAR.1，2024

| Marks & Nos. | Description of Goods | Quantity | Unit Price | Amount |
|---|---|---|---|---|
| T.C<br>O CITY<br>C/NO.1-250 | COTTON BLANKET<br>PACKED IN 250 CARTONS | 2 500PCS | CFR O CITY USD5.00/<br>PC | USD12 500.00 |
| | | | SHANGHAI IMPORT & EXPORT TRADE<br>CORPORATION | |

表 3-60　　　　　　　　　　出口货运代理委托书

## 出口货运代理委托书

委托日期：2024年3月1日

| SCT 编号 | 5705001000 |
|---|---|
| 货主运编号 | JF20210402001 |

| 委托单位名称 | 上海万里贸易有限公司 |
|---|---|

| 提单 B/L 项目要求 | 发货人：SHANGHAI IMPORT & EXPORT TRADE CORPORATION<br>Shipper: 1312 WEST ZHONGSHAN ROAD, SHANGHAI, 200010, CHINA<br>Tel：（86）021-98765432　　Fax：（86）021-98765432 |
|---|---|
| | 收货人：TKAMLA CORPORATION<br>Consignee: 247, PUJI ROAD, O CITY, J COUNTRY |
| | 被通知人 THE SAME AS CONSIGNEE<br>Notify Party: |

| 海运运费 预付（√）到付（ ）<br>Ocean Freight Prepaid or Collect | 提单份数 | 3份 | 提单寄送地址 | TKAMLA CORPORATION 247, PU-JI ROAD, O CITY, J COUNTRY |
|---|---|---|---|---|

| 启运港 | SHANGHAI | 目的港 | O | 可否转船 | 否 | 可否分批 | 否 |
|---|---|---|---|---|---|---|---|
| 集装箱预配数 | 40GP×1 | | | 装运期限 | 20240420 | 有效期限 | 20240430 |

| 标记唛头 | 件数及包装式样 | 中英文货号<br>Description of Goods<br>(In Chinese & English) | 毛重（千克） | 尺码（立方米） | 成交条件（总价） |
|---|---|---|---|---|---|
| T.C<br>O CITY<br>C/NO.1-250 | 250 CAR-TONS | COTTON BLANKET<br>棉质地毯 | 5 125 | 50 | CFR O |
| | | | 重件：每件重量 | | |
| | | 特种货物<br>□ 冷藏品<br>□ 危险品 | 大件：（长×宽×高） | | |

| 内装箱地址 | | 货物报关和报检自理（√）委托（ ） |
|---|---|---|
| 门对门装箱点 | 地址 | 龙华街道36号1号仓库 | 货物备妥日期：2024年4月15号 |
| | 电话 | 0755-01234567 | 联系人 | 李平 | 货物进栈：自送（ ）或金成派车（√） |

| 随附单证 | 出口货物报关单 | | 商业发票 | √ | 委托方 | 委托人 | 上海进出口贸易公司 |
|---|---|---|---|---|---|---|---|
| | 来料加工手册 | | 装箱清单 | √ | | 电话 | 021-98765432 |
| | 原产地证明书 | √ | 出口许可证 | √ | | 传真 | 021-98765432 |
| | 危险货物说明书 | | 出口配额许可证 | √ | | 地址 | 中山西路1312号 |
| | 危险货物包装证 | | 动植物检疫证 | | | 委托单位盖章 | |
| | 危险货物装箱申明书 | | | | | | |

备注：

步骤一：＿＿＿＿＿＿＿＿＿＿＿＿＿＿＿＿

金成货代接受上海进出口贸易公司的委托，双方建立了委托代理关系，由海运部工作人员李平具体来操作。他向上海进出口贸易公司了解了货物的详细信息，并取得了上海进出口贸易公司提供的必要单证。

该票货物采用包箱费率进行海运运费的计算。经查询，上海到O市的基本运费为USD1 200/TEU、USD2 000/FEU，燃油附加费为USD200/TEU、USD400/FEU。

则该票货物的海运运费为USD_____。

若金成货代的毛利率为10%，则金成货代应向上海进出口贸易公司报价USD_____。

步骤二：_____

1. 订舱申请

根据上海进出口贸易公司的请求，金成货代于2024年4月6日向××运输公司申请订舱，请填写下面场站收据中的集装箱货物托运单（第1联）（见表3-61）。

表3-61　　　　　　　　　　　　集装箱货物托运单

| Shipper | | | | | | D/R NO. | |
|---|---|---|---|---|---|---|---|
| Consignee | | | | 集装箱货物托运单 (货主留底) | | | |
| Notify Party Pre-Carriage by Ocean Vessel Port of Discharge | | Voy No. Place of Delivery | | Place of Receipt Port of Loading Final Destination | | | |
| Container No. | Seal No. Marks & Nos. | No.of Containers or Packages | Kind of Packages；Description of Goods | | Gross Weight | | Measurement |
| TOTAL NUMBER OF CONTAINERS OR PACKAGES (IN WORDS) | | | | | | | |
| Freight & Charge | | Revenue Ton | Rate | Per | Prepaid | | Collect |
| Ex Rate | | Prepaid at | Payable at | | Places of Issue | | |
| | | Total Prepaid | No.of Original B（S）/L | | | | |
| Service CY | Types on Receiving CFS　Door | Service CY | Types on Delivery CFS　Door | Reefer-Temperature Required | ℉ | | ℃ |
| Type of Goods | Ordinary | Reefer | Dangerous | Auto | 危险品 | Class Property IMDG Code Page UN No. | |
| | Liquid | Live Animal | Bulk | | | | |
| 可否转船 | | 可否分批 | | | | | |
| 装运期 | | 有效期 | | | | | |
| 金额 | | | | | | | |
| 制单日期 | | | | | | | |

2.订舱确认

××运输公司的工作人员受理订舱申请，根据装运期限和船期确定船名和航次，并在场站收据第5联装货单上加盖订舱章，将场站收据的第2、3、4联留底，其他联退给货代。

3.订舱成功

步骤三：_____

2024年4月11日，货代将船公司签发的_____返还船公司，船公司签发_____给货代。货代遂派司机刘涛到顺安集装箱码头堆场提取____箱。司机刘涛凭_____和_____的_____一式_____联，驾驶车牌号为沪B23308的拖车进入堆场。根据用箱安排，堆场工作人员李恩来将其带到空箱堆场1区A0304位置，取走集装箱号为COSU360201□、铅封号为830280的40英尺通用集装箱。堆场免费保管期为10天（即从2024年4月11日到2024年4月20日）。双方当场检验了集装箱的箱型、尺寸和集装箱的外表状况，确认无异常后，双方在EIR的_____联上签字确认。堆场工作人员李恩来留下OUT联中的_____联和_____联，将_____联退还给司机。

本次订舱船名为MAY FLOWER，航次为V024，请根据以上信息填写设备交接单OUT联（见表3-62）。

表3-62 　　　　　　　　　　　**××运输有限公司** 　　　　　　**OUT出场**

集装箱发放/设备交接单

EQUIPMENT INTERCHANGE RECEIPT 　　　　　　NO.: 202107181

| 用箱人/运箱人（CONTAINER USER/HAULIER） | | 提箱地点（PLACE OF DELIVERY） | |
|---|---|---|---|
| 来自地点（DELIVERED TO） | | 返回/收箱地点（PLACE OF RETURN） | |
| 航名/航次<br>(VESSEL/VOYAGE NO.) | 集装箱号<br>(CONTAINER NO.) | 尺寸/类型<br>(SIZE/TYPE) | 营运人<br>(CNTR.OPTR.) |
| | | | |
| 提单号<br>(B/L NO.) | 铅封号<br>(SEAL NO.) | 免费期限<br>(FREE TIME PERIOD) | 运载工具牌号<br>(TRUCK WAGON.BARG NO.) |
| | | | |
| 出场目的/状态<br>(PPS OF GATE-OUT/STATUS) | 进场目的/状态<br>(PPS OF GATE-IN/STATUS) | | 出场日期<br>(TIME-OUT) |
| | | | 月　日　时 |
| 出进场检查记录（INSPECTION AT THE TIME OF INTERCHANGE） | | | |
| 普通集装箱<br>(GP CONTAINER) | 冷藏集装箱<br>(RF CONTAINER) | 特种集装箱<br>(SPECIAL CONTAINER) | 发电机<br>(GEN SET) |
| □正常（SOUND）<br>□异常（DEFECTIVE） | □正常（SOUND）<br>□异常（DEFECTIVE） | □正常（SOUND）<br>□异常（DEFECTIVE） | □正常（SOUND）<br>□异常（DEFECTIVE） |

| 损坏记录及代号(DAMAGE & CODE) | BR 破损(BROKEN) | D 凹损(DENT) | M 丢失(MISSING) | DR 污箱(DIRTY) | DL 危标(DG LABEL) |

左侧(LEFT SIDE)　　右侧(RIGHT SIDE)　　前部(FRONT)　　集装箱内部(CONTAINER INSIDE)

顶部(TOP)　　底部(FLOOR BASE)　　箱门(REAR)

如有异状，请注明程度及尺寸(REMARK).

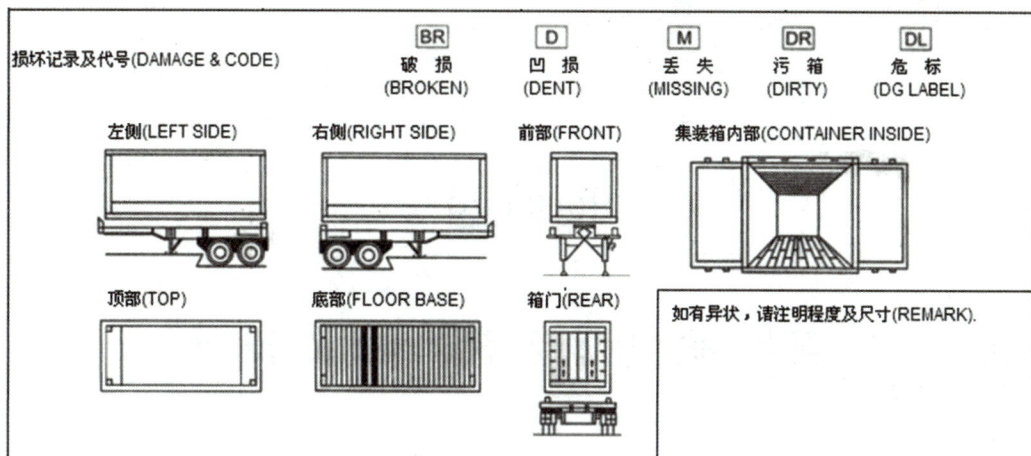

除列明者外，集装箱及集装箱设备交接时完好无损，铅封完整无误。

THE CONTAINER/ASSOCIATED EQUIPMENT INTERCHANGED IN SOUND CONDITION
AND SEAL INTACT UNLESS OTHERWISE STATED.

用箱人/运箱人签署　　　　　　　　　　码头堆场值班员签署
(CONTAINER USER/HAULIER'S SIGNATURE)　　(TERMINAL/DEPOT CLERK'S SIGNATURE)

步骤四：＿＿＿＿＿＿＿＿＿＿＿＿＿

提取空箱后，金成货代于2024年4月12日派司机刘涛驾驶车牌号为沪B23308的装箱车和货代一同到达指定的装箱地点进行装箱，货代在装箱完毕后填写集装箱装箱单。

步骤五：＿＿＿＿＿＿＿＿＿＿＿＿＿

2024年4月12日下午装箱完毕，司机刘涛携带EIR的＿＿＿＿＿联和＿＿＿＿＿＿，将＿＿＿箱送往顺安集装箱码头堆场，找重箱堆场管理员王明进行检验和交接。交接无误后，将集装箱放到指定位置，双方在EIR的＿＿＿＿＿＿联和＿＿＿＿＿＿的相应位置上签字确认，重箱堆场管理员王明留下EIR的IN联中的＿＿＿＿＿联和＿＿＿＿＿联、装箱单中的＿＿＿＿＿联、＿＿＿＿＿联和＿＿＿＿＿联，将EIR的IN联的＿＿＿＿＿联、装箱单的＿＿＿＿＿联和＿＿＿＿＿联退还给司机刘涛。

步骤六：＿＿＿＿＿＿＿＿＿＿＿＿＿

船舶靠港后，工人将集装箱货物装船。货物装船后，××运输公司给金成货代签发了一份＿＿＿＿＿＿＿＿，经业务员审核无误后＿＿＿＿＿＿＿＿，返回给＿＿＿＿＿＿＿。

××运输公司收到了货代发来的提单确认书，收取运杂费后即＿＿＿＿＿＿＿＿＿。

步骤七：＿＿＿＿＿＿＿＿＿＿＿＿＿

取得海运提单后，货代马上＿＿＿＿＿＿＿＿＿＿。在上海进出口贸易公司付清了＿＿＿＿＿＿＿＿＿＿＿＿＿后，货代将＿＿＿＿＿＿＿＿＿＿交给了上海进出口贸易公司。至此，金成货代与上海进出口贸易公司的海运出口委托合同结束。

步骤八：任务实施完成

# 项目四

## 国际航空货运代理业务操作

### 📋 项目导入

上海环航货运代理有限公司（以下简称"环航货代"）是一家专注于国际空运业务的大型货运代理公司，拥有遍及欧洲、中东、北美、南美、非洲等地区国际代理网络。公司提供空运出口、进口、报关、商检、清关、转运等代理服务。此外，公司还提供国际快递等业务。

经过层层筛选和多轮面试，王明顺利进入环航货代空运部工作。在本项目中，我们将以王明的身份，学习并完成国际航空进出口货运代理业务。

### 📋 学习目标

**知识目标：**

（1）能列举3～4种当前主要的航空货物运输方式。

（2）能正确复述国际航空进出口货运代理业务流程的主要步骤。

（3）能正确阐述航空货运单的作用、种类及内容，能区分航空主运单和分运单。

（4）能正确阐述航空货物运费计算的基本原理，能清楚解释我国的航空运价体系。

**能力目标：**

（1）能够根据货主的要求进行国际航空货运进出口的业务操作。

（2）能够根据实际业务要求正确填制航空货运单。

（3）能够计算航空货物运输普通货物运费、指定商品运费和等级货物运费。

（4）作为货运代理，能够与各关联方及时沟通业务办理情况。

**素养目标：**

（1）具有良好的沟通能力和团队合作精神。

（2）培养良好的物流职业道德和个人品德。

（3）培养关注航空运输业国内和国外形势及政策、法规的习惯。

# 任务一 办理国际航空货运出口代理业务

## 【任务描述】

上海君威设备有限公司（以下简称"君威设备"）于2024年5月2日与G国迈兹科技有限公司（以下简称"迈兹科技"）签订了合同号为MZ180502的买卖合同，欲向迈兹科技出口3台贵金属检测仪器。按照合同规定，装运期为2024年5月20日以前。君威设备遂联系环航货代，委托其代办航空运输、报检报关等发运手续。该票货物的商业发票及装箱单分别见表4-1和表4-2。

环航货代空运部赵经理将该项工作交予王明，让王明负责办理该票货物的出口手续。王明需要按要求完成该票货物的航空出口代理操作。

表4-1　　　　　　　　　　　　　　　　　商业发票

| SHANGHAI JUNWEI EQUIPMENT CORPORATION<br>166 LINGYUN ROAD，SHANGHAI，200030，CHINA<br>Tel：（86）021-98765432　　Fax：（86）021-98765432<br>**COMMERCIAL INVOICE** | | | | |
|---|---|---|---|---|
| TO：MERZ TECHNOLOGY CORPORATION<br>FROM：SHANGHAI TO B CITY | | | INV. No.：MZ210502<br>DATE：MAY.15, 2024 | |
| Marks & Nos. | Description of Goods | Quantity | Unit Price | Amount |
| MERZ<br>B CITY<br>C/NO.1-3 | PRECIOUS METAL DETECTOR<br>PACKED IN 3 CARTONS | 3PCS | CFR  B<br>USD50 000.00/PC | USD150 000.00 |
| | SHANGHAI JUNWEI EQUIPMENT CORPORATION<br>LI BIN | | | |

表4-2　　　　　　　　　　　　　　　　　装箱单

| ISSUER：<br>SHANGHAI JUNWEI EQUIPMENT CORPORATION<br>166 LINGYUN ROAD，SHANGHAI，200030，CHINA<br>Tel：（86）021-98765432　　Fax：（86）021-98765432 | | | **PACKING LIST** | | | | |
|---|---|---|---|---|---|---|---|
| TO：<br>MERZ TECHNOLOGY CORPORATION<br>NO.567 AVE STREET，B CITY，G COUNTRY | | | INVOICE NO.<br>MZ210502 | | DATE<br>MAY.15, 2024 | | |
| Marks and Numbers | Number and Kind of Package<br>Description of Goods | Quantity | Package | G.W. | N.W. | Meas. | |
| MERZ<br>B CITY<br>C/NO.1-3 | PRECIOUS METAL DETECTOR<br>PACKED IN 3 CARTONS | 3 | 3<br>CARTONS | 18.6kg/c | 17.5kg/c | $42×38×22cm^3$ | |
| TOTAL： | | 3 | 3<br>CARTONS | 55.8kg | 52.5kg | $82×48×32cm^3$ | |

## 【任务解析】

本任务主要了解国际航空货物运输的不同方式，学习国际航空出口货运过程中涉及的相关单证的缮制及流转操作，并根据客户的具体货运要求，完成国际航空出口货运业务的代办工作。

## 【知识链接】

微课4-1

认识国际航空
货物运输

### 一、国际航空货物运输方式

航空运输企业为了满足不同客户的需要，合理地利用有限的航空运输资源，追求良好的经济效益，会采用不同的经营方式。目前，国际航空货物运输主要有班机运输、包机运输、集中托运和航空快递四种方式。

（一）班机运输

班机运输（Scheduled Airline）指使用具有固定开航时间、航线和停靠航站的飞机进行的运输。其通常为客货混合型飞机，货舱容量较小，运价较贵，但由于航期固定，因此有利于客户安排鲜活商品或急需商品的运送。班机运输具有以下特点：

（1）班机运输由于有固定的航线、固定的停靠港和固定的航期，在一定时间内有相对固定的收费标准，对进出口商来讲，可以在贸易合同签署之前获知货物的启运和到达时间，核算运费成本，合同的履行也较有保障，因此成为多数贸易商的首选航空货运形式。

（2）班机运输便于收发货人确切掌握货物的启运和到达时间，这对市场上的急需商品、鲜活商品、易腐商品以及贵重商品的运送是非常有利的。

（3）班机运输大多采用客货混合机型，航班以客运服务为主，货物舱位有限，不能满足大批量货物及时出运的要求，货量大的货物往往只能分批运输。另外，不同季节同一航线客运量的变化也会直接影响货物装载的数量，使得班机运输在货物运输方面存在很大的局限性。

（二）包机运输

包机运输（Chartered Carrier Transport）是指航空公司按照约定的条件和费率，将整架飞机租给一个或若干个包机人（指发货人或航空货运代理公司），从一个或几个航空站装运货物至指定目的地。包机运输适合大宗货物运输，费率低于班机运输，但运送时间比班机要长些。包机可分为整架包机和部分包机两类。

1. 整架包机

整架包机也叫整机包机或整包机，指航空公司按照与租机人事先约定的条件及费用，将整架飞机租给包机人，从一个或几个航空港装运货物至目的地。包机人一般要在货物装运前一个月与航空公司联系，以便航空公司安排运载和向起降机场及有关政府部门申请、办理过境或入境的有关手续。

包机的费用一次一议，随国际市场的供求情况变化。原则上，包机运费按每一飞行公里固定费率核收，并按每一飞行公里费用的80%收取空放费（即若回程为空载，也要收取80%的费用）。因此，大批量货物使用包机时，均要争取来回程都有货载，这样费用比较低。只使用单程，运费比较高。

2.部分包机

部分包机指由几家航空货运代理公司或发货人联合包租一架飞机，或者由航空公司把一架飞机的舱位分别卖给几家航空货运代理公司装载货物。相对而言，部分包机适合运送1吨以上、但货量不足整机的货物。在这种情形下，货物运费较班机运输低。

（三）集中托运

集中托运（Consolidation）是指航空货运代理公司将若干批单独发运的货物集中成一批向航空公司办理托运，填写一份总运单送至同一目的地，然后由其当地的代理人负责分发给各实际收货人。这种托运方式可降低运输成本，是航空货运代理的主要业务之一。

微课 4-2
航空货运代理
集中托运业务
操作

集中托运的具体做法是：

（1）每一票货物分别缮制航空运输分运单，即出具货运代理的运单HAWB（House Airway Bill）。

（2）将所有货物区分方向，按照其目的地相同的同一国家、同一城市来集中，缮制出航空公司的总运单MAWB（Master Airway Bill）。总运单的发货人和收货人均为航空货运代理公司。

（3）缮制出该总运单项下的货运清单（Manifest），即总运单下有几个分运单，号码各是什么，件数、重量各多少等。

（4）把该总运单和货运清单作为一整票货物交给航空公司。一个总运单可视货物具体情况随附分运单（可以是一个分运单，也可以是多个分运单）。例如：一个MAWB内有10个HAWB，说明此总运单内有10票货，发给10个不同的收货人。

（5）货物到达目的地站机场后，当地的货运代理公司作为总运单的收货人负责接货、分拨，按不同的分运单缮制各自的报关单据并代为报关，为实际收货人办理有关接货、送货事宜。

（6）实际收货人在分运单上签字以后，目的站货运代理公司以此向发货的货运代理公司反馈到货信息。

其具体流程如图4-1所示。

同时，集中托运也具有一定的局限性：

（1）集中托运只适合运输普通货物，对于采用等级运价的货物，如贵重物品、危险品、活动物以及文物等，不能办理集中托运。

（2）目的地相同或临近的可以办理，如某一国家或地区，否则不宜办理。

（3）集中托运方式下货物的出运时间不能确定，所以不适合易腐烂变质的货物、紧急货物或其他对时间要求高的货物的运输。

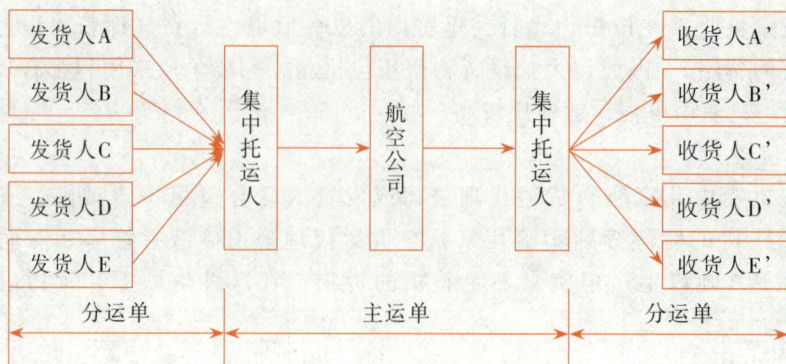

图4-1 集中托运流程图

（4）对书本等可以享受航空公司优惠运价的货物来讲，采用集中托运的方式不仅不能实现运费的节约，反而使托运人的运费负担加重。

（四）航空快递

航空快递（Air Express）是指从事快件运输的专业快递公司与航空公司合作，以最快的速度在发件人、机场、收件人之间递送货物的一种快速运输方式。

按照服务范围，国际航空快递运输的形式一般有三种：门到门服务（Door to Door）、门到机场服务（Door to Airport）、专人派送（Courier on Board）。门到门服务最简单、最方便，也是目前使用最多的一种快递运输方式。实际上，大多数航空货运代理公司都在经营快递业务，即所谓的空运普货门到门服务。

航空快递的特点主要表现在以下几个方面：

（1）快递公司有完善的快递网络。航空快递的高效运转只有依靠完善的网络才能进行。这种网络要求无论是始发地、中转地还是到达地都能服务于网络，同时网络要有相当强的整合能力。

（2）从收运范围来看，航空快运以收运文件和小包裹为主，如银行票据、贸易合同、商务信函、机器上的小零件、小件样品、急用备件等。航空快递公司对收件有最大重量和最大体积的限制。

（3）特殊的单据。航空货运使用的是航空货运单，而航空快递也有自己独特的运输单据，即交付凭证（Proof of Delivery，POD）。

（4）流程环节全程控制。从服务层次来看，航空快递因有专人负责，减少了内部交接环节，缩短了衔接时间，操作全程更为安全可靠。

（5）高度的信息化控制。从服务质量来看，航空快件在整个运输过程中都处于电脑的监控之下，快件每经过一个中转港或目的港，电脑都会显示其动态（提货、转运、报关等）；派送员将货物送交收货人，让其在POD上签收（日期、姓名）后，送货情况即显示在电脑中，并反馈给发货方；发货方只要查询，立刻就能得到准确的回复。

## 二、国际航空出口货运的主要单证

（一）国际货物托运书

航空货运代理与出口企业（发货人）就空运出口代理事宜达成协议后，即向发货人提供所代理的航空公司的国际货物托运书，由发货人填写并加盖公章，作为货主委托货运代理承办空运出口业务的依据，并据此结算费用。托运书填写完毕，航空货代需对托运书的内容进行审核，并签字确认。

对于有长期出口业务或出口货量较大的企业，航空货运代理一般都与其签订长期的代理协议。

（二）航空货运单

微课 4-3

航空货运单（Air Waybill，AWB）由托运人或者以托运人的名义填制，是托运人和承运人之间在承运人的航线上运输货物所订立合同的初步证明。

航空货运单的缮制

航空货运单与海运提单不同，它不是物权凭证，不能通过背书转让货物所有权，持有航空货运单也并不能说明可以对货物要求所有权。航空货运单不能转让，所有权属于出票航空公司，即货运单所属的空运企业。货运单的右上端印有"不可转让"（Not Negotiable）字样，任何 IATA（国际航空运输协会）成员公司均不得印刷可以转让的航空货运单，"不可转让"字样不可被删去或篡改。

国际航空货运单一般由一式十二联组成，其中有正本三份、副本六份、额外副本三份，分别用不同的颜色表示，见表4-3。

表4-3　　　　　　　　　　　　　航空货运单各联

| 序号 | 名称及发放对象 | 颜色 |
|---|---|---|
| 1 | Original3（正本3，给托运人） | 蓝色 |
| 2 | Copy9（副本9，给代理人） | 白色 |
| 3 | Original1（正本1，给填开货运单的承运人或代理人） | 绿色 |
| 4 | Original2（正本2，给收货人） | 粉红色 |
| 5 | Copy4（副本4，提取货物收据） | 黄色 |
| 6 | Copy5（副本5，给目的站机场） | 白色 |
| 7 | Copy6（副本6，给第三承运人） | 白色 |
| 8 | Copy7（副本7，给第二承运人） | 白色 |
| 9 | Copy8（副本8，给第一承运人） | 白色 |
| 10 | Extra Copy10（额外副本10，供承运人使用） | 白色 |
| 11 | Extra Copy11（额外副本11，供承运人使用） | 白色 |
| 12 | Extra Copy12（额外副本12，供承运人使用） | 白色 |

根据签发人的不同，航空货运单分为航空主运单和航空分运单。

1.航空主运单

凡由航空公司签发的，以托运人名义填写的航空运单就称为航空主运单。它是航空公司据以办理货物运输和交付的依据，是航空公司和托运人之间订立的运输合同。

2.航空分运单

在办理集中托运的时候，由集中托运人（或航空货运代理公司）签发给托运人的航空货运单被称作航空分运单。航空分运单是集中托运人（或航空货运代理公司）与托运人之间订立的运输合同。

航空货运单与海运提单相似，也有正面、背面条款之分，不同的航空公司会有自己独特的航空货运单格式。但各航空公司所使用的航空货运单大多借鉴了IATA所推荐的标准格式，差别并不大。航空货运单正面条款见表4-4，其缮制方法见表4-5。

表4-4　　　　　　　　　　　　　　　　航空货运单

| 1A | 1 | 1B | 1A | 1B | | | | | | | | | | | |
|---|---|---|---|---|---|---|---|---|---|---|---|---|---|---|---|
| SHIPPER'S NAME AND AD-DRESS 2 | | | SHIPPER'S AC-COUNT NUMBER 3 | | NOT NEGOTIABLE AIR WAYBILL ISSUED BY　　　　1C | | | | | | | | | | |
| | | | | | COPIES1，2 AND 3 OF THIS AIR WAYBILL ARE ORIGINALS AND HAVE THE SAME VALIDITY. | | | | | | | | | | |
| CONSIGNEE'S NAME AND AD-DRESS 4 | | | CONSIGNEE'S AC-COUNT NUMBER 5 | | Reference to Conditions of Contract（契约条款） | | | | | | | | | | |
| Issuing Carrier's Agent Name and City 6 | | | | | Accounting Information： | | | | | | | | | | |
| Agent's IATA Code 7 | | | Account No. 8 | | | | | | 10 | | | | | | |
| Airport of Departure and Requested Routing 9 | | | | | | | | | | | | | | | |

| To | By First Carrier Routing and Destination | To | By | To | By | Currency | CHGS Code | WT/VAL Other | | Declared Value for Carriage | | Declared Value for Customs | |
|---|---|---|---|---|---|---|---|---|---|---|---|---|---|
| | | | | | | | | PPD | COLL | PPD | COLL | | |
| 11A | 11B | 11C | 11D | 11E | 11F | 12 | 13 | 14A | 14B | 15A | 15B | 16 | 17 |

| Airport of Destination 18 | Flight/Date（for Carrier Use only）Flight/Date 19A　　19B | | Amount of Insurance 20 | INSUR-ANCE 20A |
|---|---|---|---|---|

Handling Information
21

| No.of Pieces RCP | Gross Weight | Kg/Lb | Rate Class | Commodity Item No. | Chargeable Weight | Rate/Charge | Total | Nature and Quantity of Goods |
|---|---|---|---|---|---|---|---|---|
| 22A | 22B | 22C | 22D | 22E | 22F | 22G | 22H | 22I |
| 22J | 22K | | | | | | 22L | |

| Prepaid | （Weight Charge） | Collect | Other Charge |
|---|---|---|---|
| 24A | | 24B | 23 |
| Valuation Charge | | | |
| 25A | | 25B | |
| Tax | | | |
| 26A | | 26B | |
| Total Other Charges Due Agent | | | Shipper's Certification Box（托运人证明） |
| 27A | | 27B | 31 |
| Total Other Charges Due Carrier | | | |
| 28A | | 28B | |
| 29A | | 29B | |
| Total Prepaid | | Total Collect | |
| 30A | | 30B | |
| Currency Conversion Rate | | CC Charge in Destination Currency | |
| 33A | | 33B | |

| | | | Executed on （Date） | At （Place） | Signature of Issuing Carrier or It's Agent |
|---|---|---|---|---|---|
| | | | 32A | 32B | 32C |
| For Carrier's Use only at Destination | Charge at Destination | Total Collect Charges | | | IA　　IB |
| | 33C | 33D | | | |

表4-5　　　　　　　　　　　　　航空货运单的缮制方法

| 栏目 | 填写内容 | 注意事项 |
|---|---|---|
| 1.货运单号码 | 由承运人填写始发站机场的IATA三字代码，如果没有机场的IATA三字代码，可以填写机场所在城市的IATA三字代码 | |
| 1A | 印制或电脑打印承运人的票证注册代号 | |
| 1B | 货运单号码，由八位数字组成，前七位为顺序号，第八位为检查号 | |
| 1C | 填开列货运单的承运人名称及地址，此栏一般印有航空公司名称、总部和地址 | |
| 2.托运人姓名和地址 | 姓名填写托运人的全名。地址填写国家、城市、街道的名称，以及门牌号、邮编和电话号码 | |
| 3.托运人账号 | 可根据承运人的需要，填写托运人账号。一般情况下不填 | |
| 4.收货人姓名和地址 | 姓名填写收货人的全名。地址填写国家、城市、街道的名称，以及门牌号、邮编和电话号码 | 因航空货运单不可转让，故此栏内不可填写"TO ORDER"字样 |
| 5.收货人账号 | 此栏可根据承运人的需要，填写收货人账号。一般情况下不填 | |
| 6.代理人名称和城市 | 填写制单代理人的名称及其所在的城市 | |
| 7.代理人的IATA代码 | 在代理人NON-CASS系统区，必须填写IATA七位数字的代码；在代理人CASS系统区，还应填写三位数字的地址代码及检查号 | |
| 8.代理人账号 | 此栏可根据承运人的需要，填写代理人账号 | |
| 9.始发站机场和所要求的运输路线 | 此栏填写货物始发站机场名称和运输路线 | 机场名称填英文全称，不可使用简称或代码，且应与1C中所填内容一致。可用IATA三字代码表示托运人所要求的运输路线 |
| 10.财务结算注意事项 | 此栏填写与结算有关的注意事项 | ①货物运费以现金或支票支付，应予以注明，如现金（Cash）、支票（Check）②货物运费以政府提单支付，应填写政府提单的号码③对于退运货物，在新的货运单此栏内填写原货运单的号码④空运代理不接受货物运费以旅费证（MCO）支付的方式 |

续表

| 栏目 | 填写内容 | 注意事项 |
|---|---|---|
| 11.运输路线和目的站 | | |
| 11A | 填写目的站或第一中转站机场的IATA三字代码，不清楚机场名称时，可填城市三字代码 | |
| 11B | 填写第一承运人的全称或者IATA三字代码 | |
| 11C | 填写目的站或第三中转站机场的IATA三字代码，不清楚机场名称时，可填城市三字代码 | 11C～11F为选填栏，只有运输过程中需要经过其他承运人联运时才填写。 |
| 11D | 填写第二承运人的全称或者IATA三字代码 | |
| 11E | 填写目的站或第三中转站机场的IATA三字代码，不清楚机场名称时，可填城市三字代码 | |
| 11F | 填写第三承运人的全称或者IATA三字代码 | |
| 12.币种 | 填写始发站所在国家货币的三字代码 | 除33A～33D外，货运单上所有货物运费均应以此币种表示 |
| 13.付款方式 | 填写货物运费的支付方式。本栏一般无须填写，仅供电子传送货运单信息时使用 | CA——部分信用卡到付，部分现金预付<br>CB——部分信用卡到付，部分信用卡预付<br>CC——全部运费到付<br>CG——全部费用政府提单到付<br>CP——目的地现金到付<br>NC——免费<br>PC——部分现金到付，部分现金预付<br>PD——部分信用卡预付，部分现金到付<br>PG——全部运费政府提单预付<br>PP——全部运费现金预付<br>PX——全部运费信用卡预付 |
| 14.航空运费/声明价值附加费的付款方式 | 14A/14B（WT/VAL），航空运费和声明价值附加费必须同时全部预付或者到付，并在相应的栏目"PPD"（预付）、"COLL"（到付）内填写"×" | |
| 15.其他费用的付款方式 | 15A/15B（Other），其他费用必须同时全部预付或者到付，并在相应的栏目"PPD"（预付）、"COLL"（到付）内填写"×" | |

| 栏目 | 填写内容 | 注意事项 |
|------|---------|---------|
| 16.供运输用声明价值 | 填写托运人向承运人声明的货物价值，未办理货物声明价值的，须填写"NVD"字样 | |
| 17.供海关用声明价值 | 填写托运人向海关申报的货物价值，未办理此声明价值的，须填写"NCV"字样 | |
| 18.目的站机场 | 填写目的站机场的英文全称 | 不得使用简称或代码 |
| 19.航班/日期 | 19A/19B（Flight/Date（for Carrier Use only）/Flight/Date），填写托运人已经定妥的航班/日期，包括续程的航班/日期 | |
| 20.保险金额 | 中国民航不代理国际货物的保险业务，此栏填写"NIL"或"×××"字样 | |
| 21.储运事项 | 填写货物在运输和仓储过程中需要注意的事项，如包装、唛头、通知方、特殊要求和随附单据等 | |
| 22.航空运费计算相关栏 | | M——最低运价<br>N——45千克以下普通货物运价<br>Q——45千克以上普通货物运价<br>R——等级货物附减运价<br>S——等级货物附加运价<br>U——集装货物基础运价<br>C——指定商品运价 |
| 22A | No.of Pieces/RCP（Rate Combination Point）（件数/运价组合点），填写货物的件数；若使用非公布直达运价，则在件数下面填写运价组合点城市的IATA代码 | |
| 22B | Gross Weight（毛重），填写与22A中货物件数相对应的货物毛重 | |
| 22C | Kg/Lb（毛重计量单位），填写货物毛重的计量单位，"K"和"L"分别表示"千克"和"磅" | |
| 22D | Rate Class（运价种类），填写所采用的货物运价种类代号 | |
| 22E | Commodity Item No.（商品品名编号） | ①使用指定商品运价，此栏填写指定商品品名代号<br>②使用等级货物运价，此栏填写附加或附减运价的百分比<br>③集装货物，此栏填写集装货物运价等级 |

续表

| 栏目 | 填写内容 | 注意事项 |
|------|----------|----------|
| 22F | Chargeable Weight（计费重量），填写计收航空运费的货物重量 | |
| 22G | Rate/Charge（费率），填写所适用的货物运价 | |
| 22H | Total（航空运费），填写根据货物运价和货物计费重量计算出的航空运费金额 | |
| 22I | Nature and Quantity of Goods（货物品名及数量），填写货物的具体名称和数量，包括尺寸或体积 | ①货物品名须用英文大写字母，且不得填写表示货物类别的统称<br>②货物中含危险物品时，应分列填写，危险物品列在第一行，且须填写其标准学术名称<br>③货物为活动物时，应根据IATA活动物运输规定填写<br>④集装货物，应填写"Consolidation as per Attached List"<br>⑤货物的体积用"长×宽×高"表示<br>⑥当合同或信用证要求标明产地国时，可在此栏内填写货物的产地国 |
| 22J | 该运单项下货物总件数 | |
| 22K | 该运单项下货物总毛重 | |
| 22L | 该运单项下货物总运费 | |
| 23.其他费用 | 填写除运费和声明价值附加费以外的其他费用。根据IATA规则，各项费用分别用三个英文字母表示，前两个字母是某项费用的代码；第三个字母是"C"表示该项费用由承运人收取，是"A"表示由货运代理人收取 | |
| 24.航空运费 | 24A/24B（Weight Charge），填写22H中的航空运费总额，可以预付或到付，根据付款方式分别填写 | |
| 25.声明价值附加费 | 25A/25B（Valuation Charge），填写按规定收取的声明价值附加费，可以预付或到付，根据付款方式分别填写 | |

| 栏目 | 填写内容 | 注意事项 |
|---|---|---|
| 26.税款 | 26A/26B（Tax），填写按规定收取的税款，可以预付或到付，根据付款方式填写 | |
| 27.交代理人的其他费用总额 | 27A/27B（Total Other Charges Due Agent），填写交代理人的其他费用总额，可以预付或到付，根据付款方式分别填写 | |
| 28.交承运人的其他费用总额 | 28A/28B（Total Other Charges Due Carrier），填写交承运人的其他费用总额，可以预付或到付，根据付款方式分别填写 | |
| 29.应收取的有关费用金额 | 29A/29B，根据承运人的要求，填写应收取的有关费用金额，可以预付或到付，根据付款方式分别填写 | |
| 30.全部费用总额 | 30A（Total Prepaid），填写全部预付货物费用的总额，即24A、25A、26A、27A、28A、29A合计的总额；<br>30B（Total Collect），填写全部到付货物费用的总额，即24B、25B、26B、27B、28B、29B合计的总额 | |
| 31.托运人或其代理人签字、盖章 | 由托运人或其代理人签字、盖章 | |
| 32.开单相关信息 | | |
| 32A | 填写货运单的填开日期 | |
| 32B | 填写货运单的填开地点 | |
| 32C | 由填制货运单的承运人或其代理人签字、盖章 | |
| 33.仅限在目的站由承运人填写 | | |
| 33A | 填写目的站国家的币种和汇率 | |
| 33B | 填写根据33A中的汇率将30B中的到付货物运费换算后的金额 | |
| 33C | 填写在目的站发生的货物运费金额 | |
| 33D | 填写33B和33C的合计金额 | |

除上述填制要求外，在填制航空货运单时，还要注意以下事项：

（1）航空货运单一般应使用英文大写字母用电脑缮制。各栏内容必须准确、清楚、齐全，不得随意涂改。

（2）货运单已填好的内容在运输过程中需要修改时，必须在修改项目的近处盖章注明修改货运单的空运企业名称、地址和日期。修改货运单时，应将所有剩余的各联一同修改。

（3）在始发站货物运输开始后，货运单上"运输声明价值"（Declared Value for Carriage）一栏的内容不得再做任何修改。

（4）每批货物必须全部收齐后，方可填开货运单，每一批货物或集中托运的货物均填写一份货运单。

### 三、航空运费计算

货物的航空运费是指将一票货物自始发地机场运到目的地机场所应收取的航空运输费用。货物的航空运费主要由两个因素组成，即货物适用的运价与货物的计费重量。航空运费的计算公式为：

航空运费=计费重量×适用的运价

（一）计费重量

计费重量（Chargeable Weight）是指用以计算货物航空运费的重量。货物的计费重量或者是货物的实际毛重，或者是货物的体积重量，或者是较高重量分界点的重量。

1.实际毛重

实际重量（Actual Gross Weight）是指包括货物包装在内的货物重量。凡质量大而体积相对小的高密度货物（指每千克体积不足 6 000 立方厘米或 366 立方英寸，或每磅不足 166 立方英寸的货物，又称"重货"），都须考虑用实际毛重作为其计费重量，如机械、金属零件等。

2.体积重量

体积重量（Volume Weight）是指将货物的体积按一定的比例折合成的重量。由于飞机舱容的限制，对于质量小而体积相对较大的低密度货物（指每千克体积超过 6 000 立方厘米或 366 立方英寸，或每磅超过 166 立方英寸的货物，又称"轻货"），应考虑用体积重量作为其计费重量，如棉花、泡沫等。

3.计费重量

一般地，货物的实际毛重与体积重量两者比较取高者；但当货物按较高重量分界点的较低运价计算的航空运费较低时，则以较高重量分界点的货物起始重量作为货物的计费重量。国际航协规定，国际货物的计费重量以 0.5 千克为最小单位，重量尾数不足 0.5 千克的，按 0.5 千克计算；0.5 千克以上不足 1 千克的，按 1 千克计算。例如：

101.001kg→101.5kg

101.501kg→102.0kg

当使用同一份运单，收运两件或两件以上可以采用同种类运价计算运费的货物时，其计费重量规定如下：计费重量为货物总的实际毛重与总的体积重量两者较高者。同上所述，较高重量分界点的重量也可能成为货物的计费重量。

（二）最低运费

最低运费（Minimum Charge）是指一票货物自始发地机场至目的地机场航空运费的最低限额。

货物按其适用的航空运价与计费重量计算所得的航空运费，应与货物最低运费相比，取高者。

（三）运价

运价（Rate）又称费率，是指承运人对所运输的每一重量单位货物（千克或磅）所收取的自始发地机场至目的地机场的航空费用。

目前，国际货物运价按制定的途径，主要分为协议运价和国际航协运价。

1.协议运价

协议运价是指航空公司与托运人签订协议，托运人保证每年向航空公司交运一定数量的货物，航空公司则向托运人提供一定数量的运价折扣。

目前，航空公司使用的运价大多是协议运价，但在协议运价中又根据不同的协议方式进行细分，见表4-6。

表4-6         航空国际货物运价构成表

| | | | 死包板（舱） |
|---|---|---|---|
| 协议运价 | | 包板（舱） | 软包板（舱） |
| 长期协议 | 短期协议 | 返还 | 销售量返还 |
| | | | 销售额返还 |
| 自由销售 | | | |

（1）长期协议：通常，航空公司同代理人签订的协议是一年的期限。

（2）短期协议：通常，航空公司同代理人签订的协议是半年或半年以下的期限。

（3）包板（舱）：指托运人在一定航线上包用承运人的全部或部分舱位或集装器来运送货物。

（4）死包板（舱）：托运人在承运人的航线上通过包板（舱）的方式运输时，托运人无论向承运人是否交付货物，都必须付协议上规定的运费。

（5）软包板（舱）：托运人在承运人的航线上通过包板（舱）的方式运输时，托运人在航班起飞前72小时如果没有确定舱位，承运人则可以自由销售舱位；但承运人对代理人的包板（舱）的总量有一个控制。

（6）销售量返还：如果代理人在规定期限内完成了一定的货量，航空公司可以按一定的比例返还运费。

（7）销售额返还：如果代理人在规定期限内完成了一定的销售额，航空公司可以按一定的比例返还运费。

（8）自由销售：也称议价货物或是一票一价。除协议货物，都是一票货物一个定价。

2.国际航协运价

国际航协运价是指IATA在TACT运价资料上公布的运价。国际航协制定的运价刊登在运价手册上向世界公布。按照IATA货物运价公布的形式，国际航空货物运价可分为公布直达运价和非公布直达运价，见表4-7。

表4-7　　　　　　　　　　　国际航协（IATA）运价体系

| IATA 运价 | 公布直达运价（Published through Rates） | 普通货物运价（General Cargo Rate，GCR） |
| --- | --- | --- |
| | | 指定商品运价（Specific Commodity Rate，SCR） |
| | | 等级货物运价（Commodity Classification Rate） |
| | 非公布直达运价（Un-published through Rates） | 集装货物运价（Unit Load Device Rate） |
| | | 比例运价（Construction Rate） |
| | | 分段相加运价（Combination of Rate and Charges） |

公布直达运价是指承运人直接在运价资料上查找从运输始发地到运输目的地的航空运价。IATA公布的直达运价主要有普通货物运价、指定商品运价、等级货物运价和集装货物运价。

非公布直达运价是指当始发地至目的地没有公布直达运价时，则可以采用比例运价和分段相加运价的方法构成全程直达运价，计算全程运费。

（四）我国国内航空货物运价体系

我国国内航线货物运价结构为：

1.最低运费（运价代号M）

每票国内航空货物最低运费为30元。

2.普通货物运价（运价代号N/Q）

普通货物运价包括基础运价和重量分界点运价。

基础运价为45千克以下普通货物运价。费率按照中国民用航空局规定的统一费率执行；同时，为适应航空货物的流向差异，同一航线不同方向保留差价。

重量分界点运价为45千克以上（含45千克）普通货物运价。由中国民用航空局统一规定，按标准运价的80%执行。此外，各航空公司可根据运营航线的特点，制定其他重量分界点运价；共飞航线由运营航空公司协商协定，报中国民用航空局批准执行。

3.指定商品运价（运价代号C）

对于一些批量大、季节性强、单位价值小的货物，航空公司可制定指定商品运价，运价优惠幅度不限，报中国民用航空局批准执行。

**4.等级货物运价（运价代号S）**

生物制品、植物和植物制品、活动物、骨灰、灵柩、鲜活易腐物品、贵重物品、机械、弹药、押运货物等特种货物的国际航空运费按普通货物标准运价的150%计收。

## 四、不同类型货物的航空运费计算

根据货物类型的不同，航空运费的计算方法与步骤亦有不同，下面一一进行说明。

**（一）普通货物运费计算**

普通货物运价是指除了等级货物运价和指定商品运价以外的适用于普通货物运输的运价。一般地，普通货物运价根据货物重量的不同，分为若干个重量等级分界点运价。例如，"N"表示标准普通货物运价，指的是45千克以下的普通货物运价（如无45千克以下运价，N表示100千克以下普通货物运价）。同时，普通货物运价还公布有"Q45""Q100""Q300"等不同重量等级分界点的运价。这里，"Q45"表示45千克以上（包括45千克）、100千克以下普通货物的运价，其他依此类推。对于45千克以上的不同重量分界点的普通货物运价，均用"Q"表示。

用货物的计费重量和其适用的普通货物运价计算而得的航空运费不得低于运价资料上公布的航空运费的最低收费标准（M）。

普通货物运费的计算步骤如下：

（1）计算货物的体积重量。

（2）比较货物的体积重量与实际毛重，取高者作为暂时的计费重量，根据计费重量找出货物所使用的运价。

（3）计算航空运费。

（4）若采用较高重量分界点的较低运价计算出的运费比第三步计算出的航空运费低，取低者。

（5）比较第四步计算出的航空运费与最低运费M，取高者。

（6）填制航空货运单的运费计算栏。

**[实例4-1]** 根据下列信息计算航空运费：

---

Routing：BEIJING，CHINA to TOKYO，JAPAN

Commodity：CLOTHES

Gross Weight：29.2kg

Dimensions：80cm×49cm×30cm

公布运价如下：

| BEIJING | CY | | BJS |
|---|---|---|---|
| Y.RENMINBI | CNY | | KGS |
| TOKYO | JP | M | 230.00 |
| | | N | 37.28 |
| | | 45 | 28.25 |

---

**【解】：**

（1）该货物体积=80×49×30=117 600（cm³），则该货物体积重量=117 600÷6 000=19.6kg≈20（kg）。

（2）由于该货物实际毛重为29.2kg，大于货物的体积重量，根据国际航协对计费重量的规定，该批货物的计费重量为29.5kg。

（3）从公布的运价中找到计费重量对应的运价为GCR N 37.28 CNY/kg，则该票货物的航空运费=29.5×37.28=CNY1 099.76。

（4）采用较高重量分界点计算该票货物的航空运费=45×28.25=CNY1 271.25，取低者为CNY1 099.76。

5.将计算出来的数据填到航空货运单运费计算栏中，见表4-8。

表4-8　　　　　　　　　运费计算栏

| No.of Pieces RCP | Gross Weight | Kg/ Lb | N | Rate Class / Commodity Item No. | Chargeable Weight | Rate/ Charge | Total | Nature and Quantity of Goods（Incl Dimensions or Volume） |
|---|---|---|---|---|---|---|---|---|
| 1 | 29.2 | K | | | 29.5 | 37.28 | 1 099.76 | CLOTHES 80cm×49cm×30cm |

（二）指定商品运费计算

指定商品运价是指适用于自规定的始发地至规定的目的地运输特定品名货物的运价。

通常情况下，指定商品运价低于相应的普通货物运价。就其性质而言，该运价是一种优惠性质的运价。鉴于此，指定商品运价在使用时，对货物的起讫地点、运价使用期限、货物运价的最低重量等均有特定的条件。

采用指定商品运价的原因可归纳为以下两方面：其一，在某特定航线上，一些较为稳定的货主经常或者是定期地托运特定品名的货物，托运人要求承运人提供一个较低的优惠运价；其二，航空公司为了有效地利用其运力，争取货源并保证飞机有较高的载运率，会向市场推出一个较有竞争力的优惠运价。有些指定商品运价也公布了不同的重量等级分界点，旨在鼓励货主托运大宗货物，并意识到选择空运的经济性及可行性。

根据货物的属性以及特点等对指定商品进行分类，可分为10大组，每一组又分为10个小组。同时，对其分组形式用4位阿拉伯数字进行编号，该编号即指定商品的品名编号。例如，0001～0999表示可食用的动植物产品，1000～1999表示活动物及非食用的动植物产品，2000～2999表示纺织品、纤维及其制品等。每一大的品类又细分为10个品类，较详细地解释了各类货物的归属。中国国内航空货物指定商品种类及代号见表4-9。

表4-9 　　　　　　　　　　　中国国内航空货物指定商品种类及代号

| 代号 | 种类 |
|---|---|
| 0007 | 水果 |
| 0300 | 鱼（可食用的）、海鲜、海味 |
| 0600 | 肉、肉制品，包括家禽、野味和猎物 |
| 1201 | 皮革和皮制品 |
| 1401 | 花木、幼苗、根茎、种子、植物和鲜花 |
| 2195 | 成包（卷、块）供继续加工用的纱、线、纤维、布、服装和纺织品 |
| 6001 | 化学制品、药品、药材 |

只要所运输的货物满足下述三个条件，则运输始发地和运输目的地就可以直接使用指定商品运价：

（1）运输始发地至目的地之间有公布的指定商品运价。

（2）托运人所交运的货物，其品名与有关指定商品运价的货物品名相吻合。

（3）货物的计费重量满足指定商品运价使用时的最低重量要求。

采用指定商品运价计算航空运费的货物，其航空货运单的"Rate Class"一栏用字母"C"表示。

指定商品运费的计算步骤如下：

（1）先查询运价表，如有指定商品代号，则考虑使用指定商品运价。

（2）查找TACT Rates Books的品名表，找出与运输品名相对应的指定商品代号。

（3）如果货物的计费重量超过指定商品运价的最低重量，则优先使用指定商品运价。

（4）如果货物的计费重量没有达到指定商品运价的最低重量，则需要比较计算。

（5）填制航空货运单的运费计算栏。

【实例4-2】根据下列信息计算航空运费：

> Routing: BEIJING, CHINA to KOBE, JAPAN
> Commodity: FRESH APPLES
> Gross Weight: 8 Pieces, 40kg/piece
> Dimensions: 110cm×49cm×30cm×8
>
> 公布运价如下：

| BEIJING | CY | | BJS |
|---|---|---|---|
| Y.RENMINBI | CNY | | KGS |
| KOBE | JP | M | 230.00 |
| | | N | 38.50 |
| | | 45 | 29.04 |
| | 0008 | 300 | 22.50 |

【解】：

（1）查找 TACT Rates Books 的品名表，品名编号"0008"所对应的货物名称为"FRUIT，VEGETABLES—FRESH"；现在承运的货物是 FRESH APPLES，与指定商品代码"0008"的描述相符，而且货主交运的货物重量符合"0008"指定商品运价使用时的最低重量300kg的要求。

（2）该货物体积=110×49×30×8=1 293 600（cm³），则该货物体积重量=1 293 600÷6 000=215.6（kg）。

（3）由于该货物实际毛重为40kg×8=320kg，大于货物的体积重量，根据国际航协对计费重量的规定，该批货物的计费重量为320kg。

（4）从公布运价中找到计费重量对应的运价为 SCR 0008/Q300 22.50 CNY/kg，则该票货物的航空运费=320×22.50=CNY7 200.00。

（5）将计算出来的数据填到航空货运单运费计算栏中，见表4-10。

表4-10         运费计算栏

| No.of Pieces RCP | Gross Weight | Kg/ Lb | C | Rate Class | Chargeable Weight | Rate/ Charge | Total | Nature and Quantity of Goods（Incl Dimensions or Volume） |
| | | | | Commodity Item No. | | | | |
| --- | --- | --- | --- | --- | --- | --- | --- | --- |
| 8 | 320 | K | | 0008 | 320 | 22.50 | 7 200.00 | FRESH APPLES 110cm×49cm×30cm×8 |

【实例4-3】根据下列信息计算航空运费：

> Routing：BEIJING，CHINA to OSAKA，JAPAN
> Commodity：VEGETABLES
> Gross Weight：5 Pieces，40kg/piece
> Dimensions：100cm×49cm×25cm×5
> 公布运价如下：
>
> | BEIJING | CY | | BJS |
> | Y.RENMINBI | CNY | | KGS |
> | OSAKA | JP | M | 230.00 |
> | | | N | 45.00 |
> | | | 45 | 37.50 |
> | | | 100 | 26.50 |
> | | 0007 | 250 | 17.50 |

【解】：

查找 TACT Rates Books 的品名表，品名编号"0007"所对应的货物名称为"FRUIT，VEGETABLES"；现在承运的货物是 VEGETABLES，与指定商品代码"0007"的描述相符。但是货主交运的货物重量不符合"0007"指定商品运价使用时的最低重量250kg的要求。

1.按普通货物运价计算

（1）该货物体积=100×49×25×5=612 500（cm³），则该货物体积重量=612 500÷6 000=102.083（kg）。

（2）由于该货物实际毛重为40kg×5=200kg，大于货物的体积重量，根据国际航协对计费重量的规定，该批货物的计费重量为200kg。

（3）从公布运价中找到计费重量对应的运价为GCR Q100 26.50 CNY/kg，则航空运费=200×26.50=CNY5 300.00。

2.按指定商品运价计算

（1）由于货物的毛重200kg小于"0007"指定商品运价使用时的最低重量250kg，因此计费重量为250kg。

（2）从公布运价中找到计费重量对应的运价为SCR 0007/Q250 17.50 CNY/kg，则航空运费=250×17.50=CNY4 375.00。

二者比较取运费较低者，因此该票货物航空运费为CNY4 375。

将计算出来的数据填到航空货运单运费计算栏中，见表4-11。

表4-11　　　　　　　　　　　　　运费计算栏

| No.of Pieces RCP | Gross Weight | Kg/ Lb | C | Rate Class<br>Commodity Item No. | Chargeable Weight | Rate/ Charge | Total | Nature and Quantity of Goods（Incl Dimensions or Volume） |
|---|---|---|---|---|---|---|---|---|
| 5 | 200 | K | | 0007 | 250 | 17.50 | 4 375.00 | VEGETABLES<br>100cm×49cm×25cm×5 |

（三）等级货物运费计算

等级货物运价是指在规定的业务区内或业务区之间运输特别指定的等级货物的运价。IATA规定，等级货物指下列各种货物：活动物；贵重货物；书报杂志类货物；作为货物运输的行李；尸体、骨灰；汽车等。

等级货物运价的使用规则如下：

（1）等级货物运价是在普通货物运价基础上附加或附减一定百分比的形式构成的，附加或附减规则公布在TACT Rules中，运价的使用须结合TACT Rates Books。通常，附加或不附加也不附减的等级货物用代号（S）表示，附减的等级货物用代号（R）表示。

（2）"the Normal GCR"表示使用运价表中的45kg以下普货运价，即N运价（当不存在45kg重量点时，N运价表示100kg以下普通货物运价）。此时，运价的使用与计费重量无关。

（3）"as a Percentage of the Normal GCR"（如150% of the Normal GCR）表示在运价表中N运价的基础上乘以这个百分比（如150%N）。此时，运价的使用与计费重量无关。

（4）"Appl.GCR"表示使用适用的普通货物运价（如N、Q45、Q100），且须比较较高重量分界点较低运价，取运费较低者。

（5）"as a Percentage of Appl.GCR"表示在所适用的普通货物运价基础上乘以该百分比，且须比较较高重量分界点较低运价，取运费较低者。

等级货物运费的计算步骤如下：

（1）根据货物品名判断其是否适用等级货物运价。

（2）用适用的公布运价乘以附加（或附减）百分比，得到等级货物运价。

（3）用适用的等级货物运价乘以计费重量，得到货物运费。

（4）判断是否需要比较较高重量分界点较低运价。

【实例4-4】根据下列信息计算航空运费：

Routing：BEIJING，CHINA to WASHINGTON，USA

Commodity：MONKEYS

Gross Weight：4 Pieces，46kg/piece

Dimensions：90cm×74cm×42cm×4

公布运价如下：

| BEIJING | CY | | BJS |
|---|---|---|---|
| Y.RENMINBI | CNY | | KGS |
| WASHINGTON | US | M | 230.00 |
| | | N | 78.50 |
| | | 45 | 58.26 |
| | | 100 | 52.13 |
| | | 300 | 46.25 |

【解】：

由于承运的货物为MONKEYS，是活动物，因此适用等级货物运价。查活动物运价表，其运价构成形式为"150% of the Normal GCR"。

（1）该货物体积=90×74×42×4=1 118 880（cm³），则该货物体积重量=1 118 880÷6 000=186.48（kg）。

（2）由于该货物实际毛重为46kg×4=184kg，小于货物的体积重量，根据国际航协对计费重量的规定，该批货物的计费重量为186.5kg。

（3）活动物适用的运价为150% of the Normal GCR，即：150%×78.5CNY/kg=117.75CNY/kg，则该票货物的航空运费=186.5×117.75=CNY21 960.38

4.将计算出来的数据填到航空货运单运费计算栏中，见表4-12。

表4-12　　　　　　　　　　　　　　运费计算栏

| No.of Pieces RCP | Gross Weight | Kg/Lb | S | Rate Class Commodity Item No. | Chargeable Weight | Rate/Charge | Total | Nature and Quantity of Goods (Incl Dimensions or Volume) |
|---|---|---|---|---|---|---|---|---|
| 4 | 184 | K | | N150 | 186.5 | 117.75 | 21 960.38 | MONKEYS 90cm×74cm×42cm×4 |

## 五、国际航空出口货运代理业务操作

国际航空出口货运代理业务流程具体见表4-13。

微课4-5

国际航空出口货
运代理业务流程

表4-13　　　　　　　　　　　　国际航空出口货运代理业务流程

| 步骤 | 项目 | 说明 |
|---|---|---|
| 1 | 市场销售 | 这里所指的销售是销售航空公司的舱位，只有飞机舱位配载了货物，航空货运才真正具有实质性的内容，因此承揽货物处于航空货物出口运输代理业务流程的核心地位 |
| 2 | 委托运输 | 航空货运代理公司与出口单位（发货人）就出口货物运输事宜达成意向后，可以向发货人提供所代理的有关航空公司的"国际货物托运书"。发货人需填写委托书，并加盖公章，作为货主委托代办航空货物出口运输的依据。对于长期出口或出口货量大的单位，航空货运代理公司一般都与其签订长期的代理协议 |
| 3 | 审核单证 | 代理人需审核托运人填写的托书。此外，还需清点单证是否齐全（包括发票、装箱单、报关单等），检查所填写的内容是否规范、正确 |
| 4 | 预配舱 | 代理人汇总所接受的委托和客户的预报，并输入电脑中，计算出各航线的件数、货物重量和体积，按照客户的要求和货物重、泡情况以及各航空公司不同机型对不同板箱的重量和高度要求，制订预配舱方案，并对每票货配上运单号 |
| 5 | 预订舱 | 代理人根据所制订的预配舱方案，向航空公司预订舱 |
| 6 | 接收单证 | 接收托运人或其代理人送交的已经审核确认的托运书及报关单证和收货凭证 |
| 7 | 填制货运单 | 包括总运单和分运单，填制的主要依据是发货人提供的国际货运委托书，一般用英文填写 |
| 8 | 接收货物 | 航空货运代理公司把即将发运的货物从发货人手中接过来并运送到自己的仓库，一般与接单同时进行 |
| 9 | 标记和标签 | 标记：包括托运人和收货人的姓名、地址、联系方式、传真、合同号等；操作（运输）注意事项；单件超过150千克的货物。标签：航空公司标签上前3位阿拉伯数字代表所承运航空公司的代号，后8位数字是总运单号码。分标签是代理公司对出具分标签的标识，分标签上应有分运单号码和货物到达城市或机场的三字代码。一件货物贴一张航空公司标签，有分运单的货物，再贴一张分标签 |
| 10 | 配舱 | 核对货物的实际件数、重量、体积并与托运书上的预报数量比对。针对预订舱位、板箱的有效利用和合理搭配，按照各航班机型、板箱型号、高度、数量进行配载 |
| 11 | 订舱 | 接到发货人的发货预报后，向航空公司订舱，同时提供相应的信息。航空公司根据实际情况安排舱位和航班。订舱后，航空公司签发舱位确认书（舱单），同时提供装货集装器领取凭证，以表示舱位订妥 |

续表

| 步骤 | 项目 | 说明 |
|---|---|---|
| 12 | 出口报关 | 报关员持报关单及相关单据向海关申报。海关审核无误后，即在用于发运的运单正本上加盖放行章；同时，在出口报关单上加盖放行章，在发货人用于产品退税的单证上加盖验讫章，粘上防伪标志，完成出口报关手续 |
| 13 | 编制出仓单 | 预配舱方案制订后就可着手编制出仓单。仓库依据出仓单制订出仓计划，安排货物出仓 |
| 14 | 提板箱；货物装箱装板 | 向航空公司申领板箱并装货 |
| 15 | 签单 | 在货运单上盖好海关放行章后，还需要到航空公司签单，只有签单确认后才允许将单、货交给航空公司 |
| 16 | 交接发运 | 向航空公司交单、交货，由航空公司安排航空运输。交单就是将随机单据和应由承运人留存的单据交给航空公司。随机单据包括第二联航空货运单正本、发票、装箱单、产地证明、品质鉴定证书。交货，即把与单据相符的货物交给航空公司 |
| 17 | 航班跟踪；信息服务 | 将订舱信息、审单及报关信息、仓库收货信息、交运称重信息、一程二程航班信息、集中托运信息、单证信息等及时反馈给客户，以便遇到不正常情况时及时处理 |
| 18 | 费用结算 | 费用结算主要涉及同发货人、承运人和国外代理人三方的结算<br>（1）与发货人结算费用。在运费预付的情况下，收取航空运费、地面运输费、各种服务费和手续费<br>（2）与承运人结算费用。向承运人支付航空运费及代理费，同时收取代理佣金<br>（3）与国外代理人结算费用。其主要涉及支付运费和利润分成等 |

国际航空出口货运代理业务流程如图4-2所示。

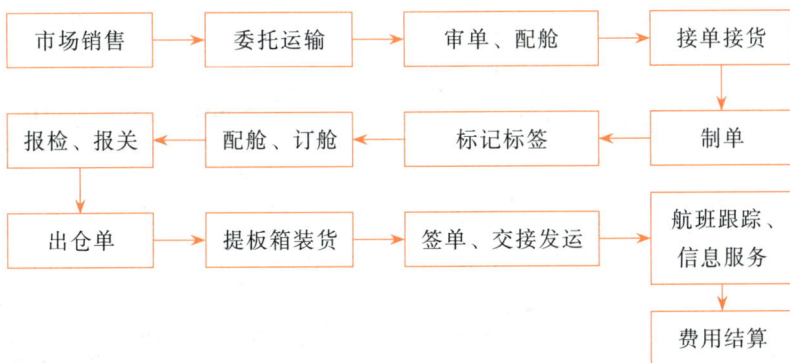

市场销售 → 委托运输 → 审单、配舱 → 接单接货

报检、报关 ← 配舱、订舱 ← 标记标签 ← 制单

出仓单 → 提板箱装货 → 签单、交接发运 → 航班跟踪、信息服务

费用结算

图4-2　国际航空出口货运代理业务流程

## 【任务实施】

全班5～6人为一组，设1名组长，由组长带领本组同学依次扮演王明的角色，按下

述步骤完成上海君威设备有限公司委托的该票货物的出口货运代理操作：

步骤一：接受委托

2024年5月2日，环航货代在接受了君威设备的委托后，向客户报价。君威设备请王明代为填写国际货物托运书，由君威设备进行签字确认并加盖公章。

请根据商业发票和装箱单填制国际货物托运书（见表4-14）。

表4-14　　　　　　　　国际货物托运书

上海环航货运代理有限公司

SHANGHAI HUANHANG FORWARDER CO., LTD.　　　　　　　IATA

国际货物托运书

SHIPPER'S LETTER OF INSTRUCTION　　　REF.NO.: HH18050201

| 始发站<br>AIRPORT OF DEPARTURE | | 到达站<br>AIRPORT OF DESTINATION | | | | 供承运人用<br>FOR CARRIER USE ONLY | | |
|---|---|---|---|---|---|---|---|---|
| 路线及到达站 ROUTING AND DESTINATION | | | | | | 航班/日期<br>FLIGHT/<br>DATE | 航班/日期<br>FLIGHT/<br>DATE | |
| 至<br>TO | 第一承运人<br>BY FIRST CARRIER | 至<br>TO | 承运人<br>BY | 至<br>TO | 承运人<br>BY | 至<br>TO | 承运人<br>BY | 已预留吨位<br>BOOKED |
| 收货人姓名及地址<br>CONSIGNEE'S NAME AND ADDRESS | | | | | | | 运费：<br>CHARGES： | |
| 另行通知<br>ALSO NOTIFY | | | | | | | | |
| 托运人账号<br>SHIPPER'S ACCOUNT NUMBER | | | | 托运人姓名及地址<br>SHIPPER'S NAME & ADDRESS | | | | |
| 托运人声明的价值<br>SHIPPER'S DECLARED VALUE | | 保险金额<br>AMOUNT OF<br>INSURANCE | | 所附文件<br>DOCUMENTS TO ACCOMPANY AIR WAYBILL | | | | |
| 供运输用<br>FOR CARRIAGE | 供海关用<br>FOR CUSTOMS | | | | | | | |
| 件数<br>NO.OF<br>PACKAGES | 实际毛重<br>ACTUAL GROSS<br>WEIGHT（KG） | 运价类别<br>RATE<br>CLASS | 收费重量<br>CHARGEABLE<br>WEIGHT | 费率<br>RATE<br>CHARGE | 货物名称及重量<br>（包括体积或尺寸）<br>NATURE AND QUANTITY OF GOODS<br>(INCL.DIMENSIONS OR VOLUME) | | | |
| | | | | | | | | |

在货物不能交于收货人时，托运人指示的处理方法
SHIPPER'S INSTRUCTIONS IN CASE OF INABILITY TO DELIVER SHIPMENT AS CONSIGNED.

处理情况（包括包装方式、货物标志及号码等）
HANDLING INFORMATION （INCL.METHOD OF PACKING，IDENTIFYING MARKS AND NUMBERS ETC.）

托运人证实以上所填全部属实并愿遵守托运人的载运章程。
THE SHIPPER CERTIFIES THAT PARTICULARS ON THE FACE HEREOF ARE CORRECT AND AGREES TO THE CONDITIONS OF CARRIAGE OF THE CARRIER.

| 托运人签字：<br>SIGNATURE OF SHIPPER | 日期：<br>DATE | 经手人：<br>AGENT | 日期：<br>DATE |
|---|---|---|---|

步骤二：审核单证

王明将填好的国际货物托运书交给君威设备，确认无误后，对其提供的单据进行审核。

步骤三：预配舱

单证审核完毕后，2024年5月3日，王明开始申请合适的舱位。他对上海—B城航线上所有的出运货物进行统计，包括上海祥源科技有限公司的一批电视机元器件、上海达威设备有限公司的一批五金件和上海科贸进出口有限公司的一批办公用品。他按照四个客户的要求以及货物的重、泡情况，综合考虑各航空公司不同机型对不同板箱的重量和高度要求，制订初步的预配舱方案，并对每票货物配上运单号。

步骤四：预订舱

根据预配舱方案，王明按照航班、日期打印出＿＿＿＿＿＿＿＿＿＿（总运单号/分运单号）、件数、重量、体积，向航空公司预订舱位。

步骤五：接单、接货

1.接单

完成预订舱工作后，王明于2024年5月3日将已经审核确认的托运书及相关单证送至航空公司，航空公司接单后，将电脑中的收货记录与收货凭证进行核对，以保证货证相符。

2.接货

王明与君威设备约定送货的时间和地点。君威设备在收到通知后，及时将3台化学分析仪器送至环航货代的仓库。仓库业务员李辉在接到设备后，对其进行了称重和丈量，粘贴标记、标签，并根据发票和装箱单清点了货物，同时检查了货物的外包装是否符合运输要求，将信息反馈给王明。

步骤六：制单

王明需要根据国际货运委托书填制航空货运单，包括主运单和分运单。

请代王明签发航空货运单（分运单）（见表4-15）给君威设备。

表4-15　　　　　　　　　　　　　航空货运单

| Shipper's Name and Address (shipper's Account Number) | | NOT NEGOTIABLE<br><br>　　　　　Air Waybill<br><br>Issued by<br><br>**SHANGHAI HUANHANG FORWARDER CO.，LTD.** |
|---|---|---|
| Consignee's Name and Address (Consignee's Account Number) | | It is agreed that the goods described herein are accepted in apparent good order and condition （except as noted） for carriage subject to the conditions of contract on the reverse hereof，all goods may be carried by any other means.Including road or any other carrier unless specific contrary instructions are given hereon by the shipper.The shipper's attention is drawn to the notice concerning carrier's limitation of liability.Shipper may increase such limitation of liability by declaring a higher value for carriage and paying a supplemental charge if required. |
| Issuing Carrier's Agent Name and City | | |
| Agents IATA Code | Account No. | |

续表

| Airport of Departure （Add.of First Carrier） and Requested Routing | | | | Accounting Information | | | | | |
|---|---|---|---|---|---|---|---|---|---|
| To | By First Carrier | To | By | To | By | Currency | Declared Value for Carriage | Declared Value for Customs | |
| Airport of Destination | | Flight/Date | | Amount of Insurance | | INSURANCE—If carrier offers insurance and such insurance is requested in accordance with the conditions thereof indicate amount to be insured in figures in box marked "amount of Insurance". | | | |

Handling Information

| No.of Pieces | Gross Weight | Kg/Lb | Rate Class | | Chargeable Weight | Rate/Charge | Total | Nature and Quantity of Goods （Incl Dimensions or Volume） |
|---|---|---|---|---|---|---|---|---|
| | | | Commodity Item No. | | | | | |
| | | | | | | | | |

| Prepaid Weight Charge Collect | Other Charges |
|---|---|
| Valuation Charge | Shipper certifies that the particulars on the face hereof are correct and that insofar as any part of the consignment contains dangerous goods, such part is properly described by name and is in proper condition for carriage by air according to the applicable Dangerous Goods Regulations. |
| Tax | |
| Total Other Charges Due Agent | |
| Total Other Charges Due Carrier | Signature of Shipper or His Agent |

| Total Prepaid | Total Collect | Executed on_____at_____Signature of Issuing Carrier or It's Agent | |
|---|---|---|---|
| Currency Conversion Rates | CC Charges in Des.Currency | | |
| For Carrier's Use only at Destination | Charges at Destination | Total Collect Charges | AIR WAYBILL NUMBER |

注：该票货物为贵重货物，按照规定收取200% of the Normal GCR，其最低运费按公布最低运费的200%收取。其运价公布如下：

Routing: SHANGHAI, CHINA to B CITY, G COUNTRY
Commodity: PRECIOUS METAL DETECTOR
Gross Weight: 3 Pieces, 18.6kg/piece
Dimensions: 42cm×38cm×22cm×3

公布运价如下：

| BEIJING | CY | | BJS |
|---|---|---|---|
| Y.RENMINBI | CNY | | KGS |
| B | G | M | 630.00 |
| | | N | 79.97 |
| | | 45 | 60.16 |
| | | 100 | 53.19 |

请依据所给信息，按下述步骤计算运费，并将计算结果填入航空货运单对应栏内：

1.计算体积重量

由已知信息可计算出该票货物体积为_____cm³，则该票货物的体积重量为_____kg。

任务实施

分析提升

2.比较该票货物的体积重量与实际毛重

由于该票货物实际毛重为_____kg，因此该票货物的计费重量为_____kg。

3.计算航空运费

该票货物适用运价为_____CNY/kg，因此该票货物航空运费为CNY_____。

4.计算较高重量分界点运费并与步骤三的结果相比较

采用较高重量分界点计算出航空运费为CNY_____。

取二者中较低者，因此，航空运费为CNY_____。

5.将上步结果与改票货物的最低运费相比较

该票货物最低运费为CNY_____，取二者中高者，因此，该票货物的航空运费为CNY_____。

步骤七：配舱

王明在收到货物清点无误的反馈信息后，核对货物数量、重量、体积等信息与托运单是否一致。若一致，则按照预配舱的位置装货；若有差别，则需要重新调整预配舱。

步骤八：订舱

2024年5月4日，王明正式向航空公司提出运输申请并订妥了舱位，而后从航空公司吨控部门领取并填写了订舱单。航空公司根据订舱单信息合理安排航班和舱位，并给王明签发了舱位确认书，同时提供了装货集装箱领取凭证，表示订舱成功。

步骤九：报关报检

2024年5月5日，环航货代报关员张强携带报关委托书、报关单及报关所需其他单据，到上海××海关办理进口申报；经海关查验，现场对货物进行清点，确认数量及所贴标签无误后，在主运单上加盖海关监管章。

步骤十：出仓单

王明根据已完成的配舱方案制作出仓单，作为出口仓库制订出库计划的依据，并交予交接部门作为收货凭证和制作国际货物交接清单的依据。

步骤十一：提板箱与装货

王明根据订舱计划向航空公司申领板箱并办理相应的手续；同时，安排君威设备托运的3台化学分析仪器进行板箱装载。

步骤十二：签单

王明将货运单送至航空公司进行签单。航空公司再次审核运价等信息，确认后，航空公司正式接收货物。

步骤十三：交接发运

王明将单、货交至航空公司，航空公司按照航班顺序安排航空运输装机操作。

步骤十四：后续工作

与航空公司完成交接发运的工作后，王明还需要继续跟踪航班及货物的相关信息，若有异常及时通知君威设备。此外，王明还需要分别与国外代理、航空公司和君威设备进行相关费用的结算。

步骤十五：任务实施完成

## 【任务测评】

### 一、单项选择题

1.填制航空货运单的主要依据是（　　　）。

A.商业发票　　　　　　　　　　B.销售合同

C.装箱单　　　　　　　　　　　D.国际货物托运书

随堂测4-1

2.航空货运代理公司办理集中托运业务时签发给每个发货人的运单称为（　　　）。

A.航空分运单　　　　　　　　　B.航空主运单

C.航空货运单　　　　　　　　　D.国内航空分运单

3.由航空公司签发的航空运单称为（　　　）。

A.航空分运单　　　　　　　　　B.航空主运单

C.航空货运单　　　　　　　　　D.国内航空分运单

4.在IATA运价体系中，优惠性质的运价是（　　　）。

A.普通货物运价　　　　　　　　B.指定商品运价

C.等级货物运价　　　　　　　　D.集装货物运价

5.航空运输计费重量的最小单位是（　　　）。

A.0.5kg　　　　　　B.0.1kg　　　　　　C.5kg　　　　　　D.2kg

6.航空运输等级货物附减运价的类别代码是（　　　）。

A.M　　　　　　　B.S　　　　　　　C.N　　　　　　　D.R

7.就我国的国际航空货运单而言，航空货运代理人持有（　　　）。

A.正本 3　　　　　　　B.副本 6　　　　　　　C.副本 9　　　　　　　D.正本 1

8.航空货运单 Not Negotiable 的意思是（　　　）。

A.航空业务权不可转让　　　　　　　　　B.AWB 是不可转让的文件

C.AWB 上航程不可改变　　　　　　　　　D.AWB 不可以在运输始发国以外销售

9.代理人以承运人的身份向托运人签发的运单为（　　　）。

A.MWB　　　　　　　B.HWB　　　　　　　C.M B/L　　　　　　　D.H B/L

## 二、多项选择题

1.航空货运代理人与承运人结算的费用包括（　　　）。

A.航空运费　　　　　B.地面运输费　　　　　C.佣金　　　　　　　D.服务费

2.（　　　）是航空公司不可以进行的。

A.代替托运人填写国际货物托运书　　　　　B.代替托运人报关报检

C.审核航空货运业务相关单据　　　　　　　D.填制航空货运单

3.国际航空货运出口流程中用到的单据有（　　　）。

A.出仓单　　　　　　　　　　　　　　　　B.装箱单

C.航空货运单　　　　　　　　　　　　　　D.国际货物交接清单

4.下列商品航空货代代码以"S"来表示的有（　　　）。

A.活动物　　　　　　B.汽车　　　　　　　C.贵重商品　　　　　　D.报纸

5.货物的航空运费主要由两个因素组成，即（　　　）。

A.货物适用的运价　　　　　　　　　　　　B.货物的实际重量

C.货物的计费重量　　　　　　　　　　　　D.货物的等级运价

6.航空货物的计费重量分为（　　　）。

A.按实际毛重　　　　　　　　　　　　　　B.按体积重量

C.按较高重量分界点的重量　　　　　　　　D.按较低重量分界点的重量

7.下列属于航空货运单主要作用的有（　　　）。

A.保险证明

B.承运人与托运人之间缔结的货物运输契约

C.运费结算凭证及运费收据

D.国际进出口货物办理清关的证明文件

8.航空货运单的种类包括（　　　）。

A.MWB　　　　　　　　　　　　　　　　B.HWB

C.AIR BILL　　　　　　　　　　　　　　D.AIR & LAND BILL

9.下列关于航空运价类别说法错误的包括（　　　）。

A.M 代表最低运价　　　　　　　　　　　　B.N 代表 45kg 以下普通货物运价

C.Q 代表 45kg 以下特殊货物运价　　　　　D.S 代表附加运价

E.R 代表附加运价

## 三、判断题

1.预订舱是航空货物出口运输代理业务流程中必不可少的环节。　　　　　　（　　　）

2.凡出具分运单的货物都要制作分标签，填制分运单号码和货物到达城市或机场的三字代码。 （　）

3.只有航空公司签单确认后才允许将单、货交给航空公司。 （　）

4.指定商品运价用字母"C"表示。 （　）

5.活动物属于使用附加等级运价的商品。 （　）

6.航空运价中"N"表示45千克以上的普通货物运价。 （　）

7.航空货运单由托运人或者以托运人的名义填制，是托运人和承运人之间在承运人的航线上运输货物所订立的运输契约。 （　）

8.航空货运单一般可分为可转让的航空货运单和不可转让的航空货运单。 （　）

9.对于在航空货运单上所填货物的项目和声明的正确性，承运人应负责任。 （　）

### 四、计算题

根据下列信息计算航空运费，并填入航空货运单的运费计算栏内（见表4-16）：

Routing：SHANGHAI, CHINA to PARIS, FRANCE

Commodity：TOY

Gross Weight：2 Pieces，2.6kg/piece

Dimensions：30cm×22cm×28cm×2

公布运价如下：

| BEIJING | CY | | BJS |
|---|---|---|---|
| Y.RENMINBI | CNY | | KGS |
| PARIS | FR | M | 320.00 |
| | | N | 51.50 |
| | | 45 | 42.63 |

表4-16　　　　　　　　　　运费计算栏

| No.of Pieces RCP | Gross Weight | Kg/Lb | Rate Class | Chargeable Weight | Rate/ Charge | Total | Nature and Quantity of Goods （Incl Dimensions or Volume） |
|---|---|---|---|---|---|---|---|
| | | | Commodity Item No. | | | | |
| | | | | | | | |

## 任务二　办理国际航空货运进口代理业务

### 【任务描述】

上海世格贸易有限公司（以下简称"世格贸易"）于2024年6月1日与M国DSM时装有限公司（以下简称"DSM时装"）签订合同号为SG210601的买卖合同，欲从DSM时装进口一批皮衣。世格贸易于2024年6月2日委托环航货代代办航空进口相关事宜。该票货物的航空货运单见表4-17。

表4-17　　　　　　　　　　　　航空货运单

| Shipper's Name and Address (Shipper's Account Number)<br>DSM CLOTHING CO.<br>24 HOOFDSTRAAT D CITY，M COUNTRY | NOT NEGOTIABLE<br><br>Air Waybill<br>Issued by<br>SHENZHEN JUNDA FORWARDER HOLLAND BRANCH |
|---|---|
| Consignee's Name and Address (Consignee's Account Number)<br>SHANGHAI SHIGE TRADE CO., LTD<br>16 SHENNAN ROAD SHANGHAI, CHINA | It is agreed that the goods described herein are accepted in apparent good order and condition (except as noted) for carriage subject to the conditions of contract on the reverse hereof, all goods may be carried by any other means. Including road or any other carrier unless specific contrary instructions are given hereon by the shipper. The shipper's attention is drawn to the notice concerning carrier's limitation of liability. |
| Issuing Carrier's Agent Name and City<br>SHANGHAI HUANHANG FORWARDER D CITY BRANCH | Shipper may increase such limitation of liability by declaring a higher value of carriage and paying a supplemental charge if required. |

| Agents IATA Code<br>15-42056 | Account No. | |
|---|---|---|

| Airport of Departure (Add. of First Carrier) and Requested Routing<br>　　　　　　D CITY | Accounting Information<br>　　　FREIGHT PREPAID |

| To<br>SZ | By First Carrier<br>CA | To | By | To | By | Currency<br>USD | Declared Value for Carriage<br>NVD | Declared Value for Customs<br>NCV |
|---|---|---|---|---|---|---|---|---|

| Airport of Destination<br><br>HONGQIAO, CHINA | Flight/Date<br><br>CA355/10.JUN | Amount of Insurance | INSURANCE–If carrier offers insurance and such insurance is requested in accordance with the conditions thereof indicate amount to be insured in figures in box marked "amount of Insurance". |
|---|---|---|---|

Handling Information

| No.of Pieces | Gross Weight | Rate Class | Chargeable Weight | Rate/Charge | Total | Nature and Quantity of Goods (Incl dimensions or Volume) |
|---|---|---|---|---|---|---|
| 500 IN 5 BOXES | 300KG | Q | 280KG | 533 | 6 440 | LEATHER WEAR 3.2CBM |

| Prepaid Weight Charge Collect | | Other Charges |
|---|---|---|
| Valuation Charge | | Shipper certifies that the particulars on the face hereof are correct and that insofar as any part of the consignment contains dangerous goods, such part is properly described by name and is in proper condition for carriage by air according to the applicable Dangerous Goods Regulations.<br>DSM CLOTHING CO.<br>　　　JOHN |
| Tax | | |
| Total Other Charges Due Agent | | |
| Total Other Charges Due Carrier | | Signature of Shipper or His Agent |
| Total Prepaid | Total Collect | Executed on JUN.1, 2024 at D CITY Signature of issuing |
| Currency Conversion Rates | CC Charges in Des.Currency | Carrier or as Agent　TOM |
| For Carrier's Use only at Destination | Charges at Destination | Total Collect Charges　AIR WAYBILL NUMBER |

环航货代空运部赵经理将该项工作交予王明，让王明负责办理该票货物的进口手续。王明需要按要求完成该票货物的航空进口代理操作。

## 【任务解析】

本任务主要学习国际航空进口货运过程中涉及的相关单证的缮制及流转操作，并根据客户的具体货运要求，完成国际航空进口货运业务的代办工作。

## 【知识链接】

### 一、国际航空进口货运涉及的主要单证

微课4-6

国际航空进口货运代理业务流程

与国际航空出口货运一样，国际航空进口货运也需要航空货运单、装箱单等单据，在航空货物入境时，单据随机到达。

### 二、国际航空进口货运代理业务操作

国际航空货运进口代理业务程序，是指代理公司对货物从入境到提取或转运整个流程所需办理的手续及准备相关单证的全过程。国际航空货运进口代理业务流程具体见表4-18。

表4-18　　国际航空货运进口代理业务流程

| 步骤 | 项目 | 说明 |
|---|---|---|
| 1 | 代理预报 | 发货前由国外代理公司将货物、航班及收货人的相关信息发给目的地代理公司，让代理公司做好接货前的准备工作 |
| 2 | 交接单货 | 航空货物入境时，与货物相关的单据也随机到达。货物卸下后，将其存入航空公司或机场的监管仓库，进行进口货物舱单录入，同时根据运单上的收货人地址寄发取单、提货通知。<br>航空公司的地面代理人向货运代理公司交接的有：国际货物交接清单（见表4-19）、总运单及随机文件、货物。在交接时若出现问题，处理方式见表4-20 |
| 3 | 理货与仓储 | 货代公司接货后，将货物存在自己的监管仓库，组织理货与仓储 |
| 4 | 理单与到货通知 | （1）理单。将集中托运进口的总运单项下的分运单拆单，审核与到货的情况是否一致，制成清单并分别输入海关系统中，以便报关报验和提货。<br>（2）到货通知。接到货物后，应尽早、尽快、尽妥当地通知货主到货情况，提醒货主准备好单证报关、提货。<br>（3）正本运单处理。缮制海关监管进口货物入仓清单一式五份，用于商检、卫检、动检各一份，海关两份 |

| 步骤 | 项目 | 说明 |
|---|---|---|
| 5 | 制单、报关 | 按海关要求，依据运单、发票、装箱单及证明货物合法进口的有关批准文件，填制进口货物报关单。制单一般是在收到客户的回复及确认，并获得必备的批文和证明后进行。<br>有进口批文、证明手册等放于货代处的长期协作的货主单位，在货物到达、发出到货通知后，即可直接制单。<br>其注意事项如下：<br>（1）部分进口货，如货主单位缺少有关批文、证明，亦可将运单及随机寄来的单证、提货单以快递形式寄给货主单位，由其备齐有关批文、证明后再进行制单。<br>（2）无须批文和证明的，可即刻制单，通知货主提货或代办运输事宜 |
| 6 | 进口报关 | 进口报关大致分为初审、审单、征税、验放四个主要环节。客户自行报关的货物，一般由货主到货代监管仓库借出货物，由代理公司派人陪同货主一并协助海关开验。客户委托代理公司报关的，代理公司通知货主，由其派人前来或书面委托代办开验。开验后，代理公司须将已开验的货物封存，运回监管仓库储存 |
| 7 | 发货、收费 | （1）发货。办完报关、报检等手续后，货主须凭盖有海关放行章、动植物报验章、卫生检疫报验章的进口提货单到所属监管仓库付费提货。仓库发货时，须检验提货单据上各类报关、报验章是否齐全，并登记提货人的单位、姓名、身份证号，以确保发货安全<br>（2）收费。货代公司仓库在发放货物前，一般先将费用收妥。收费内容有：到付运费及垫付佣金；单证、报关费；仓储费；装卸、铲车费；航空公司到港仓储费；海关预录入等代收代付费；关税及垫付佣金 |
| 8 | 送货与转运 | 经客户委托，在办理完相关手续后，货代公司可通过送货上门（进口清关后将货物直接运送至货主单位）或转运方式（将进口清关后的货物转运至内地的货运代理公司）将货物送达收货人 |

表4-19　　　　　　　　　　国际货物交接清单

日期：

| 序号 | 货运单号码 | 货物数量 | 重量（kg） | 航班/日期 | 提货日期 | 备注 |
|---|---|---|---|---|---|---|
| 1 | | | | | | |
| 2 | | | | | | |
| 3 | | | | | | |
| 4 | | | | | | |

交货人：　　　　　　　　　　接货人：

表4-20 交接出现问题的处理方式

| 总运单 | 清单 | 货物 | 处理方式 |
|---|---|---|---|
| 有 | 无 | 有 | 清单上加总运单号 |
| 有 | 无 | 无 | 总运单退回 |
| 无 | 有 | 有 | 总运单后补 |
| 无 | 有 | 无 | 清单上划去 |
| 有 | 有 | 无 | 总运单退回 |
| 无 | 无 | 有 | 货物退回 |

国际航空货运进口代理业务流程如图4-3所示。

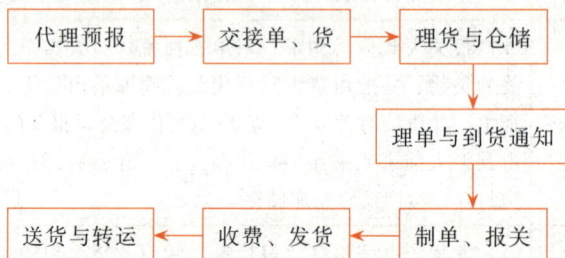

图4-3 国际航空货运进口代理业务流程

## 【任务实施】

全班5~6人为一组,设1名组长,由组长带领本组同学依次扮演王明的角色,按下述步骤完成上海世格贸易有限公司委托的该票货物的进口货运代理操作:

步骤一:接单接货

2024年6月10日,CA355航班到达上海。5箱皮衣卸下飞机后,便存入海关监管的仓库,并进行舱单录入的工作。由于主运单上的收货人是环航货代,因此,航空公司将货物及相关单据都交给了业务员王明。

王明将国际货物交接清单的内容与托运人发来的预报信息、_____(总运单/分运单)、货物进行核对,审核无误后即接收单货。

步骤二:理货与仓储

王明将货物运回环航货代的仓库,仓管员张军进行检查和理货,确认无受损货物后,将其置入仓库堆存。

步骤三:理单与到货通知

仓库操作员陈平将世格贸易的5箱皮衣从_____(总运单/分运单)项下分理出来,制成清单录入电脑中;同时,将总运单和总运单项下的各分运单编上公司内部的流转编号,以便内部操作和客户查询。

在单、货均整理完毕后,王明于2024年6月11日向世格贸易发出到货通知,要求该公司尽快提货。

步骤四：制单、报关

2024年6月11日，王明受世格贸易的委托，填制进口货物报关单并向进口海关申报。

步骤五：收费与发货

完成报关报验手续后，王明将相关单据交予世格贸易。世格贸易派业务员李翔到环航货代的仓库，在付清后者垫付的费用及报关等费用后，提走了货物。

步骤六：任务实施完成

## 【任务测评】

### 一、单项选择题

1.航空公司与货代公司在交接进口货物时，若出现有货物、有总运单但清单无记录的情况，应采取（　　）方式处理。

A.主运单退回　　　B.主运单后补　　　C.货物退回　　　D.清单加主运单号

2.货代接货后，将货物存进自己的监管仓库，应先（　　）。

A.组织理货与仓储　B.发出到货通知　C.收取费用　　　D.报关

### 二、多项选择题

1.在国际航空货运进口业务中，航空公司与货代之间交接（　　）。

A.国际货物交接清单　　　　　B.总运单和随机文件

C.货物　　　　　　　　　　D.货运委托书

2.货代在与航空公司进行单货交接时，要注意将交接清单与（　　）进行核对。

A.总运单　　　　B.货物　　　　C.分运单　　　D.进口货物报关单

### 三、判断题

1.有进口批文、证明手册等放于货代处的长期协作的货主单位，在货物到达、发出到货通知后，即可直接制作进口货物报关单。　　　　　　　　　　　　　（　　　）

2.进口报关一般包括初审、审单、征税和验放四个环节。　　　　　　　（　　　）

## ■ 综合实训

### 航空货运出口代理业务

福州海天科技有限公司（以下简称"海天科技"）于2024年8月7日与I国诺托贸易有限公司（以下简称"诺托贸易"）签订合同号为MZ210807的买卖合同，欲向诺托贸易出口5台医用消毒机。按照合同规定，装运期为2024年8月20日以前。海天科技遂联系福州天一货代，委托其代办航空运输、报检报关等发运手续。该票货物的商业发票及装箱单分别见表4-21和表4-22。

天一货代空运部刘经理将该项工作交予郑天亮，请以郑天亮的身份完成该票航空货运出口代理业务操作。

表4-21　　　　　　　　　　　　商业发票

**FUZHOU HAITIAN TECHNOLOGY CORPORATION**

120 NANYUAN ROAD, CANGSHAN DISTRICT, FUZHOU, FUJIAN, 350001, CHINA

Tel：(86) 0591-12345678　　Fax：(86) 0591-12345678

**COMMERCIAL INVOICE**

TO：ROTO TRADE CORPORATION　　　　　　　　　　INV. No.：MZ210807

FROM：FUZHOU TO R CITY　　　　　　　　　　　　DATE：AUG.7, 2024

| Marks & Nos. | Description of Goods | Quantity | Unit Price | Amount |
|---|---|---|---|---|
| ROTO<br>R CITY<br>C/NO.1~5 | STERILIZER<br>PACKED IN 5 CARTONS | 5PCS | CFR R USD30 000.00/PC | USD150 000.00 |
| | FUZHOU HAITIAN TECHNOLOGY CORPORATION<br>LI BIN | | | |

表4-22　　　　　　　　　　　　装箱单

| ISSUER：<br>FUZHOU HAITIAN TECHNOLOGY CORPORATION<br>120 NANYUAN ROAD，CANGSHAN DISTRICT，FUZHOU，FUJIAN，350001，CHINA<br>Tel：(86) 0591-12345678　Fax：(86) 0591-12345678 | | **PACKING LIST** | | | | |
|---|---|---|---|---|---|---|
| TO：<br>ROTO TRADE CORPORATION<br>NO.11 AVE STREET R CITY，I COUNTRY | | INVOICE NO.<br>MZ210807 | | DATE<br>AUG.7，2024 | | |
| Marks and Numbers | Number and Kind of Package；<br>Description of Goods | Quantity | Package | G.W. | N.W. | Meas. |
| ROTO<br>R CITY<br>C/NO.1~5 | STERILIZER<br>PACKED IN 5 CARTONS | 5 | 5<br>CARTONS | 19.2kg/c | 18.1kg/c | 38×30×25cm³ |
| TOTAL： | | 5 | 5<br>CARTONS | 19.2kg/c | 18.1kg/c | 38×30×25cm³ |

　　全班5~6人为一组，设1名组长，由组长带领本组同学依次扮演郑天亮的角色，按下述步骤完成福州海天科技有限公司委托的该票货物的出口货运代理操作：

　　步骤一：接受委托

　　2024年8月7日，天一货代在接受了海天科技的委托后，向客户报价。海天科技请郑天亮代为填写国际货物托运书，由海天科技签字确认并加盖公章。

　　请根据商业发票和装箱单填制国际货物托运书（见表4-23）。

表 4-23

## 国际货物托运书

福州天一货运代理有限公司
FUZHOU TIANYI FORWARDER CO., LTD.

*IATA*

国际货物托运书
SHIPPER'S LETTER OF INSTRUCTION

REF.NO.: HH21080701

| 始发站<br>AIRPORT OF DEPARTURE | | | 到达站<br>AIRPORT OF DESTINATION | | | | | | 供承运人用<br>FOR CARRIER USE ONLY | |
|---|---|---|---|---|---|---|---|---|---|---|
| 路线及到达站 ROUTING AND DESTINATION | | | | | | | | | 航班/日期<br>FLIGHT/<br>DATE | 航班/日期<br>FLIGHT/<br>DATE |
| 至<br>TO | 第一承运人<br>BY FIRST CARRIER | 至<br>TO | 承运人<br>BY | 至<br>TO | 承运人<br>BY | 至<br>TO | 承运人<br>BY | | 已预留吨位<br>BOOKED | |

收货人姓名及地址
CONSIGNEE'S NAME AND ADDRESS

运费:
CHARGES:

另行通知
ALSO NOTIFY

托运人账号
SHIPPER'S ACCOUNT NUMBER

托运人姓名及地址
SHIPPER'S NAME & ADDRESS

| 托运人声明的价值<br>SHIPPER'S DECLARED VALUE | | 保险金额<br>AMOUNT OF<br>INSURANCE | 所附文件<br>DOCUMENTS TO ACCOMPANY AIR WAYBILL |
|---|---|---|---|
| 供运输用<br>FOR CARRIAGE | 供海关用<br>FOR CUSTOMS | | |

| 件数<br>NO.OF<br>PACKAGES | 实际毛重<br>ACTUAL GROSS<br>WEIGHT（KG） | 运价类别<br>RATE<br>CLASS | 收费重量<br>CHARGEABLE<br>WEIGHT | 费率<br>RATE<br>CHARGE | 货物名称及重量<br>（包括体积或尺寸）<br>NATURE AND QUANTITY OF GOODS<br>（INCL.DIMENSIONS OR VOLUME） |
|---|---|---|---|---|---|
| | | | | | |

在货物不能交于收货人时，托运人指示的处理方法
SHIPPER'S INSTRUCTIONS IN CASE OF INABILITY TO DELIVER SHIPMENT AS CONSIGNED.

处理情况（包括包装方式、货物标志及号码等）
HANDLING INFORMATION （INCL.METHOD OF PACKING，IDENTIFYING MARKS AND NUMBERS ETC.）

托运人证实以上所填全部属实并愿遵守托运人的载运章程。
THE SHIPPER CERTIFIES THAT PARTICULARS ON THE FACE HEREOF ARE CORRECT AND AGREES TO THE CONDITIONS OF CARRIAGE OF THE CARRIER.

托运人签字:                日期:          经手人:          日期:
SIGNATURE OF SHIPPER     DATE        AGENT          DATE

步骤二：审核单证

郑天亮将填好的国际货物托运书交给海天科技确认无误后，对其提供的单据进行审核。

步骤三：预配舱

单证审完后，2024年8月8日，郑天亮开始申请合适的舱位。他对福州—R市航线上所有的出运货物进行了统计，包括福州明日设备有限公司的一批金属元器件、泉州振华贸易有限公司的一批红外探测设备和泉州临海进出口有限公司的一批红外光谱仪。他按照四个客户的要求以及货物的_____，综合考虑各航空公司_____，制定_____，并对每票货物配上_____。

步骤四：预订舱

根据预配舱方案，郑天亮按照航班、日期打印出_____、件数、重量、体积，向航空公司预订舱位。

步骤五：接单接货

1.接单

完成预订舱工作后，郑天亮于2024年8月8日送交已经审核确认的托运书及相关单证至航空公司，航空公司在接单后将电脑中的收货记录与收货凭证进行核对，保证_____。

2.接货

郑天亮与海天科技约定送货的时间和地点，海天科技收到通知后，及时将5台医用消毒机送至天一货代的仓库。仓库业务员徐明在接到设备后，对其进行称重和丈量，粘贴标记、标签，并根据_____和_____清点了货物，同时检查了_____是否符合运输要求，将信息反馈给郑天亮。

步骤六：制单

郑天亮需要根据国际货物托运书填制航空货运单，包括主运单和分运单。

注：该票货物为贵重货物，按照规定收取200% of the Normal GCR，其最低运费按公布最低运价的200%收取。其运价公布如下：

Routing：FUZHOU, CHINA to R CITY, I COUNTRY
Commodity：STERILIZER
Gross Weight：5 Pieces，18.1kg/piece
Dimensions：38cm×30cm×25cm×5

公布运价如下：

| BEIJING | | CY | | BJS |
|---|---|---|---|---|
| Y.RENMINBI | | CNY | | KGS |
| R | I | M | | 540 |
| | | N | | 68.54 |
| | | 45 | | 50.29 |
| | | 100 | | 44.30 |

请依据所给信息，按下述步骤计算运费，并将计算结果填入航空货运单对应栏内：

1.计算体积重量

由已知信息可计算出该票货物体积为＿＿＿＿＿＿＿＿cm³，则该票货物的体积重量为＿＿＿＿＿＿kg。

2.比较该票货物的体积重量与实际毛重

由于该票货物实际毛重为＿＿＿＿＿kg，因此该票货物的计费重量为＿＿＿＿＿kg。

3.计算航空运费

该票货物的适用运价为＿＿＿＿＿＿CNY/kg，由此计算出航空运费为CNY＿＿＿＿＿＿。

4.将上步结果与该票货物的最低运费相比较

该票货物最低运费为CNY＿＿＿＿＿＿，取二者中高者，因此，该票货物的航空运费为CNY＿＿＿＿＿＿。

**步骤七：配舱**

郑天亮在收到货物清点无误的反馈信息后，核对货物数量、重量、体积等信息与托运单是否一致。若一致，可以＿＿＿＿＿＿＿＿＿＿＿；若有差别，则需要＿＿＿＿＿＿＿＿＿＿＿＿。

**步骤八：订舱**

2024年8月9日，郑天亮正式向航空公司提出运输申请并定妥舱位，向航空公司吨控部门领取并填写了＿＿＿＿＿＿＿＿＿。航空公司根据订舱单信息合理安排航班和舱位，并给郑天亮签发了＿＿＿＿＿＿＿＿＿，同时给予＿＿＿＿＿＿＿＿＿，表示订舱成功。

**步骤九：报关报检**

2024年8月10日，天一货代报关员张强携带报关委托书、报关单及报关所需的其他单据，到福州海关办理进口申报手续，经海关查验，并现场对货物进行清点，确认数量及所贴标签无误后，在主运单上加盖海关监管章。

**步骤十：出仓单**

郑天亮根据＿＿＿＿＿＿＿＿＿＿＿＿制作出仓单，作为出口仓库制订出库计划的依据，并给予交接部门作为收货凭证和制作国际货物交接清单的依据。

**步骤十一：提板箱与装货**

郑天亮根据订舱计划向航空公司申领板箱并办理相应的手续；同时，安排海天科技托运的5台医用消毒机进行板箱装载。

**步骤十二：签单**

郑天亮将货运单送至航空公司进行签单。航空公司再次审核运价等信息，确认无误后，航空公司正式接收货物。

**步骤十三：交接发运**

郑天亮将单、货交至航空公司，航空公司按照航班顺序安排航班运输装机。

步骤十四：后续工作

与航空公司完成交接发运的工作后，郑天亮还需要_____，
若有异常，及时通知海天科技公司。此外，郑天亮还需要分别与_____
_____进行相关费用的结算。

步骤十五：任务实施完成

# 项目五

# 国际陆路货运代理业务操作

## 项目导入

张杰和高鑫是大学同学，毕业后，二人分别进入上海天鸣国际货运代理有限公司（以下简称"天鸣货代"）和上海恒通国际货运代理有限公司（以下简称"恒通货代"）就职，跟师傅们学习陆路货物运输代理的相关业务。两位同学在实习期间优异的表现得到了师傅们的认可，很快便获得了业务实操的机会。二人摩拳擦掌、跃跃欲试，想要尽快展现自己的能力。可是，毕竟才刚刚入门，业务还不甚熟练。在本项目中，我们将分别以张杰和高鑫的身份，学习并完成国际铁路货物联运和国际公路货物运输业务的办理。

## 学习目标

知识目标：

（1）能列举1~2种国际陆路货物运输方式及其特点。

（2）熟悉并能正确复述国际陆路货物运输主要单证的流转过程。

（3）能正确阐述国际铁路和公路联运的进出口货运代理流程的主要步骤。

能力目标：

（1）能够根据货主的要求进行国际陆路货物联运进出口的业务操作。

（2）能够正确计算国际铁路联运费用和国际公路运输费用。

（3）能够正确填制国际铁路联运运单和国际道路货物运单。

（4）作为货运代理，能够与各关联方进行及时的沟通。

素养目标：

（1）具有吃苦耐劳、团队协作的精神和组织协调、创新能力。

（2）树立节约优先、保护优先、以自然恢复为主的绿色物流发展观。

（3）有较好的分析问题及权衡和判断能力。

（4）关注"一带一路"倡议等党中央的重大决策，具有民族自信心、自豪感。

# 任务一　办理国际铁路货物联运业务

## 【任务描述】

2024年4月5日，天鸣货代接受上海凯越贸易有限公司（以下简称"凯越贸易"）的委托，要求使用国际铁路联运的方式，出口一批家用电器到Y国B市（与我国接壤）。同日，天鸣货代接受上海华艺时装有限公司（以下简称"华艺时装"）的委托，代办一批连衣裙从Y国G市（与我国接壤）到上海的国际铁路联运进口业务。这两票货物的具体信息分别见表5-1、表5-2。

表5-1　　　　　　　　　　　　　出口货物信息表

委托合同号：MC202104051

| 出口公司 | 上海凯越贸易有限公司<br>上海市东川路165号 |
|---|---|
| 进口公司 | MC贸易有限公司<br>Y国B市和平路52-4号 |
| 货物名称 | 电视机 |
| 运输路线 | 上海→凭祥→Y国T市→Y国B市 |
| 备　注 | 货物共40件，总重为800kg，装于1个20ft集装箱内，集装箱号码：THDU1534190 |

表5-2　　　　　　　　　　　　　进口货物信息表

委托合同号：KD202104052

| 出口公司 | KD贸易有限公司<br>Y国G市蓝海路35-5号 |
|---|---|
| 进口公司 | 上海华艺时装有限公司<br>上海市广中路2005号 |
| 货物名称 | 连衣裙 |
| 运输路线 | Y国G市→Y国L市→山腰→上海 |
| 备　注 | 货物毛重15T，净重12T，体积28m³ |

铁路运输部赵经理将这两项工作交予张杰。要想完成这两项工作，张杰需要在了解国际铁路联运知识的基础上，完成国际铁路货运代理业务的操作。

## 【任务解析】

本任务主要学习国际铁路货物联运过程中涉及的相关单证的缮制、流转操作和运费计算，并根据客户的具体货运要求，完成国际铁路货物联运出口和进口业务的代办工作。

## 【知识链接】

国际铁路货物联运是指使用一份统一的国际铁路联运票据，由铁路负责经过两国或两国以上的全程运送，并由一国铁路向另一国铁路移交货物，不需要发货人和收货人参加的货物运输组织方式。

### 一、国际铁路货物联运的主要单证

（一）国际铁路联运运单

国际铁路联运运单（International through Rail Waybill）包括《国际货协》运单和《国际货约》运单。目前，《国际货协》和《国际货约》都制定了在各自业务片区内统一使用的"法定"运输单据——《国际货协》运单和《国际货约》运单。国际铁路联运运单属于《UCP600》规定的公路、铁路或内河运单的范畴，它仅具有运输合同证明和货物收据的功能，不具有物权凭证的功能，不具有流通性。因此，《国际货协》和《国际货约》均明确规定国际铁路联运运单中的收货人一栏必须是记名的。

微课 5-1

认识国际铁路货物联运的主要单证

**货运小常识 5-1　　　　　国际铁路货物联运公约与规章**

目前，国际铁路货物运输公约主要有以下两个：

1.《国际货约》（CIM），全称是《国际铁路货物运输公约》，1961年在伯尔尼签订，于1975年1月1日生效。其成员国包括了主要的欧洲国家，如法国、德国、比利时、意大利、瑞典、瑞士、西班牙及东欧各国。此外，还有西亚的伊朗、伊拉克、叙利亚，西北非的阿尔及利亚、摩洛哥、突尼斯等共49国。

2.《国际货协》（CMIC），全称是《国际铁路货物联运协定》，1951年在华沙订立，我国于1954年加入。其成员国包括捷克、蒙古、朝鲜、越南等共计12国。

《国际货协》中的部分东欧国家又是《国际货约》的成员国，这样《国际货协》国家的进出口货物可以通过铁路转运到《国际货约》的成员国去，这为沟通国际铁路货物运输提供了更为有利的条件。我国是《国际货协》的成员国，凡经由铁路运输的进出口货物均按《国际货协》的规定办理。

1.《国际货协》运单

《国际货协》运单简称货协运单，是参加国际铁路货物联运的各国铁路部门与收发货人之间缔结的运输合同。货协运单是参加联运的各国铁路部门和收发货人之间在货物运送上的权利、义务、责任和豁免的体现，对铁路部门和收发货人都具有法律效力。

货协运单一式五联，其构成、各联的功能及流转程序见表5-3。

**表5-3**　　　　　　　　　　《国际货协》运单的构成、功能及流转程序

| 运单名称 | 功能 | 流转程序 |
|---|---|---|
| 运单正本 | 运输合同凭证 | 发货人→发站→到站→收货人 |
| 运行报单 | 各承运人之间交接、划分责任等的证明，是清算运费、统计运量的依据 | 发货人→发站→到站→到达铁路 |
| 运单副本 | 承运人接收货物、发货人结汇的证明 | 发货人→发站→发货人 |
| 货物交付单 | 承运人履行合同的证明 | 发货人→发站→到站→到达铁路 |
| 货物到达通知单 | 收货人存查 | 发货人→发站→到站→收货人 |

2.运单的随附单据

经国际铁路联运出口的货物通过国境站时，需要履行报关、商品检验、卫生检疫等法定手续，为此发货人必须将所需的文件附在运单上。这些文件主要有出口货物报关单、出口货物明细单，根据货物的性质还可能有出口许可证、品质证明书、商品检验证书、植物检疫证书或兽医证明书等，其他有关单据则视合同的规定和货物的不同要求而定。

**货运小常识5-2**　　　　　　　　中国国际铁路货物联运口岸站

铁路口岸是供人员、货物和交通工具直接出入国境（关境、边境）的铁路跨境通道场所。

在我国的铁路口岸中，除广州、郑州、哈尔滨、佛山等内陆口岸外，还有10个国境站：满洲里、绥芬河、珲春、二连浩特、阿拉山口、丹东、图们、集安、凭祥、河口，见表5-4。它们分别与俄罗斯、蒙古、哈萨克斯坦、朝鲜和越南等国家的铁路相联通，进行国际铁路货物联运，并通过上述国家实现与中亚和欧洲其他国家的货物联运。

**表5-4**　　　　　　　　　　我国通往邻国的铁路干线和国境站

| 我国与邻国 | 我国的铁路干线 | 我国国境站名 | 邻国国境站名 | 我国轨距（mm） | 邻国轨距（mm） |
|---|---|---|---|---|---|
| 中俄间 | 滨洲线 | 满洲里 | 后贝加尔 | 1 435 | 1 520 |
| | 滨绥线 | 绥芬河 | 格罗迭科沃 | 1 435 | 1 520 |
| | 珲马线 | 珲春 | 卡梅绍娃亚 | 1 435 | 1 520 |
| 中蒙间 | 集二线 | 二连浩特 | 扎门乌德 | 1 435 | 1 524 |
| 中哈间 | 北疆线 | 阿拉山口 | 多斯特克 | 1 435 | 1 520 |
| 中朝间 | 沈丹线 | 丹东 | 新义州 | 1 435 | 1 435 |
| | 梅集线 | 集安 | 满浦 | 1 435 | 1 435 |
| | 长图线 | 图们 | 南阳 | 1 435 | 1 435 |
| 中越间 | 湘桂线 | 凭祥 | 同登 | 1 435 | 1 435 |

我国铁路对外运输通道主要有以下五条：

（1）经满洲里站至俄罗斯路线

经滨洲线的终点站满洲里站到俄罗斯后贝加尔国境站，再上行连接西伯利亚铁路网至俄罗斯各地及欧洲内陆。两国铁路轨距不同，进出口货物需要在国境站换装，我国出口货物在后贝加尔换装，进口货物则在满洲里站换装。

近年来，随着中俄贸易的快速增长，满洲里口岸成为我国对俄出口货物的重要集散地，滨洲线也是我国通往邻国的几条铁路干线中最重要的线路。

（2）经阿拉山口站至中亚五国路线

经北疆线终点阿拉山口站到哈萨克斯坦国境站多斯特克，进而可连接中亚国家铁路运输网。中哈轨距不同，我国出口货物在多斯特克站换装，进口则在阿拉山口站换装。

阿拉山口是我国仅次于满洲里的第二大陆路口岸，是我国对哈萨克斯坦等独联体国家经济贸易的重要口岸，也是欧亚大陆桥上重要的交通运输枢纽。随着我国西部地区经济的发展及中国与中亚经济贸易活动的加强，阿拉山口口岸将扮演更加重要的角色。

（3）经二连浩特站至蒙古国路线

经集二线终点二连浩特站可直达蒙古国，进而到达俄罗斯和欧洲各国。它是我国通往蒙古国的重要铁路干线，也是我国通往俄罗斯、欧洲各国的铁路路径。从北京经由二连浩特到莫斯科比经由满洲里可缩短1 000多公里的路程。但由于目前俄蒙边境口岸通行能力不足等原因，从中国至俄罗斯的货物大多仍经满洲里口岸出运。

（4）经丹东站至朝鲜路线

经沈丹线终点丹东站可到朝鲜，虽然中朝铁路轨距相同，但自2008年6月20日起，除罐车及超限超重货物外，中朝间所有铁路进出口货物均在中方国境站换装。

（5）经凭祥站至越南路线

经湘桂线的凭祥站可直达越南，凭祥至越南的铁路为标准轨和米轨的混合轨，车辆可直接过轨。

（二）《国际货协》运单的内容及缮制

1.《国际货协》运单的填制要求

中朝、中越铁路间运送的货物，可仅用本国文字填写。我国同其他《国际货协》国家参加铁路间货物运送时，则须附俄文译文，但我国经满洲里、绥芬河发送到俄罗斯铁路的货物，可只用中文填写，不附俄文。

2.《国际货协》运单的填制说明

《国际货协》运单正本见表5-5。

运单中记载的事项，应严格按照为其规定的各栏和各行范围填写。发货人填写的各栏说明如下：

（1）发货人，通信地址

填写发货人名称及其通信地址。发货人只能是一个自然人或法人；由越南、中国和朝鲜运送货物时，准许填写这些国家规定的发货人及其通信地址的代号。

表 5-5　　　　　　　　　　　　　　《国际货协》运单正本

| 发送路简称 | 1. 发货人,通信地址: | | 25. 批号（检查标签） | 运输号码:No. |
| | | | | 2. 合同号码:No. |
| | 5. 收货人,通信地址: | | 3. 发站: | |
| | 6. 对铁路无约束效力的记载: | | 4. 发货人的特别申明: | |
| | 7. 通过的国境站: | | 26. 海关记载 | |
| | 8. 到达路和到站 / | | 27. 车辆 / 28. 标记载重(吨)/ 29. 轴数/ 30. 自重/ 31. 换装后的货物重量 | |

| 27 | 28 | 29 | 30 | 31 |
| --- | --- | --- | --- | --- |
| | | | | |
| | | | | |

| 9.记号、标记和号码 | 10.包装种类 | 11.货物名称　　　50.附件第2号 | | 12.件数 | 13.发货人确定的重量（千克） | 32.铁路确定的重量（千克） |
| --- | --- | --- | --- | --- | --- | --- |
| | | | | | | |

| 14.共计件数（大写）: | 15.共计重量（大写）: | | 16.发货人签字 |
| --- | --- | --- | --- |

| 17.互换托盘数量 | 集装箱/运送用具 | |
| --- | --- | --- |
| | 18.种类、类型 | 19.所属者及号码 |

| 20. 发货人负担下列过境铁路的费用: | 21.办理种别:/ | | | 22.有何方装车:/ | | 33. |
| --- | --- | --- | --- | --- | --- | --- |
| | 整车 | 零担 | 大规模集装箱 | 发货人 | 铁路 | 34. |
| | 不需要的划清 | | | | | 35. |
| | 24.货物的声明价格: | | | | | 36. |
| | | | | | | 37. |
| 23. 发货人添附的文件 | 45.封印 | | | | | 38. |
| | 个数 | | 记号 | | | 39. |
| | | | | | | 40. |
| 46.发站日期数 | 47.到站日期数 | 48.确定重量方法 | 49.过磅站戳记、签字 | | | 41. |
| | | | | | | 42. |
| | | | | | | 43. |
| | | | | | | 44. |

（2）合同号码

如出口单位和进口单位之间的合同仅有一个号码，则发货人在该栏内应填写出口单位与进口单位签订的供货合同号码。

如供货合同有两个号码：出口单位为一个号码，进口单位为另一个号码，则发货人在该栏内填出口单位合同号码。发货人在第6栏内可填写进口单位合同号码。

（3）发站

填写运价规程中所载的发站全称。由朝鲜运送货物时，还应注明发站的数字代号。

（4）发货人的特别申明

发货人根据《国际货协》及其附件的相关规定，在该栏中填写自己的申明。例如：①关于通过过境路绕行运送超限货物；②关于用旅客列车运送货物；③关于对运单的更正；④关于运送不声明价格的家庭物品；⑤关于完成海关和其他指示的声明；⑥货物运送或交付发生阻碍时的指示；⑦关于根据《国际货协》附件第3号第4条和第9条授权货物押运人的事项；⑧易腐货物的运送条件。

（5）收货人，通信地址

注明收货人的全称及其准确的通信地址。收货人只能是一个自然人或法人。必要时，发货人可指示在收货人的专用线上交货。往越南、中国和朝鲜运送货物时，准许填写这些国家规定的收货人及其通信地址的代号。

（6）对铁路无约束效力的记载

发货人根据《国际货协》的相关规定，可以对该批货物做出记载，该项记载仅作为给收货人的通知，铁路不承担任何义务和责任。

发货人可在该栏右上角处填写进口单位合同号码。

（7）国境口岸站

根据《国际货协》的相关规定，注明货物应通过的发送国和过境国的出口国境站。如有可能从一个出口国境站通过邻国的几个进口国境站办理货物运送，则还应注明运送所要通过的进口国境站，根据发货人注明的通过国境站确定经路。

（8）到达路和到站

在斜线之前，应注明到达铁路的简称（见表5-6），在斜线之后，应用印刷体字母（中文用正楷粗体字）注明运价规程上到站的全称。经由铁路运往朝鲜民主主义人民共和国的货物，还应注明到站的数字代号。运往非货协国的货物由站长办理转发时，应记载《国际货协》参加铁路最后过境铁路的出口国境站，并在其后记载"由铁路继续办理转发送至＿＿＿＿铁路＿＿＿＿站"。

表5-6　　　　　　　　　　　　各国铁路简称

| 铁路全称 | 铁路简称 | 铁路全称 | 铁路简称 |
|---|---|---|---|
| 阿塞拜疆共和国铁路 | 阿（塞）铁 | 中华人民共和国铁路 | 中铁 |
| 白俄罗斯共和国铁路 | 白铁 | 朝鲜民主主义人民共和国铁路 | 朝铁 |

| 铁路全称 | 铁路简称 | 铁路全称 | 铁路简称 |
| --- | --- | --- | --- |
| 保加利亚共和国铁路 | 保铁 | 吉尔吉斯共和国铁路 | 吉铁 |
| 越南社会主义共和国铁路 | 越铁 | 拉脱维亚共和国铁路 | 拉铁 |
| 格鲁吉亚铁路 | 格铁 | 立陶宛共和国铁路 | 立铁 |
| 伊朗伊斯兰共和国铁路 | 伊铁 | 摩尔多瓦共和国铁路 | 摩铁 |
| 哈萨克斯坦共和国铁路 | 哈铁 | 蒙古国铁路 | 蒙铁 |
| 波兰共和国铁路 | 波铁 | 俄罗斯联邦铁路 | 俄铁 |
| 塔吉克斯坦共和国铁路 | 塔铁 | 土库曼斯坦铁路 | 土铁 |
| 乌兹别克斯坦共和国铁路 | 乌（兹）铁 | 乌克兰铁路 | 乌（克）铁 |
| 爱沙尼亚共和国铁路 | 爱铁 | 罗马尼亚铁路 | 罗铁 |

（9）记号、标记和号码

填写每件货物上的记号、标记、号码（《国际货协》第9条第3项）。

（10）包装种类

注明货物的包装种类：使用集装箱运送货物时，注明"集装箱"字样，并在下面用括号注明装入集装箱内货物的包装种类。

如货物运送时不需要容器或包装，并在托运时未加容器和包装，则应记载"无包装"。

（11）货物名称

货物名称应符合《国际货协》的相关规定。按货捆办理货物运送时，还应履行《国际货协》附件的相关要求。

如使用运送用具办理运送，应在货物名称之下另写一行，注明运送用具名称。

此外，运送由押运人押运的货物时，根据《国际货协》附件的有关规定，必须注明有关押运人的事项，并在相应情况下注明更换押运人的国境站名称。

在"货物名称"字样下面专设的栏内填写通用货物品名表规定的六位数字代码。

（12）件数

注明一批货件的数量，使用集装箱运送货物，注明集装箱的数量，并在下面用括号注明装入所有集装箱内的货物总件数。

运送货捆货物时用分数注明：货捆数目为分子，装入货捆中的货件总数为分母。

用敞车类货车运送不盖篷布或盖有篷布而未加封的货物，在承运时，如总件数超过100件，则注明"堆装"字样，不注明货件数量。

运送仅按重量不计件数承运的小型无包装制品时，注明"堆装"字样，不注件数。

如使用运送用具运送，则在运送用具名称同一行上，根据第11栏的填写内容注明该用具的数量。

（13）发货人确定的重量（千克）

注明货物的总重。用集装箱和托盘或使用其他运送用具运送货物时，注明货物重量，集装箱、托盘或其他运送用具的自重和总重。

（14）共计件数（大写）

用大写填写第12栏（件数）中所记载的件数，即货件数量或记载"堆装"字样；而发送集装箱货物时，注明第12栏括号中记载的装入集装箱内的货物总件数。

（15）共计重量（大写）

用大写填写第13栏［发货人确定的重量（千克）］中所载的总重量。

（16）发货人签字

发货人应签字证明列入运单中的所有事项正确无误。发货人的签字也可用印刷的方法或加盖戳记。

（17）互换托盘数量

该栏内的记载事项仅与互换托盘有关。

注明托盘互换办法（如"EUR"），并分别注明平式托盘和箱式托盘的数量。

所有其他托盘均为运送用具，与这些托盘有关的事项载入第18、19两栏。

（18）种类、类型

在发送集装箱货物时，应注明：集装箱种类（小吨位、中吨位、大吨位）；集装箱类型［小吨位和中吨位集装箱容积以立方米表示，大吨位集装箱长度以英尺——20、30或40（6 058毫米、9125毫米或12 192毫米）表示］。

使用运送用具时，应注明该用具的种类（如篷布、挡板）。

填写全部事项时，如篇幅不足，应根据《国际货协》的有关规定，添附补充清单。

（19）所属者及号码

在运送集装箱时，应注明集装箱所属记号和号码。为注明所属记号，采用大写拉丁字母。

不属于铁路的集装箱，应在集装箱号码后标注大写拉丁字母"P"。

使用属于铁路的运送用具时，应注明运送用具所属记号和号码（如果有此号码）。

使用不属于铁路的运送用具时，应注明大写拉丁字母"P"（如果有运送用具记号和号码）。

填写全部事项时，如篇幅不足，应根据《国际货协》第7条第12项的规定，填制补充清单。

（20）发货人负担下列过境铁路的费用

注明根据《国际货协》第15条由发货人负担过境路费用的过境铁路简称（见第8栏的说明）。

如发货人不负担任一过境路的费用，则发货人应记载"无"字样。

在数字编码栏内按照货物运送的先后顺序，填写发货人所指出的过境路的编码。

各国铁路使用的编码见表5-7。

表5-7　　　　　　　　　　　　　各国铁路编码

| 铁路简称 | 铁路编码 | 铁路简称 | 铁路编码 |
|---|---|---|---|
| 阿（塞）铁 | 57 | 中铁 | 33 |
| 白铁 | 21 | 朝铁 | 30 |
| 保铁 | 52 | 吉铁 | 59 |
| 越铁 | 32 | 拉铁 | 25 |
| 格铁 | 28 | 立铁 | 24 |
| 哈铁 | 27 | 蒙铁 | 31 |
| 波铁 | 51 | 俄铁 | 20 |
| 塔铁 | 66 | 土铁 | 67 |
| 乌（兹）铁 | 29 | 乌（克）铁 | 22 |
| 爱铁 | 26 | 罗铁 | 53 |

（21）办理种别

将不需要者划消。

（22）由何方装车

将不需要者划消。

（23）发货人添附的文件

注明发货人在运单上添附的所有文件（出口许可证、履行海关和其他手续所需的文件、证明书、明细表、运单的补充清单等）。

根据《国际货协》第7条第12项的规定，如运单上附有补充清单，则在该栏内记载添附补充清单的张数。

（24）货物的声明价格

用大写注明货物价格。

（25）批号（检查标签）

在该栏上半部注明发送路和发站的数字编码，在该栏下半部按发送路现行国内规章的规定填写批号。

（26）海关记载

该栏供海关记载用。

（27）车辆

注明车种、车号和车辆所属路简称。如车辆上无车种标记，则按发送路的现行国内规章填写车种。

（28）标记载重

填写车辆上记载的载重量。如使用标有"ABC"标记的车辆，则写上字母"C"及其下面所注的最大重量，以此作为载重量。

（29）轴数

填写所使用的车辆的轴数。

（30）自重

填写车辆上记载的自重。当用过磅的方法确定空车重量时，车辆上记载的自重为分子，而过磅确定的自重为分母。

（31）换装后的货物重量

货物换装运送时，应注明换装后铁路确定的重量。将货物从一辆车换装到数辆车上时，换装后每辆车的货物重量应分别记载。

（32）铁路确定的重量（千克）

注明铁路确定的货物重量。

（33）～（44）数字编码栏

各栏供铁路填记事项之用。各铁路只能在其留存的运单各张上或补充运行报单上填记数字编码。参加运送的铁路，可商定共同使用上述各栏的办法。

（45）封印个数和记号

根据《国际货协》及其附件的相关规定，填写车辆或集装箱上施加的封印的个数和所有记号。

（46）发站日期数

货物承运后，发站在运单的所有各张和补充运行报单上加盖发站日期戳，作为缔结运输合同的凭证。

（47）到站日期数

货物到达到站后，到站在运单的第1、2、4和5张上加盖到站日期戳。

（48）确定重量方法

注明确定货物重量的方法，如"用轨道衡""按标准重量""按货件上标记的重量""丈量法"等。

如由发货人确定货物重量，则发货人还应在该栏内注明关于确定货物重量的方法的事项。

（49）过磅站戳记、签字

在32栏中记载的重量以过磅站戳记和司磅员签字证明。

（50）附件第2号

根据《国际货协》附件第2号托运危险货物时，必须在方框内画对角线（×）。

如果该栏中方框和"附件第2号"字样为黑色，则发货人在根据《国际货协》附件第2号托运至中华人民共和国、俄罗斯联邦及相反方向和过境这两个国家的危险货物时，除在运单货物名称下画一横线外，还应同时在运单第一张货物名称下画一红线。

## 二、国际铁路货物联运费用计算

（一）国际铁路联运费用的构成

国际铁路联运费用由发送路运送费用、到达路运送费用和过境路运送费用三部分构成。

1. 发送路运送费用

按承运当日发送路国内规章规定计费，以发送国货币在发站向发货人核收。

2. 到达路运送费用

按承运当日到达路规章规定计费，采用到达国货币在到站向收货人核收。

3. 过境路运送费用

对参加《统一货价》的铁路，按承运当日《统一货价》的规定计费，以瑞士法郎计算出的款额，按支付当日规定的兑换率折算成核收运送费用国家的货币额，根据运单第20栏的记载，在发站向发货人或在到站向收货人或直接向其代理人核收；对未参加《统一货价》铁路的过境运送费用，由该铁路直接向发货人或收货人或其代理人核收。

（二）国际铁路联运费用的计算

1. 过境运费的计算

过境运费按《统一货价》的规定计算，其计算程序是：

（1）根据运单上载明的运输路线，在过境里程表中查出各通过国的过程里程。

（2）在铁路货物运输品名分类与代码表中查出其可适用的运价等级和计费重量标准。

（3）在慢运货物运费计算表中，根据货物运价等级和总的过境里程查出适用的运费率。其计算公式为：

基本运费额=货物运费率×计费重量

运费总额=基本运费额×（1+加成率）

加成率是指运费总额应按托运类别在基本运费额基础上所增加的百分比。快运货物运费按慢运货物运费加100%，零担货物加50%后再加100%。随旅客列车挂运整车费，另加200%。

2. 国内段运费的计算

国内段运费按《国内价规》计算，其程序是：

（1）根据货物运价里程表确定发到站间的运价里程。一般根据最短路径确定，并需将国境站至国境线的里程计算在内。

（2）根据运单上所列货物品名，查找货物运价分号表，确定适用的运价号。

（3）根据运价里程与运价号，在货物运价率表中查出适用的运价率。

（4）计费重量与运价率相乘，即得出该批货物的国内运费，其计算公式为：

运费=运价率×计费重量

## 三、国际铁路联运出口货运代理业务操作

国际铁路联运出口货运代理业务流程见表5-8。

表5-8　　　　　　　　　　国际铁路联运出口货运代理业务流程

| 步骤 | 项目 | 说明 |
|---|---|---|
| 1 | 建立委托关系 | 客户向货运代理递交货物清单、商业发票等相关单据，由货运代理进行审查，审查内容包括品名、数量、重量、包装、发站、到站、运输类别和预计时间等，为缮制国际铁路联运运单做准备；同时，货代应向铁路公司及国外代理询价、向客户报价并与客户签订代理协议 |
| 2 | 向铁路部门申报用车计划 | 货运代理应在铁路规定时间内在始发站申报铁路运输用车计划。一般情况下，普通货物应提前10天左右，超限、超长、超重、危险品货物应提前1个月左右。货运代理应向车站提交国际铁路联运运单及其副本，作为托运的书面申请 |
| 3 | 核查货物 | 车站受理托运后，发货人应在规定日期将货物运到车站或指定货位，车站根据运单核对货物，经审核无误后交由铁路保管。始发站在运单上加盖承运日期戳，负责发运。发运前，对棚车、保温车、罐车施封。发货人装车时由发货人施封，铁路装车时由铁路施封。铅封内容包括站名、封志号、年、月、日等 |
| 4 | 国境站交接 | 国境站接到国内前方站的列车到达预报后，立即通知国际联运交接所办理以下事宜：货物、车辆和运送用具的交接和换装；各种交接手续、检查运送票据和编制商务记录；处理交接中发生的各种问题；计算有关费用；联系和组织与邻国货车的衔接事宜 |
| 5 | 查验放行 | 列车进站后，铁路会同海关接车。铁路负责整理、翻译运送票据，编制货物和车辆交接单；海关查验货、证是否相符，以及是否符合有关政策、法规的规定，如无问题则放行。最后由相邻两国的铁路双方办理具体的货物和车辆的交接手续并签署交接证件 |
| 6 | 到站交付 | 到达邻国国境站后，接受国境站的查验，审核无误后放行。在货物到达终点站后，由该站通知收货人领取货物。收货人只有在货物因毁损或腐坏而使质量发生变化，以致部分货物或全部货物不能按原用途使用时才可以拒绝领取货物。收货人在付清全部运费后，铁路将运单的第1、5联交收货人，收货人凭此两联清点货物，并在领取货物时在第2联填写领取日期，加盖收货戳记 |

国际铁路联运出口货运代理业务流程如图5-1所示。

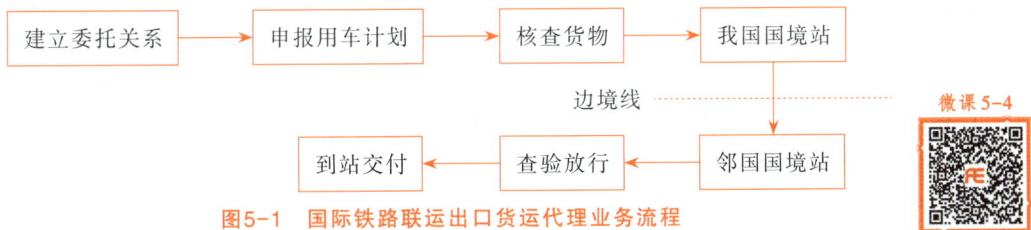

图5-1　国际铁路联运出口货运代理业务流程

### 四、国际铁路联运进口货运代理业务操作

国际铁路联运进口货运代理业务操作与单证流转程序与出口基本相同，

微课5-4

国际铁路联运
进口货运代理
业务操作

只是在方向上相反，具体见表5-9。

表5-9　　　　　　　国际铁路联运进口货运代理业务流程

| 步骤 | 项目 | 说明 |
|---|---|---|
| 1 | 确认货物到达站 | 国内订货部门应提供确切的到达站名称和到达路局名称。除个别单位在国境站设有机构者外，均不得以我国国境站或换装站为到达站，也不得以对方国境站为到达站 |
| 2 | 编制货物运输标志并寄送合同资料 | 各进出口公司对外签订合同时，需按照商务部的规定编制运输标志，不得颠倒顺序和增加内容，否则会造成错发、错运事故。此外，要及时将合同的中文副本、附件、补充协议书、确认函电等寄送至国境站外运机构 |
| 3 | 在国境站交接 | 进口国境站有关单位根据货车预报和确报，通知交接所和海关做好检查准备工作。货车到达后，铁路会同海关接车，然后两国国境站交接所根据交接单办理货物和车辆的现场交接<br>我国国境站交接所通过内部联合办公，做好单据接发、货物报关报验工作，然后由铁路负责将货物调往换装线，进行换装作业，并按流向编组向国内发运 |
| 4 | 分拨与分运 | 国外发货人集中托运、以我国国境站为到站、外运机构为收货人的小额订货，以及国外铁路将零担货物合装为整车发运至我国国境站的，外运机构在国境站接货后负责办理分拨、分运业务。若货物在分拨、分运过程中出现货损、货差等情况，且属于铁路责任的，应由铁路出具商务记录；若属于发货人责任的，应及时通知有关进口单位向发货人索赔 |
| 5 | 付费、货物交付 | 货物到站后向收货人发出到货通知，收货人在收到通知后向铁路付清运送费用，铁路将运单和货物交给收货人，收货人取货时在运行报单上加盖收货戳记，作为收货凭证 |

**AI+货运代理**

加"数"向"新"中欧班列注入中原活力

国际铁路联运进口货运代理业务流程如图5-2所示。

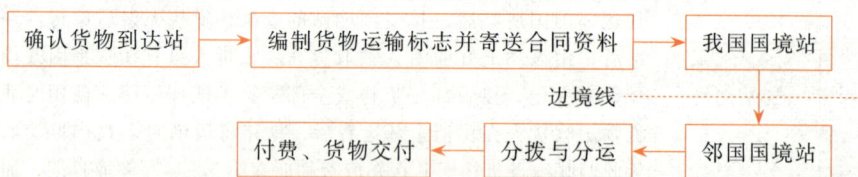

图5-2　国际铁路联运进口货运代理业务流程

## 【任务实施】

全班5~6人为一组，设1名组长，由组长带领本组同学依次扮演张杰的角色，按下述步骤分别来完成这两票货物的进出口货运代理操作：

（一）出口操作

步骤一：建立委托关系

凯越贸易在4月5日向天鸣货代提出委托后，遂向业务员张杰递交货物清单、商业发票等相关单据，由后者进行审核；同时，张杰向凯越贸易报价并与其签订代理协议。

步骤二：向铁路部门申报用车计划

张杰在审查单据无误后，将有关此次货运的详细信息（发运地、运输时间等）告知铁路局。张杰需要向车站提交国际铁路联运运单及其副本，作为托运的书面申请。

请根据给出的货物信息填写国际铁路联运运单（见表5-10）。

表5-10　　　　　　　　　　　　国际铁路联运运单

| 发送路简称 | 1.发货人，通信地址： | | 25.批号（检查标签） | 运输号码：No. |
| | | | | 2.合同号码：No. |
| | 5.收货人，通信地址： | | 3.发站： | |
| | 6.对铁路无约束效力的记载： | | 4.发货人的特别申明： | |
| | 7.通过的国境站： | | 26.海关记载 | |
| | 8.到达和到站 / | | 27.车辆/28.标记载重(吨)/29.轴数/30.自重/31.换装后的货物重量 | |

| 27 | 28 | 29 | 30 | 31 |
| --- | --- | --- | --- | --- |
| | | | | |
| | | | | |

| 9.记号、标记和号码 | 10.包装种类 | 11.货物名称 50.附件第2号 | 12.件数 | 13发货人确定的重量（千克） | 32铁路确定的重量（千克） |
| --- | --- | --- | --- | --- | --- |

| 14.共计件数(大写)： | 15.共计重量(大写)： | | 16.发货人签字 | |
| 17.互换托盘数量 | 集装箱/运送用具 | | | |
| | 18.种类、类型 | | 19.所属者及号码 | |
| 20.发货人负担下列过境铁路的费用： | 21.办理种别：/ | | 22.由何方装车：/ | 33. |
| | 整车 / 零担 / 大规模集装箱 | | 发货人 / 铁路 | 34. |
| | 不需要的划清 | | | 35. |
| 23.发货人添附的文件 | 24.货物的声明价格： | | | 36. |
| | | | | 37. |
| | 45.封印 | | | 38. |
| | 个数 | 记号 | | 39. |
| | | | | 40. |
| 46.发站日期数 | 47.到站日期数 | 48.确定重量的方法 | 49.过磅站戳记、签字 | 41. |
| | | | | 42. |
| | | | | 43. |
| | | | | 44. |

步骤三：核查货物

上海站受理托运后，张杰于4月8日将凯越贸易已备好的货物运到车站。车站根据运单核对货物，经审核无误后交由铁路部门保管；承运铁路局在运单上加盖承运日期戳。4月9日，列车准时发运。

步骤四：国境站交接

4月11日，凭祥站接到国内前方站的列车到达预报后，立即通知国际联运交接所办理各项交接事宜。

步骤五：查验放行

4月11日下午列车进站后，铁路会同海关接车，经查验、审核无误后放行。中国和Y国两国铁路办理具体的货物和车辆的交接手续并签署交接证件。

步骤六：到站交付

4月14日，列车到达Y国T市国境站后，接受国境站的查验，审核无误后放行。4月15日，列车到达终点站T市火车站，由该站通知收货人MC贸易公司领取货物。收货人在付清全部运费后，铁路将运单的第1、5联交MC贸易公司；MC贸易公司凭此两联清点货物，并在第2联填写领取日期，加盖收货戳记。

步骤七：任务实施完成

（二）进口操作

步骤一：确认货物到达站

4月8日，列车从Y国G市启运。张杰根据客户所提供的信息确认了列车的到达站为上海站。与此同时，客户向张杰递交了该票货物的相关单据，并与天鸣货代签订了代理协议，支付了代理费用。

步骤二：编制货物运输标志并寄送合同资料

张杰根据进出口双方对运输标志的要求，进行运输标志的编制，将收货人、产地、目的地以及货物的相关信息（毛重、净重、体积）标记在箱的相应位置。

步骤三：在国境站交接并分拨、分运

4月12日，列车到达我国国境站山腰站。铁路部门会同海关接车，然后两国国境站交接所根据交接单办理货物和车辆的现场交接手续。

我国国境站交接所进行内部联合办公，然后由昆明铁路局负责将该票货物调往换装线进行换装作业，并按流向编组向上海站发运。

步骤四：付费、货物交付

4月13日，列车到达上海站后，铁路向收货人天鸣货代发出到货通知，张杰在收到通知后向铁路付清运送费用，铁路将运单和货物交给张杰，张杰在运行报单上加盖收货戳记，作为收货凭证。

张杰在收到货物后，及时通知上海华艺时装有限公司提取货物。

步骤五：任务实施完成

## 【任务测评】

### 一、单项选择题

1.《国际货协》运单中（　　）给发货人。

A.运单正本　　　　　　B.运行报单　　　　　　C.运单副本

D.货物交付单　　　　　E.货物到达通知单

随堂测5-1

2.进口货物列车到达后，铁路会同（　　）接车，然后两国国境站交接所根据交接单，办理货物和车辆的现场交接手续。

A.收货人　　　　　B.货运代理　　　　　C.海关　　　　　D.发货人

3.国际铁路货物联运是指使用（　　）份统一的国际铁路联运票据，在跨及两个及以上国家铁路的货物运送中，由参加铁路负责办理两个或两个以上国家铁路全程运送货物业务，由托运人支付全程运输费用的铁路货物运输组织形式。

A.一　　　　　　B.二　　　　　　C.三　　　　　　D.四

### 二、多项选择题

1.国际铁路联运的办理种类包括（　　）。

A.整车运输　　　　B.零担运输　　　　C.集装箱运输　　　　D.散货运输

2.国际铁路联运费用由（　　）构成。

A.发送路运送费用　　　　　　　　B.到达路运送费用

C.过境路运送费用　　　　　　　　D.中转路运送费用

3.下面关于国际铁路货物联运的说法正确的有（　　）。

A.在由一国铁路向另一国铁路移交货物时需要发货人与收货人参与

B.由铁路部门负责从托运人交货到向收货人交货的全过程运输

C.经过两个或两个以上国家的铁路

D.在整个联运过程中使用一份国际联运运单

### 三、判断题

1.国际铁路货物联运在运输责任方面采取统一责任制。　　　　　　　　（　　）

2.过境换装作业不需要货主参加。　　　　　　　　　　　　　　　　（　　）

3.我国铁路国际联运主要由国家铁路局领导和管理，运输局和国际合作部负责日常具体的工作。　　　　　　　　　　　　　　　　　　　　　　　　　　　（　　）

## 任务二　办理国际公路货物运输业务

## 【任务描述】

2024年9月7日，恒通货代接受上海腾飞贸易有限公司（以下简称"腾飞贸易"）的委托，要求使用国际公路运输的方式，出口一批手表到Y国。同日，恒通货代接受上海天宏鞋业有限公司（以下简称"天宏鞋业"）的委托，代办一批儿童凉鞋从L国W市到上海的国际公路运输进口业务。这两票货物的具体信息分别见表5-11、表5-12。

表5-11　　　　　　　　　　　　　出口货物信息表

合同号：TF20210901

| 出口公司 | 上海腾飞贸易有限公司<br>上海市长寿路155号 联系人：张伟　电话：（86）021-12345678 |
|---|---|
| 进口公司 | JK贸易有限公司<br>Y国L市和平路32-1号 联系人：金凯文　电话：（84）214-01234567 |
| 货物名称 | 手表 |
| 运输路线 | 上海→河口口岸→Y国L市 |
| 备　注 | 总重为800kg，总计2m³，运费到付 |

表5-12　　　　　　　　　　　　　进口货物信息表

合同号：TH20210830

| 出口公司 | KIRI贸易有限公司<br>L国W市莱特路35-5号 联系人：孔赛文　电话：（856）21-1234567 |
|---|---|
| 进口公司 | 上海天宏鞋业有限公司<br>上海市甘泉路1036号 联系人：李艳　电话：（86）021-87654321 |
| 货物名称 | 儿童凉鞋 |
| 运输路线 | L国W市→L国M口岸→瑞丽口岸→上海 |
| 备　注 | 货物毛重150kg、净重120kg，体积5m³ |

公路运输部刘经理将这两项工作交予高鑫。要想完成这两项工作，高鑫需要在了解国际公路运输知识的基础上，完成公路货运代理业务的操作。

## 【任务解析】

本任务主要学习国际公路货物运输过程中涉及的相关单证的缮制、流转操作和运费计算，并根据客户的具体货运要求，完成国际公路货物运输出口和进口业务的代办工作。

## 【知识链接】

国际公路货物运输是指国际货物借助一定的运载工具，沿着公路做跨及两个或两个以上国家或地区的移动，以实现货物的交接，并根据相关国家的法律、法规完成货物的报关和报检、纳税等相关手续。它是国际公路运输的重要组成部分，是保障国际公路运输顺利畅通的重要服务环节。

## 货运小常识5-3　　　　　　　　　　中国主要的公路口岸

微课5-5

认识中国主要
的公路口岸

公路口岸是供人员、货物和交通工具直接出入国境（关境、边境）的公路跨境通道场所。

我国陆地边境线长达20 000多公里，分别与朝鲜、俄罗斯、蒙古、哈萨克斯坦、吉尔吉斯斯坦、塔吉克斯坦、阿富汗、巴基斯坦、印度、尼泊尔、不丹、缅甸、老挝、越南14个国家接壤，也因此形成了许多口岸。近年来，我国内陆地区通过公路口岸出入境的货物运输发展较快，经国务院批准开放的公路口岸见表5-13。

表5-13　　　　　　　　　　　　中国公路主要口岸一览

| 所在省/自治区 | 口岸名称 | 相邻国家与地区 |
|---|---|---|
| 内蒙古 | 二连浩特、满洲里、阿日哈沙特、珠恩嘎达布其、甘其毛都 | 蒙古、俄罗斯 |
| 辽宁 | 丹东 | 朝鲜 |
| 吉林 | 集安、珲春、图们、开山屯、圈河、三合、临江、南坪 | 朝鲜、俄罗斯 |
| 黑龙江 | 绥芬河、东宁、密山、虎林 | 俄罗斯 |
| 广西 | 凭祥、友谊关、东兴、水口 | 越南 |
| 广东 | 皇岗、沙头角；珠海拱北、河源 | 中国香港、中国澳门 |
| 云南 | 畹町、瑞丽、天保、金水河、磨憨 | 越南、缅甸、老挝 |
| 西藏 | 樟木（聂拉木）、日屋、吉隆 | 尼泊尔、印度 |
| 甘肃 | 马鬃三 | 蒙古 |
| 新疆 | 老爷庙、乌拉斯台、霍尔果斯、都拉塔、木扎尔特、巴克图、塔克什肯、红山嘴、阿黑土别克、吉木乃、吐尔尕特、红其拉甫 | 哈萨克斯坦、吉尔吉斯斯坦、蒙古、塔吉克斯坦、巴基斯坦 |

### 一、国际公路货物运输涉及的主要单证

（一）国际公路货物运输托运单

发货人在办理货物托运手续时，应按承运人的要求填写国际公路货物运输托运单，作为货物托运的书面申请。承运人在收到托运单后应认真审核，无误后签字表示接受托运。

（二）国际道路货物运单

国际公路货运中最重要的货运单证是国际道路货物运单（见表5-14）。该运单一式四联。发货人对该运单的准确性负责，承运人应认真审核运单所记载的项目，无误后方可办理交接手续。

微课5-6

国际道路货物
运单的填制

表 5-14 国际道路货物运单 No.

| 1.发货人<br>名称_____<br>国籍_____ | 2.收货人<br>名称_____<br>国籍_____ | | | | |
| 3.装货地点<br>国家_____市_____<br>街道_____ | 4.卸货地点<br>国家_____市_____<br>街道_____ | | | | |
| 5.货物标记和号码 | 6.件数 | 7.包装种类 | 8.货物名称 | 9.体积（m³） | 10.毛重（kg） |
| | | | | | |
| | | | | | |
| | | | | | |

| 11.发货人指示 |
| a.进/出口许可证号码： 从 在 海关 |
| b.货物声明价值 |
| c.发货人随附单证 |
| d.订单或合同号 包括运费交货点 |
| e.其他指示 不包括运费交货点 |

| 12.运送特殊条件 | 13.应付运费 | | | |
| | 发货人 | 运费 | 币别 | 收货人 |
| 14.承运人意见 | | | | |
| | | | | |
| | | | | |
| 15.承运人 | 共计 | | | |

| 16.编制日期<br>  到达装货_____时_____分<br>  离去_____时_____分<br>  发货人签字盖章_____<br>  承运人签字盖章_____ | 17.收到本运单货物日期_____<br>18.到达卸货_____时_____分<br>  离去_____时_____分<br>  收货人签字盖章_____ |
| 19.汽车牌号_____车辆吨位_____<br>  司机姓名_____拖挂车号_____<br>  行车许可证号____路单号____ | 20.运输里程_____过境里程_____<br>  收货人境内里程_____<br>  共计 |
| 21.海关机构记载： | 22.收货人可能提出的意见： |

说明：（1）本运单使用中文和相应国家文字印制。

（2）本运单一般使用一式四联单：第一联：存根；第二联：始发地海关；第三联：口岸地海关；第四联：随车携带（如是过境运输，可印制6～8联的运单，供过境海关留存）。

国际道路货物运单的填制说明如下：

第1~4栏：分别填写发货人和收货人的全称、国籍、装货地点和卸货地点。装卸货地点要具体到街道。

第5~10栏：根据实际填写货物的详细信息（注：若运送货物不计件数，仅计重量，则须在"件数"栏注明"不计件数"；若货物运送时未加包装，则须在"包装种类"栏注明"无包装"）。

第11栏：根据实际填写发货人指示（注：若托运货物无声明价值，则须在"b.货物声明价值"栏中填写"NVD"）。

第12栏：如有特种货物运输要求，需填写此栏。

第13栏：填写应付运费。

第14~15栏：填写承运人及承运人的意见。

第16~20栏：根据实际分别填写相应的日期、车辆及运输里程等相关信息。

第21栏：由海关填写。

第22栏：由收货人填写。

## 二、国际公路货物运输费用计算

国际公路货物运输的费用包括运费和其他费用。运费是依据所承运货物的类别、重量和距离而收取的费用；其他费用指包括装卸费在内的相关费用。

微课5-7

国际公路运输
费用计算

### （一）公路运费的计费重量

无论是整批还是零担货物，计费重量均以毛重计算。整批货物以吨为单位计重，吨以下计至100kg，不足100kg的需四舍五入；零担货物以千克为单位计重，起码计费重量为1kg，不足1kg的需四舍五入。

轻泡货物以货物最长、最宽、最高部位尺寸计算体积，按每立方米折合333千克计算重量。

### （二）公路运费的计费里程

以千米为单位，按货物的装货地点至卸货地点的实际运输里程计算，位数不足1km的，需进整为1km。

### （三）公路运费的计算

1.零担货物运费

零担货物运费=计费重量×计费里程×零担货物运价+其他费用

2.整批货物运费

整批货物运费=吨（箱）次费×计费重量+整批货物运价×计费重量×计费里程+其他费用

3.集装箱货物运费

集装箱货物运费=重（空）箱运价×计费箱数×计费里程+箱次费×计费箱数+其他费用

若采用包箱运输的形式，则可采用包箱运价。包箱运价以计程运价率和运距为基础计算，一般不得高于同类箱型基本运价的20%。

包箱运费=重（空）箱运价×计费箱数×计费里程×（1+20%）+箱次费×计费箱数×（1+20%）+其他费用

### 4.包车运费

包车运费=包车运价×包用车辆吨位×计费时间+其他费用

## 三、国际公路货物运输出口代理业务操作

国际公路货物运输出口代理业务流程见表5-15。

表5-15 国际公路货物运输出口代理业务流程

微课5-8

国际公路运输货运代理业务操作

| 步骤 | 项目 | 说明 |
|---|---|---|
| 1 | 建立委托关系 | 托运人向货运代理人提出托运申请，提交并填制货物托运单 |
| 2 | 报关报验 | 托运人向货代递交相关资料及单证，货运代理人备齐相关资料后向海关报验 |
| 3 | 海关查验放行 | 海关接受报关单位的申报，对出口货物进行实际核查，无误后办理结关手续 |
| 4 | 装货发运 | 承运人接受托运申请，安排车辆前往发货人仓库提货。装货时，发货人交付货物，承运人负责点数、监装，发现包装破损、异常，应提出更换或整理的异议，并在海关监管下封关，同时填写国际道路货物运单 |
| 5 | 边境口岸交接 | 车辆抵达我国及邻国边境口岸时，均需接受相关机构和部门的查验，查验内容包括国际汽车运输行车许可证、国籍识别标志、运输车辆有效证件、保险凭证等 |
| 6 | 到达交付货物 | 通过邻国口岸查验后，将货物运抵境外海关指定停车地点，待进口国货运代理人办理完报关手续、海关放行后，再运抵至收货人处进行交接 |
| 7 | 运费结算 | 承运人与货运代理人进行运输费用的结算 |

国际公路货物运输出口代理业务流程如图5-3所示。

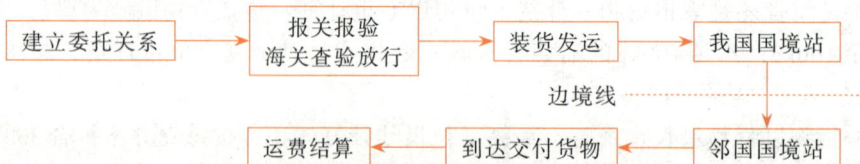

图5-3 国际公路货物运输出口代理业务流程

## 四、国际公路货物运输进口代理业务操作

国际公路货物运输进口代理业务流程见表5-16。

表5-16 国际公路货物运输进口代理业务流程

| 步骤 | 项目 | 说明 |
|---|---|---|
| 1 | 边境口岸交接 | 车辆抵达出口国及我国边境口岸时，均需接受相关机构和部门的查验，查验内容包括国际汽车运输行车许可证、国籍识别标志、运输车辆有效证件、保险凭证等 |
| 2 | 报关报验 | 进口货物的货运代理人应在海关规定期限内，持进口货物报关单及相关单证向海关申报 |
| 3 | 海关查验放行 | 海关接受进口货物的报关，对货物进行实际核查，无误后在有关单据上加盖放行章 |
| 4 | 收货人提货 | 货物运抵目的地后，货运代理人通知收货人按时提货。提货时，收货人应在托运单上签收并付清相关费用。若出现货损、货差情况，承运人和收货人双方应做好详细记录 |

国际公路货物运输进口代理业务流程如图5-4所示。

**图5-4　国际公路货物运输进口代理业务流程**

## 【任务实施】

全班5~6人为一组，设1名组长，由组长带领本组同学依次扮演高鑫的角色，按下述步骤完成这两票货物的进出口货运代理操作：

（一）出口操作

步骤一：建立委托关系

腾飞贸易在2024年9月7日向恒通货代提出委托后，恒通货代的业务员高鑫遂向环都国际公路货物运输公司提出托运申请，并填写托运单（见表5-17）。

表5-17　　　　　　　　　　国际公路运输托运单

托运日期：　　　年　　月　　日　　　启运站：　　　　到达站：　No.

| 收货单位 | | | | | 联系人 | | | |
|---|---|---|---|---|---|---|---|---|
| 详细地址 | | | | | 电话/手机 | | | |
| 货物名称 | 件数 | 包装 | 重量 | 体积 | 保险金额 | 保险费 | 运费 | 合计 |
| | | | | | | | | |
| | | | | | | | | |
| | | | | | | | | |
| 总运费金额 | 万　　仟　　佰　　拾　　元整　　¥： | | | | | | | |
| 付款方式 | 预付：　　到付：　　回结： | | | 送货方式 | 送货〔　〕自提〔　〕 | | | |
| 备　注 | | | | | | | | |
| 运输协议 | 请托运方认真阅读以下运输协议，在您签字后说明您已无异议：<br>1.托运人应如实申报货物名称和重量，不得夹带易燃、易爆、剧毒等违禁物品，否则所引起的一切后果由托运方全部负责。<br>2.承运方不开箱验货，交接货物时以外包装完好为准；在外包装完好的情况下，内包装缺损和丢失与承运方无关。<br>3.收货人收货时应对货物认真清点、验收，如发现货物丢失、损坏（不可抗力除外）应当场要求索赔；收货人在收到货物并签收后，如出现货损、丢失，承运方概不负责。<br>4.托运人或收货人不按时支付运杂费，承运方有权拒运或留置其货物。若一个月后仍不提货，按无主货物处理。<br>5.托运人如变更到货地点或收货人，应在货物运达目的地之前书面通知承运方，并承担由此增加的费用。<br>6.托运人对所托运货物必须参加保险，如不参加保险，承运方在运输过程中若发生重大货损，其最高赔偿额按照运费的×倍支付 | | | | | | | |
| 托运单位<br>联系电话<br>托运方签章 | | | | | 承运人签章 | | | |

步骤二：报关报验

9月8日，腾飞贸易公司将报关所需资料（包括报关单、商业发票、贸易合同等）备齐后提供给高鑫，高鑫持资料向海关进行申报。海关查验货物及单证无误后，准予放行。

步骤三：装货发运

环都国际公路货物运输公司接受托运申请后，安排车辆前往恒通货代的仓库提货，并在海关监管下封关。此时，高鑫需填写国际道路货物运单（见表5-18）。

表5-18 　　　　　　　　　　　　**国际道路货物运单**

| 1.发货人<br>名称＿＿＿＿＿＿＿＿＿＿<br>国籍＿＿＿＿＿＿＿＿＿＿ | | | 2.收货人<br>名称＿＿＿＿＿＿＿＿＿＿<br>国籍＿＿＿＿＿＿＿＿＿＿ | | |
|---|---|---|---|---|---|
| 3.装货地点<br>国家＿＿＿＿＿＿市＿＿＿＿<br>街道＿＿＿＿＿＿＿＿＿＿ | | | 4.卸货地点<br>国家＿＿＿＿＿＿市＿＿＿＿<br>街道＿＿＿＿＿＿＿＿＿＿ | | |
| 5.货物标记和号码 | 6.件数 | 7.包装种类 | 8.货物名称 | 9.体积（m³） | 10.毛重（kg） |
| | | | | | |
| | | | | | |

| 11.发货人指示 | | | |
|---|---|---|---|
| a.进/出口许可证号码：　　　　　从　　　　　在　　　　　海关 | | | |
| b.货物声明价值 | | | |
| c.发货人随附单证 | | | |
| d.订单或合同号 | 包括运费交货点 | | |
| e.其他指示 | 不包括运费交货点 | | |
| 12.运送特殊条件 | 13.应付运费 | | |
| | 发货人 | 运费 | 币别 | 收货人 |
| 14.承运人意见 | | | | |
| | | | | |
| | | | | |
| | | | | |
| 15.承运人 | 共计 | | | |
| 16.编制日期<br>到达装货＿＿＿＿时＿＿＿＿分<br>离去＿＿＿＿时＿＿＿＿分<br>发货人签字盖章＿＿＿＿＿<br>承运人签字盖章＿＿＿＿＿ | 17.收到本运单货物日期＿＿＿＿＿＿＿＿<br>18.到达卸货＿＿＿＿时＿＿＿＿分<br>离去＿＿＿＿时＿＿＿＿分<br>收货人签字盖章＿＿＿＿＿ | | | |
| 19.汽车牌号＿＿＿＿车辆吨位＿＿＿＿<br>司机姓名＿＿＿＿拖挂车号＿＿＿＿<br>行车许可证号＿＿＿＿路单号＿＿＿＿ | 20.运输里程＿＿＿＿过境里程＿＿＿＿<br>收货人境内里程＿＿＿＿<br>共计＿＿＿＿＿＿＿＿ | | | |
| 21.海关机构记载： | 22.收货人可能提出的意见： | | | |

步骤四：边境口岸交接

9月12日，载货车辆抵达我国河口口岸，并接受相关机构和部门的查验，查验无误后随即放行。9月14日，载货车辆抵达Y国L口岸，并接受同样的查验。

步骤五：到达交付货物

9月14日，在通过了Y国L口岸的查验后，载货司机将货物运抵海关指定停车地点。9月17日，JK贸易有限公司的代理人办理完报关手续、海关放行后，司机将货物运至该公司仓库，并进行交接。

步骤六：运费结算

JK贸易有限公司提取货物后，高鑫即与环都国际公路货物运输公司进行相关费用的结算（包括提货、送货费和保管费等）。

步骤七：任务实施完成

（二）进口操作

步骤一：边境口岸交接

2024年9月10日，载货车辆从L国W市出发，于9月11日抵达L国M口岸，并接受相关机构和部门的查验，查验无误后随即放行。9月13日，载货车辆抵达我国瑞丽口岸，并接受了同样的查验。

步骤二：报关报验

恒通货代的业务员高鑫于9月13日持进口货物报关单及相关单证向海关申报。

步骤三：海关查验放行

海关接到进口货物申报手续后，随即对货物进行实际核查，无误后在有关单据上加盖放行章。载货司机将货物运抵终点站上海市。

步骤四：收货人提货

9月17日，载货司机将货物运至收货人上海天宏鞋业有限公司的仓库，高鑫提前通知收货人做好收货准备。天宏鞋业的业务员李翔在高鑫的陪同下对货物进行了检查，无误后在托运单上签收，并根据协议付清相关费用。

步骤五：任务实施完成

## 【任务测评】

随堂测 5-2

### 一、单项选择题

1.我国下列口岸中，（　　）是我国与俄罗斯邻接的公路口岸。

A.满洲里　　　　　　B.图们　　　　　　C.瑞丽　　　　　　D.绥芬河

2.公路货物运输中的零担货物运输是指同一货物托运人托运的货物不足（　　）。

A.1吨　　　　　　　　B.3吨　　　　　　C.5吨　　　　　　D.10吨

3.下列口岸中，（　　）是中越过境运输的公路口岸。

A.凭祥　　　　　　　B.绥芬河　　　　　C.二连浩特　　　　D.霍尔果斯

### 二、多项选择题

1.国际公路货物运输的特点包括（　　）。

A.时间性强　　　　　B.政策性强　　　　C.政治性强　　　　D.纵横关系复杂

2.国际公路货物运输的方式主要有（　　）。

A.整车货物运输　　　　　B.零担货物运输　　　　　C.特种货物运输

D.集装箱货物运输　　　　　E.包车货物运输　　　　　F.海关监管运输

3.下列货物中，（　　）必须整车运输。

A.服装　　　　　B.矿石　　　　　C.石油　　　　　D.冻鱼

## 三、判断题

1.采用包车货物运输方式，在车辆承包期间，不得装运其他非此托运人的货物。

（　　）

2.无论是整批还是零担货物，公路运费的计费重量均以毛重计算。（　　）

3.包箱运价以计程运价率和运距为基础计算，一般不得高于同类箱型基本运价的10%。（　　）

## 综合实训

### 国际铁路货物联运业务

2024年9月1日，振威货代接受昆明利海服饰有限公司（以下简称"利海服饰"）的委托，以国际铁路联运的方式，出口一批儿童服装到L国W市。同日，振威货代接受云南铭心贸易有限公司（以下简称"铭心贸易"）的委托，代办一批香皂从L国G县到昆明的国际铁路联运进口业务。这两票货物的具体信息分别见表5-19、表5-20。

表5-19　　　　　　　　　　出口货物信息表

委托合同号：LH202109011

| 出口公司 | 昆明利海服饰有限公司<br>昆明市西山区镇海路2号 |
|---|---|
| 进口公司 | 万象一东贸易有限公司<br>L国W市塔司村115号 |
| 货物名称 | 儿童服装 |
| 运输路线 | 昆明→磨憨→L国N市→L国W市 |
| 备　注 | 货物共30件，总重为1 200kg，装于1个20ft集装箱内，集装箱号码：CO-SU3459230 |

表5-20　　　　　　　　　　进口货物信息表

委托合同号：MX202109012

| 出口公司 | 金象设备有限公司<br>L国W省G县12号公路 |
|---|---|
| 进口公司 | 云南铭心贸易有限公司<br>昆明市官渡区军安路14号 |
| 货物名称 | 香皂 |
| 运输路线 | L国G县→L国M市→勐腊→昆明 |
| 备　注 | 货物毛重10t，净重8t，体积20m³ |

振威货代铁路运输部的赵经理将这两项工作交予宋伟，那么宋伟应如何进行这两项业务的操作呢？

（一）出口操作

步骤一：建立委托关系

利海服饰在9月1日向振威货代提出委托后，遂向振威货代的业务员宋伟递交了货物清单、商业发票等相关单据，宋伟对这些单据进行了审核。同时，宋伟向利海服饰报价并与其签订代理协议。

步骤二：向铁路部门申报用车计划

宋伟在审核单据无误后，将此次货运的详细信息（发运地、运输时间等）告知铁路局。宋伟需要向车站提交＿＿＿＿＿＿＿＿和＿＿＿＿＿＿，作为托运的书面申请。

请根据给出的货物信息填写国际铁路联运运单（见表5-21）。

表5-21　　国际铁路联运运单

| 发送路简称 | 1.发货人，通信地址： | | 25.批号（检查标签） | 运输号码：No. |
|---|---|---|---|---|
| | | | | 2.合同号码：No. |
| | 5.收货人，通信地址： | | 3.发站： | |
| | 6.对铁路无约束效力的记载： | | 4.发货人的特别申明： | |
| | 7.通过的国境站： | | 26.海关记载 | |
| | 8.到达路和到站／ | | 27.车辆／28.标记载重(吨)／29.轴数／30.自重／31.换装后的货物重量 | |

| 27 | 28 | 29 | 30 | 31 |
|---|---|---|---|---|
| | | | | |
| | | | | |

| 9.记号、标记和号码 | 10.包装种类 | 11.货物名称 50.附件第2号 | | 12.件数 | 13.发货人确定的重量（千克） | 32.铁路确定的重量（千克） |
|---|---|---|---|---|---|---|
| | | | | | | |

| 14.共计件数（大写）： | 15.共计重量（大写）： | | 16.发货人签字 | |
|---|---|---|---|---|
| 17.互换托盘数量 | 集装箱/运送用具 | | | |
| | 18.种类、类型 | | 19.所属者及号码 | |
| 20.发货人负担下列过境铁路的费用： | 21.办理种别：／ | | 22.由何方装车：／ | 33. |
| | 整车 ｜ 零担 ｜ 大规模集装箱 | 发货人 ｜ 铁路 | | 34. |
| | 不需要的划清 | | | 35. |
| 23.发货人添附的文件 | 24.货物的声明价格： | | | 36. |
| | | | | 37. |
| | 45.封印 | | | 38. |
| | 个数 | 记号 | | 39. |
| | | | | 40. |
| 46.发站日期数 ｜ 47.到站日期数 | 48.确定重量方法 ｜ 49.过磅站戳记、签字 | | | 41. |
| | | | | 42. |
| | | | | 43. |
| | | | | 44. |

步骤三：核查货物

昆明站受理托运后，宋伟于9月4日将利海服饰已备好的货物运到车站，车站根据运单核对货物，经审核无误后交由铁路保管，承运铁路局在运单上加盖承运日期戳。9月5日，列车准时发运。

步骤四：国境站交接

9月7日，磨憨国境站接到国内前方站的列车到达预报后，立即通知国际联运交接所办理各项交接事宜。

步骤五：查验放行

9月7日下午，列车进站后，铁路会同海关接车，经查验、审核无误后放行。中国和L国两国铁路办理具体的货物和车辆交接手续并签署交接证件。

步骤六：到站交付

9月10日，列车到达L国N市国境站后，接受国境站的查验，审核无误后放行。9月11日，列车到达终点W市火车站，由该站通知收货人一东贸易有限公司领取货物。收货人在付清全部运费后，铁路将运单的第_____联交一东贸易有限公司，一东贸易有限公司凭此两联清点货物，并在第_____联上填写领取日期并加盖收货戳记。

步骤七：任务实施完成

（二）进口操作

步骤一：确认货物到达站

4月8日，列车从L国G县启运。宋伟根据客户所提供的信息确认了列车的到达站为昆明站。与此同时，客户向宋伟递交了该票货物的相关单据，并与振威货代签订代理协议，支付代理费用。

步骤二：编制货物运输标志并寄送合同资料

宋伟根据进出口双方对运输标志的要求，进行_____，将收货人、产地、目的地以及货物的相关信息（毛重、净重、体积）标记在箱的相应位置上。

步骤三：在国境站交接并分拨、分运

4月12日，列车到达我国国境站勐腊站。铁路部门会同海关接车，然后两国国境站交接所根据交接单办理货物和车辆的现场交接手续。

我国国境站交接所进行内部联合办公，然后由昆明铁路局负责将该票货物调往换装线进行_____，并按流向编组向昆明站发运。

步骤四：付费、货物交付

4月13日，列车到达昆明站后，铁路向收货人振威货代的宋伟发出到货通知；宋伟在收到通知后向铁路付清运送费用；铁路将运单和货物交给宋伟，宋伟在运行报单上加盖收货戳记，作为_____。

宋伟在收到货物后，及时通知云南铭心贸易有限公司提取货物。

步骤五：任务实施完成

# 主要参考文献

［1］中国报关协会. 关务基础知识（2023年版）［M］. 北京：中国海关出版社，2023.

［2］孙家庆，孙倩雯. 国际货运代理实务（数字教材版）［M］. 3版. 北京：中国人民大学出版社，2022.

［3］孙家庆. 国际货运代理［M］. 7版. 大连：东北财经大学出版社，2024.

［4］杨鹏强. 国际货运代理实务［M］. 4版. 北京：电子工业出版社，2021.

# 附录 I

## 国际货运代理英语常用词组、术语

| 英文简称 | 英文全称 | 中文解释 |
|---|---|---|
| A/W | All Water | 全水路 |
| ANER | Asia NorthAmerica Eastbound Rate | 亚洲北美东行运费协定 |
| B/L | Bill of Lading | 海运提单 |
| B/R | Buying Rate | 买价 |
| BAF | Bunker Adjustment Factor | 燃油附加费 |
| CFR | Cost and Freight | 成本加海运费 |
| C.C. | Collect | 运费到付 |
| C.S.C. | Container Service Charge | 货柜服务费 |
| C.Y. | Container Yard | 货柜场 |
| C/（CNEE） | Consignee | 收货人 |
| C/O | Certificate of Origin | 产地证 |
| CAF | Currency Adjustment Factor | 货币贬值附加费 |
| CFS | Container Freight Station | 集装箱货运站 |
| CHB | Customs House Broker | 报关行 |
| CIF | Cost，Insurance，Freight | 成本、保险费加海运费 |
| CIP | Carriage and Insurance Paid to | 运费、保险费付至目的地 |
| COMM | Commodity | 商品 |
| CPT | Carriage Paid to | 运费付至目的地 |
| CTNR | Container | 集装箱 |

续表

| 英文简称 | 英文全称 | 中文解释 |
|---|---|---|
| CY/CY | Container Yard/Container Yard | 整柜交货（起点/终点） |
| D/A | Document against Acceptance | 承兑交单 |
| D/O | Delivery Order | 到港通知 |
| D/P | Document against Payment | 付款交单 |
| DAF | Delivered at Frontier | 边境交货 |
| DDC | Destination Delivery Charge | 目的港交货费用 |
| DDP | Delivered Duty Paid | 完税后交货 |
| DDU | Delivered Duty Unpaid | 未完税交货 |
| DEQ | Delivered Ex Quay | 目的港码头交货 |
| DES | Delivered Ex Ship | 目的港船上交货 |
| Doc# | Document Number | 文件号码 |
| EPS | Equipment Position Surcharges | 设备位置附加费 |
| EXW | Ex Works/Factory | 工厂交货 |
| F/F | Freight Forwarder | 货运代理 |
| FAF | Fuel Adjustment Factor | 燃料附加费 |
| FAK | Freight All Kind | 各种货品 |
| FAS | Free alongside Ship | 装运港船边交货 |
| FCA | Free Carrier | 货交承运人 |
| FCL | Full Container Load | 整柜 |
| — | Feeder Vessel/Lighter | 驳船航次 |
| FEU | Forty-Foot Equivalent Unit | 40'柜型 |
| FMC | Federal Maritime Commission | 联邦海事委员会 |
| FOB | Free on Board | 船上交货 |
| GRI | General Rate Increase | 全面涨价 |
| H/C | Handling Charge | 代理费 |
| HBL | House B/L | 子提单 |

续表

| 英文简称 | 英文全称 | 中文解释 |
|---|---|---|
| I/S | Inside Sales | 内销售 |
| IA | Independent Action | 各别调价 |
| L/C | Letter of Credit | 信用证 |
| — | Land Bridge | 陆桥 |
| LCL | Less than Container Load | 拼柜 |
| M/T | Measurement Ton | 尺码吨（即货物收费以尺码计费） |
| MBL | Master Bill of Lading | 主提单 |
| MLB | Mini Land Bridge | 小陆桥，自一港到另一港口 |
| — | Mother Vessel | 主线船 |
| MTD | Multimodal Transport Document | 多式联运单据 |
| N/F | Notify | 通知人 |
| NVOCC | Non-Vessel Operating Common Carrier | 无船承运人 |
| O/F | Ocean Freight | 海运费 |
| OBL | Ocean （or Original） B/L | 海运提单 |
| OCP | Overland Continental Point | 货主自行安排运到内陆点 |
| OP | Operation | 操作 |
| ORC | Origin Received Charges | 本地收货费用（广东省收取） |
| P.P. | Prepaid | 预付 |
| PCS | Port Congestion Surcharge | 港口拥挤附加费 |
| POD | Port of Destination | 目地港 |
| POL | Port of Loading | 装运港 |
| PSS | Peak Season Sucharges | 旺季附加费 |
| S/（Shpr） | Shipper | 发货人 |
| S/C | Sales Contract | 售货合同 |
| S/O | Shipping Order | 装货指示书 |
| S/R | Selling Rate | 卖价 |

| 英文简称 | 英文全称 | 中文解释 |
|---|---|---|
| SSL | Steam Ship Line | 船公司 |
| T.O.C. | Terminal Operations Charge | 码头操作费 |
| T.R.C. | Terminal Receiving Charge | 码头收柜费 |
| T/S | Transship | 转船、转运 |
| T/T | Transit Time | 航程 |
| TEU | Twenty-Foot Equivalent Unit | 20'柜型 |
| THC | Terminal Handling Charges | 码头操作费（香港收取） |
| TTL | Total | 总共 |
| TVC/ TVR | Time Volume Contract/ Rate | 定期定量合同 |
| VOCC | Vessel Operating Common Carrier | 船公司 |
| W/M | Weight or Measurement Ton | 即以重量吨或者尺码吨从高收费 |
| W/T | Weight Ton | 重量吨（即货物收费以重量计费） |
| YAS | Yard Surcharges | 码头附加费 |
| ETD | Estimated Time of Departure | 预计开航日 |
| ETS | Estimated Time of Sailing | 预计船期 |
| ETA | Estimated Time of Arrival | 预计到港日 |

# 附录Ⅱ

## 世界主要海运航线

### 太平洋航线

1.远东—北美西海岸航线

该航线指从中国、朝鲜、日本、俄罗斯远东海港到加拿大、美国、墨西哥等北美西海岸各港的贸易运输线。从我国的沿海地区各港出发，偏南的经大隅海峡出东海；偏北的经对马海峡穿日本海后，或经津轻海峡进入太平洋，或经宗谷海峡穿过鄂霍次克海进入北太平洋。

2.远东—加勒比、北美东海岸航线

该航线常经夏威夷群岛南北至巴拿马运河后到达。从我国北方沿海港口出发的船只多半经大隅海峡或经琉球奄美大岛出东海。

3.远东—南美西海岸航线

从我国北方沿海各港出发的船只多经琉球奄美大岛、硫磺岛、威克岛、夏威夷群岛之南的莱恩群岛，穿越赤道进入南太平洋，至南美西海岸各港。

4.远东—东南亚航线

该航线是中国、朝鲜、日本货船去东南亚各港，以及经马六甲海峡去印度洋、大西洋沿岸各港的主要航线。东海、台湾海峡、巴士海峡、南海是该航线船只的必经之路，航线繁忙。

5.远东—澳大利亚、新西兰航线

远东至澳大利亚东南海岸分两条航线：中国北方沿海港口的船只经朝鲜/日本到澳大利亚东海岸和新西兰港口，需走琉球久米岛、加罗林群岛的雅浦岛进入所罗门海、珊瑚湖；中澳之间的集装箱船需在中国香港加载或转船后经南海、苏拉威西海、班达海、阿拉弗拉海，后经托雷斯海峡进入珊瑚海。中国、日本至澳大利亚西海岸航线需经菲律宾的民都洛海峡、望加锡海峡以及龙目海峡进入印度洋。

6.澳、新—北美东西海岸航线

由澳大利亚、新西兰至北美西海岸多经苏瓦、火奴鲁鲁等太平洋上的重要航站到达；至北美东海岸，则取道社会群岛中的帕皮提，过巴拿马运河而至。

## 大西洋航线

1.西北欧—北美东海岸航线

该航线是西欧、北美两个世界工业最发达地区之间原燃料和产品交换的运输线，两岸拥有很多重要港口，运输极为繁忙，船舶大多走偏北大圆航线。该航区冬季风浪大并有浓雾、冰山，对航行安全有威胁。

2.西北欧、北美东海岸—加勒比航线

西北欧—加勒比航线多半出英吉利海峡后横渡北大西洋。它同北美东海岸各港出发的船舶一起，一般都经莫纳岛、向风海峡进入加勒比海。除加勒比海沿岸各港外，还可经巴拿马运河到达美洲太平洋沿岸港口。

3.西北欧、北美东海岸—地中海、苏伊士运河—亚太航线

西北欧、北美东海岸—地中海—苏伊士运河航线属世界最繁忙的航段，是北美、西北欧与亚太海湾地区间贸易往来的捷径。该航线一般途经亚速尔群岛、马德拉群岛上的航站。

4.西北欧、地中海—南美东海岸航线

该航线一般经西非大西洋岛屿—加纳利群岛、佛得角群岛上的航站。

5.西北欧、北美东海岸—好望角、远东航线

该航线一般是巨型油轮选择的航线。佛得角群岛、加纳利群岛是过往船只停靠的主要航站。

6.南美东海岸—好望角—远东航线

这是一条以石油、矿石为主的运输线。该航线处在西风漂流海域，风浪较大，一般西航偏北行、东航偏南行。

## 印度洋航线

印度洋航线以石油运输为主，此外有不少是大宗货物的过境运输。

1.波斯湾—好望角—西欧、北美航线

该航线主要运营超级油轮，是世界上最主要的海上石油运输线。

2.波斯湾—东南亚—日本航线

该航线东经马六甲海峡（20万载重吨以下船舶可行）或龙目海峡、望加锡海峡（20万载重吨以上超级油轮可行）至日本。

3.波斯湾—苏伊士运河—地中海—西欧、北美运输线

该航线目前可通行30万载重吨级的超级油轮。

除了以上三条油运线之外，印度洋其他航线还有：远东—东南亚—东非航线；远东—东南亚、地中海—西北欧航线；远东—东南亚—好望角—西非、南美航线；澳、新—地中海—西北欧航线；印度洋北部地区—欧洲航线。

## 世界集装箱海运干线

1.远东—北美航线

2.北美—欧洲、地中海航线

3.欧洲、地中海—远东航线

4.远东—澳大利亚航线

5.澳、新—北美航线